SERVIDORES PÚBLICOS

REGIS FERNANDES DE OLIVEIRA

SERVIDORES PÚBLICOS

*3ª edição,
revista e ampliada*

SERVIDORES PÚBLICOS
© RÉGIS FERNANDES DE OLIVEIRA

1ª edição, 2004; 2ª edição, 2008.

ISBN 978-85-392-0267-6

Direitos reservados desta edição por
MALHEIROS EDITORES LTDA.
Rua Paes de Araújo, 29, conjunto 171
CEP 04531-940 – São Paulo – SP
Tel.: (11) 3078-7205 Fax: (11) 3168-5495
URL: www.malheiroseditores.com.br
e-mail: malheiroseditores@terra.com.br

Composição
PC Editorial Ltda.

Capa:
Criação: Vânia Lúcia Amato
Arte: PC Editorial Ltda.

Impresso no Brasil
Printed in Brazil
01.2015

SUMÁRIO

Capítulo 1 – INTRODUÇÃO

1.1   *A estrutura de dominação. A dominação burocrática*   11
     1.1.1   Princípios administrativos   13
     1.1.2   Publicidade, Lei de Acesso à Informação (Lei 12.527/2011) e a divulgação da remuneração dos servidores   16

1.2   *Burocracia. Modelo weberiano. A burocracia brasileira (avaliação periódica, treinamento, direito, de representação e o abuso de poder)*   18

1.3   *Perfil do servidor público. O servidor público na repartição. A visão da literatura*   20

1.4   *Sentimento do servidor público*   25

1.5   *Agente público. Conceito. Funcionário. Funcionário de fato. Lei de improbidade e o Código Penal*   27

1.6   *Classificação*   28

Capítulo 2 – CARGO PÚBLICO

2.1   *Conceito, criação e forma de provimento*   35
     2.1.1   Cargo político eletivo   36
     2.1.2   Cargo político vitalício. Magistrados e membros do Ministério Público e integrantes dos Tribunais de Contas ..   37
     2.1.3   Cargos em comissão   38
     2.1.4   Cargos de provimento efetivo   48
     2.1.5   Cargos de carreira e isolados   49
     2.1.6   Cargos por mandato   49

2.2   *Função*   50

2.3   *Emprego*   52

2.4   *É livre a Administração Pública para escolher o regime a que submete a admissão de seu pessoal?*   54

SERVIDORES PÚBLICOS

Capítulo 3 – ESTABILIDADE

3.1 Conceito e requisitos para aquisição 56

3.2 Processo administrativo para demissão do estável e ampla defesa 58

3.3 Sentença transitada em julgado 60

3.4 Avaliação periódica de desempenho 60

3.5 Exoneração por excesso de despesa com pessoal 61

3.6 Exoneração por desnecessidade do cargo 62

3.7 Estágio probatório 62

Capítulo 4 – CONSELHO DE POLÍTICA DE ADMINISTRAÇÃO E REMUNERAÇÃO 64

Capítulo 5 – ACESSIBILIDADE AOS CARGOS, EMPREGOS E FUNÇÕES PÚBLICAS

5.1 Acessibilidade 65

5.2 Ingresso. Concurso para cargo e emprego 66

5.3 Direito subjetivo à nomeação 70

5.4 Teoria do Fato Consumado e a nomeação precária 72

5.5 Contratação temporária 73

5.6 Reserva para portadores de deficiência física e ação afirmativa 73

5.7 Cotas para negros nos concursos públicos 75

Capítulo 6 – SUBSÍDIO E REMUNERAÇÃO

6.1 Subsídio e remuneração. Relação teto/piso. Publicidade 76

6.2 Isonomia, paridade e equiparação de vencimentos 80

6.3 Teto e direito adquirido 81

6.4 Redutor 85

6.5 Equivalência de remuneração entre os três Poderes. O descabimento do repique 87

6.6 Irredutibilidade dos subsídios e vencimentos 89

6.7 Publicidade dos subsídios e remunerações 90

6.8 Prescrição do direito de postular diferenças de vencimentos 90

6.9 Revisão anual da remuneração 91

6.10 Indenizações 92

6.11 Gratificações 94

6.12 Adicionais 96

SUMÁRIO

6.13 Reposição de remuneração recebida a maior 97

Capítulo 7 – ESCOLAS DE APRIMORAMENTO.
REAPARELHAMENTO E MODERNIZAÇÃO DO SERVIÇO
PÚBLICO 99

Capítulo 8 – ACUMULAÇÃO DE CARGOS 101

8.1 Regra transitória 102
8.2 Professores 103
8.3 Acumulação ilegal 105

Capítulo 9 – A REGRA DA PRECEDÊNCIA
DA ADMINISTRAÇÃO FAZENDÁRIA 106

Capítulo 10 – EXONERAÇÃO E DISPONIBILIDADE

10.1 Exoneração 111
10.2 Disponibilidade 112

Capítulo 11 – PROVIMENTO

11.1 Conceito. Provimento originário e derivado 114
11.2 Promoção 115
11.3 Acesso. Ascensão e Transposição 115
11.4 Reversão 116
11.5 Aproveitamento (Recondução) 116
11.6 Readmissão 116
11.7 Reintegração 117
11.8 Readaptação 117
11.9 Remoção (Transferência) 118
11.10 Lotação (Distribuição) e Relotação (Redistribuição) 119
11.11 Exigência de proporcionalidade entre cargos de provimento
efetivo e os em comissão ou funções de confiança 120
11.12 O ritual sagrado do cargo 123

Capítulo 12 – POSSE E EXERCÍCIO

12.1 Posse 125
12.2 Exercício 126
12.3 Plano de Desligamento Voluntário – PDV 127
12.4 Vacância 128

8   SERVIDORES PÚBLICOS

Capítulo 13 – *INVESTIDURA E MANDATO ELETIVO* 129

Capítulo 14 – *REGIME PREVIDENCIÁRIO*

14.1   Aposentadoria 131
14.2   Reforma constitucional e direitos adquiridos 132
     14.2.1   Contribuição dos inativos 136
     14.2.2   Aposentadorias especiais 137
14.3   Proventos 138
     14.3.1   Proventos integrais 138
14.4   Previdência complementar 139
     14.4.1   Opção por regime 143
14.5   Aposentadoria por invalidez permanente 143
14.6   Aposentadoria compulsória 145
14.7   Aposentadoria voluntária 146
14.8   Aposentadoria de professor 148
14.9   Pensão e isonomia com proventos 148
14.10   Revisão de proventos e pensões 149

Capítulo 15 – *CONTAGEM DE TEMPO DE CONTRIBUIÇÃO*

15.1   Tempo de serviço e tempo de contribuição 151
15.2   Mandato classista 153

Capítulo 16 – *DIREITOS DO SERVIDOR*

16.1   Direitos sociais do servidor público 154
16.2   Sindicalização 158
16.3   Direito de greve 159
16.4   Férias 166
16.5   Licenças 166
16.6   Direito de petição e de obtenção de certidões 169

Capítulo 17 – *DEVERES DO SERVIDOR* 171

Capítulo 18 – *PROIBIÇÕES* 175

Capítulo 19 – *ILÍCITO ADMINISTRATIVO* 178

19.1   Penalidade. Conceito 179
19.2   Prescrição e decadência do direito de punir 180
19.3   Advertência 181

SUMÁRIO

19.4	Repreensão	181
19.5	Multa	182
19.6	Suspensão	182
19.7	Suspensão preventiva	182
19.8	Demissão	182
19.9	Abandono de cargo	184
19.10	Verdade sabida	184
19.11	Prisão administrativa	185

Capítulo 20 – RESPONSABILIDADE DO ESTADO E DO SERVIDOR 186

20.1	Risco administrativo	190
20.2	Independência das instâncias. Falta residual	190
20.3	Responsabilidade decorrente de ato praticado por agente notarial	191
20.4	Direito de regresso	191
20.5	Responsabilidade civil	192
20.6	Dolo ou culpa	193
20.7	Responsabilidade penal	194
20.8	Responsabilidade administrativa	195

Capítulo 21 – PROCESSO ADMINISTRATIVO

21.1	Processo administrativo. Sindicância e procedimento	196
21.2	Coisa julgada administrativa	202
21.3	Anistia	203
21.4	Sanções	204

Capítulo 22 – PRESCRIÇÃO DA AÇÃO DE RESSARCIMENTO DE DANO CAUSADO AO ERÁRIO 206

Bibliografia 211

Capítulo 1

INTRODUÇÃO

1.1 A estrutura de dominação. A dominação burocrática: 1.1.1 Princípios administrativos. 1.1.2 Publicidade, Lei de Acesso à Informação (Lei 12.527/2011) e a divulgação da remuneração dos servidores. 1.2 Burocracia. Modelo weberiano. A burocracia brasileira (avaliação periódica, treinamento, direito, de representação e o abuso de poder). 1.3 Perfil do servidor público. 1.4 Sentimento do servidor público. 1.5 Agente público. Conceito. Funcionário. Funcionário de fato. Lei de improbidade e o Código Penal. 1.6 Classificação.

1.1 A estrutura de dominação. A dominação burocrática

Durkheim em seu *De la division de travail social*[1] estrutura a sociedade em dois tipos de solidariedade: a mecânica e a orgânica. A primeira é própria de sociedades primitivas que se unem através de um sentimento coletivo. A segunda é segmentada através da divisão do trabalho social, em que os indivíduos se tornam independentes, mas se unem de outras formas. Decorrência natural de tal fato é a criação de uma *consciência coletiva*.

Pode-se dizer, em termos marxistas, que se cria uma consciência de classe no interior das grandes classes. Enquanto Marx fala de burguesia e proletariado, nas sociedades modernas passam a existir classes específicas, tais como sindicatos, associações, ONGs, clubes etc.

Os servidores públicos constituem uma classe rotulada por Max Weber de *burocracia*. Esta é composta de uma estrutura que age em nome do Estado. Não tem, no entanto, atribuições políticas. Restringe-se

1. Émile Durkheim, Paris, PUF, 1960, p. 46.

SERVIDORES PÚBLICOS

sua competência ao cumprimento das ordens emanadas dos que exercem cargos eletivos. Modernamente, tem significado pejorativo.

A ética da burocracia, dizia Weber, regia-se pelo princípio do *sine ira et studio* e terminaria produzindo "nulidades sem espírito e sem coração". Somente a visão racional do modelo de organização é capaz de caracterizar todas as variáveis envolvidas. A organização burocrática não admite improvisos nem surpresas.

Nesse contexto, o servidor público tem o seu comportamento moldado pelas regras definidas de organização humana que limitam a sua liberdade pessoal visando a reforçar a ideia de impessoalidade.

As normas passam a ser mais importantes do que os objetivos da organização burocrática. A teoria da burocracia pressupõe normas preestabelecidas que devem ser observadas pelos servidores, pelo cidadão e pela Administração Pública.

A análise de Weber também aponta que a burocracia existiu em todas as formas de Estado, desde o antigo até o moderno. Contudo, foi no contexto do Estado moderno e da ordem legal que a burocracia atingiu seu mais alto grau de racionalidade.

Weber delineou a burocracia com critérios técnicos e identificava os que tinham acesso aos cargos ou funções públicas através de: a) rigorosa seleção; b) obediência a critérios racionais; e c) profissionais especializados. As atribuições que lhes eram afetas eram de importância para o Estado.

Em verdade, a burocracia é vista como uma das formas de dominação legal, como composta das seguintes características: a) deveres objetivos; b) hierarquia; c) competência rigorosamente fixada; d) seleção; e) qualificação profissional que fundamenta sua nomeação; f) retribuição através de dinheiro; g) profissão; h) carreira; i) sem apropriação do cargo; e j) disciplina e vigilância administrativa.[2]

O termo *burocracia* significa, originariamente, governo racional. Bobbio ensina que "o termo burocracia foi empregado, pela primeira vez, na metade do século XVIII, por um economista fisiocrático, Vincent de Gournay, para designar o poder do corpo de funcionários e empregados da administração estatal, incumbido de funções especializadas sob a monarquia absoluta e dependente do soberano".[3]

---

2. Max Weber, *Economia e Sociedade*, v. 2, trad. de Régis Barbosa e Karen Elsabe Barbosa, Brasília, Ed. UnB, 2000, p. 176.

3. Norberto Bobbio, Nicola Matteucci e Gianfranco Pasquino, *Dicionário de Política*, v. I, 8ª ed., Brasília, Ed. UnB, p. 124.

INTRODUÇÃO

Para Max Weber "a burocracia é a organização eficiente por excelência uma vez que os procedimentos burocráticos decorrem de regras claras e detalhadas, previamente estabelecidas e de preceitos rígidos e disciplinares".[4] A seleção é feita por critérios objetivos, de tal sorte isentos que envolveria a capacitação dos mais hábeis. A racionalidade pressupõe a canalização e repressão das emoções. A profissionalização envolve a capacitação técnica e o desempenho adequado das atribuições. Pouca interferência política haveria na ocupação de tais cargos. O ideal seria nenhuma. Os servidores estariam subordinados a regras hierárquicas e obedeceriam a códigos disciplinares. A relação de autoridade estaria presente.

Ao servidor descabe discutir as ordens dadas, salvo se ilegais. O aparelho burocrático, a máquina administrativa, constitui uma dominação legitimada. Trata-se, segundo Weber, de uma dominação racional, legal e burocrática. O *ethos* da dominação legal é o "formalismo" e o ser "materialmente utilitarista", baseada em "regulamentos".

A junção de tais fatores significa a modernidade na Administração Pública.

Evidente está que de nada serviria uma elite burocrática sem que recebesse vencimentos compatíveis com as atividades que desempenha. Apenas a boa remuneração é que lhe dá tranquilidade para agir com correção, resistindo às seduções que podem surgir no exercício da atividade. O exercício da atividade administrativa passa a ser, então, *eficiente*.

Este organograma e estas exigências na composição da estrutura burocrática é que podem dar ao Estado moderno um perfil ágil, adequado e que dê respostas rápidas às exigências de uma sociedade de risco.

Nem por outro motivo é que o constituinte brasileiro estabeleceu que a Administração Pública deve obedecer aos princípios da *legalidade*, da *impessoalidade*, da *moralidade*, da *publicidade* e da *eficiência* (art. 37, *caput*, da CF).

1.1.1 Princípios administrativos

A *legalidade* é princípio que rege as modernas democracias. Não só a Administração deve agir subordinada à lei. Deve a ela ser ancila. O ato legislativo expressa a autoridade máxima da representação política. É a manifestação soberana por excelência. É princípio geral de todo direito,

---

4. Max Weber, *Sociologia da burocracia*, tradução, organização e introdução de Edmundo Campos, 4ª ed., Rio de Janeiro, Zahar, 1978, p. 46.

SERVIDORES PÚBLICOS

desde que houve a limitação do poder autoritário do príncipe. A sociedade, então, se fez representar na restrição ao absolutismo. A lei, por pior que seja, significa que o poder tem limites. Brota não da pureza de alma do legislador, mas das contingências fluidas do momento de decisão e de acordo com a evolução natural da sociedade.

A partir de tal conceito, vale pensar sobre seu alargamento para abarcar situações diversas, tais como estarem seus parâmetros sujeitos à eficiência e à economicidade. Imaginemos que determinados autos não possam deixar a repartição policial e, caso isso ocorra, a norma impõe a aplicação de sanção ao servidor. No entanto, com a quebra da ordem, o paciente obteve *habeas corpus* em face da manifesta ilegalidade de sua prisão. Teria havido, por parte do servidor, infração de forma a ensejar sua punição? Não, se alcançou um bem maior, qual seja, a liberdade do paciente?

Podemos propor outros exemplos em que o rigor formal da lei seja desobedecido, mas que a finalidade da norma tenha sido atendida. Imaginemos uma compra em que não se tenha cumprido todas as formalidades legais, mas se obteve preço abaixo do de mercado. Estaria caracterizada infração? Supomos que o princípio deva ser flexibilizado, em obediência às regras da eficiência e da economicidade. Estas são importantíssimas como normas de gestão pública. Seu atendimento seria incompatível com a forma rigorosa da licitação ou seu abandono pode ocorrer em benefício da administração?

Com certeza calha a orientação de Gilmar Mendes: "A supremacia da lei, expressa à vinculação da Administração Pública, está submetida, entre outros, ao princípio da legalidade, que abrange o postulado de que o ato administrativo que contraria a norma legal é inválido. O princípio da reserva legal exige que qualquer intervenção na esfera individual seja autorizada por lei".[5]

Assim deve ser. O que se ressalva é que o atendimento das regras da economicidade e da eficiência não significa o abandono do princípio da legalidade. Refere-se à flexibilização de seu conceito para abarcar situações novas. A finalidade, na hipótese, supera a mera exigência formal.

A *impessoalidade* sobrepaira sobre o Estado de Direito. Todos os agentes públicos (políticos, eletivos e profissionais) não devem postular glória própria (ainda que o façam), mas agir em nome de um ignoto *bem comum*. Expressão advinda das ciências humanas e de conteúdo indefinido, palpável mas não definida. Tem o mesmo significado da *vontade*

---

5. Gilmar Mendes, *Curso de Direito Constitucional*, 3ª ed., São Paulo, Saraiva, 2008, p. 833.

INTRODUÇÃO 15

geral de Rousseau. São expressões vagas que a semiótica estuda, mas de conteúdo pouco claro.

A impessoalidade "convoca o [*princípio*] da igualdade, na medida em que este último postulado impõe aos agentes públicos, em geral, e não apenas ao administrador, medir a todos com o mesmo metro".[6] A *moralidade* representa o significado ético na conduta política e administrativa. A sociedade vai criando, em sua movimentação diária, comportamentos bons e ruins. Estes devem ser afastados – e o vão sendo através das rejeições e repulsas dos diversos segmentos sociais. Os bons comportamentos vão ficando paradigmáticos e se impõem aos dos demais indivíduos. São, pois, acolhidos pela sociedade, enquanto os primeiros são rejeitados. Correspondem ao que Kant denominou de *imperativo categórico*, isto é, as pessoas devem se comportar como se o que fazem se torna um princípio geral e exemplar para todos.

Dos agentes públicos espera-se moralidade no pensar e no atuar. Na percuciente visão de Hauriou, "não se trata da moral comum, mas sim de uma moral jurídica, entendida como o conjunto de regras de conduta tiradas da disciplina interior da Administração".[7]

Essa moralidade, pauta jurídica dos agentes públicos, sintetiza-se no dever de atuar com a lealdade e boa-fé do homem comum, que sabe distinguir o honesto do desonesto, o legal do ilegal, o justo do injusto. Tudo à luz do art. 37 da Constituição Federal, que dispõe: "Art. 37. A administração pública direta e indireta de qualquer dos Poderes da União, dos Estados, do Distrito Federal e dos Municípios obedecerá aos princípios de legalidade, impessoalidade, moralidade, publicidade e eficiência e, também, ao seguinte: (...)".

É cediço que também integra a moralidade a obediência às decisões judiciais, às leis e, com maior razão, à Constituição Federal. A atividade de quem quer que exerça uma função pública e desobedeça a Constituição Federal deve ser acoimada de imoral. E é sob este prisma que Orozimbo Nonato se manifesta, na coletânea *Memórias Jurisprudenciais*.[8]

Para o Ministro Ayres Britto "a probidade administrativa é o mais importante conteúdo do princípio da moralidade pública. Donde o modo particularmente severo como a Constituição reage à violação dela, probidade administrativa (...). É certo que esse regramento constitucional não

---

6. Idem, ibidem, p. 835.
7. Maurice Hauriou, *Précis Élémentaires de Droit Administratif*, Paris, p. 197.
8. Roger Stiefelmann Leal, *Memória jurisprudencial: Ministro Orozimbo Nonato*, Brasília, Supremo Tribunal Federal, 2007.

16 SERVIDORES PÚBLICOS

tem a força de transformar em ilícitos penais práticas que eventualmente ofendam o cumprimento de deveres simplesmente administrativos. Daí por que a incidência da norma penal referida pelo Ministério Público está a depender da presença de um claro elemento subjetivo – a vontade livre e consciente (dolo) – de lesar o interesse público. Pois é assim que se garante a distinção, a meu sentir necessária, entre atos próprios do cotidiano político-administrativo (controlados, portanto, administrativa e judicialmente nas instâncias competentes) e atos que revelam o cometimento de ilícitos penais. E de outra forma não pode ser, sob pena de se transferir para a esfera penal a resolução de questões que envolvam a ineficiência, a incompetência gerencial e a responsabilidade político--administrativa. Questões que se resolvem no âmbito das ações de improbidade administrativa, portanto".[9]

A *publicidade* deve ser apenas institucional, jamais propagandística de feitos do agente público. O agente tem que divulgar as realizações da Administração Pública (§ 1º do art. 37 da CF). Jamais identificar o nome de quem teve determinada atitude ou tomou qualquer decisão.

No exato dizer de Bobbio, "a democracia é o governo do poder visível cujos atos se desenvolvem em público, sob o controle da opinião pública".[10]

Vale ressaltar que, a publicidade é consequência do princípio da moralidade pública; torna-se condição de validade jurídica para a verificação de efeitos de toda a atividade administrativa.

A *eficiência* significa que o agir administrativo atende à regra da economicidade e, ao mesmo tempo, produz resultado positivo. Assim sendo, quando se toma uma determinada decisão (ato mental explicitado) ela se reflete no mundo empírico produzindo determinada alteração. Deve ela trazer benefício (em sentido amplo) à coletividade. Seja na forma de felicidade, seja na forma de positividade na vida das pessoas.

1.1.2 *Publicidade, Lei de Acesso à Informação (Lei 12.527/2011) e a divulgação da remuneração dos servidores*

O princípio constitucional da publicidade foi implementado, em grande medida, a partir da edição da Lei 12.527, de 18.11.2011, a

9. STF, Plenário, AP 409, voto do rel. Min. Ayres Britto, j. 13.5.2010, *DJ-e* 1.7.2010

10. Norberto Bobbio, *As ideologias e o poder em crise*, Brasília, Ed. UnB, 1988, p. 49.

INTRODUÇÃO 17

chamada Lei de Acesso à Informação, uma lei nacional que se aplica: i) aos órgãos públicos integrantes da Administração direta dos Poderes Executivo, Legislativo, incluindo as Cortes de Contas, e Judiciário e do Ministério Público; ii) às autarquias, as fundações públicas, as empresas públicas, as sociedades de economia mista e demais entidades controladas direta ou indiretamente pela União, Estados, Distrito Federal e Municípios; iii) no que couber, às entidades privadas sem fins lucrativos que recebam, para realização de ações de interesse público, recursos públicos diretamente do orçamento ou mediante subvenções sociais, contrato de gestão, termo de parceria, convênios, acordo, ajustes ou outros instrumentos congêneres.

No âmbito do Poder Judiciário, o Conselho Nacional de Justiça, no exercício da sua competência constitucional de "controle da atuação administrativa e financeira do Poder Judiciário" (art. 103-B, § 4º, da CF), editou a Resolução 151, de 5.7.2012, que alterou o inciso VI, do art. 3º, da Resolução 102/2009, no sentido de que conste nos sítios eletrônicos de cada tribunal brasileiro "as remunerações, diárias, indenizações e quaisquer outras verbas pagas aos membros da magistratura e aos servidores a qualquer título, colaboradores e colaboradores eventuais ou deles descontadas, com identificação nominal do beneficiário e da unidade na qual efetivamente presta os seus serviços".

No âmbito do Poder Executivo Federal foi editado o Decreto 7.724, de 16.5.2012, que dispõe que "é dever dos órgãos e entidades promover, independente de requerimento, a divulgação em seus sítios na Internet de informações de interesse coletivo ou geral por eles produzidas ou custodiadas" (art. 7º, *caput*), inclusive "remuneração e subsídio recebidos por ocupante de cargo, posto, graduação, função e emprego público, incluindo auxílios, ajudas de custo, *jetons* e quaisquer outras vantagens pecuniárias, bem como proventos de aposentadoria e pensões daqueles que estiverem na ativa, de maneira individualizada" (art. 7º, § 3º, VI).

O alvoroço no mundo político e jurídico foi notável.

Claro que mudanças como as ora mencionadas causam certo "constrangimento". A cultura que rege a burocracia brasileira desde a descoberta é a da clausura dos dados relativos aos operadores da estrutura burocrática.

O *leading case* julgado pelo Supremo Tribunal Federal foi a SS 3.902, sob a relatoria do Min. Ayres Britto, julgada pelo Plenário em 9.6.2011.

No acórdão restou assentado que na "situação específica dos servidores públicos" a "remuneração bruta, cargos e funções por eles titula-

18 SERVIDORES PÚBLICOS

rizados, órgãos de sua formal lotação, tudo é constitutivo de informação de interesse coletivo ou geral", e que, por isso, descabe "falar de intimidade ou de vida privada, pois os dados objeto da divulgação em causa dizem respeito a agentes públicos enquanto agentes públicos mesmos; ou, na linguagem da própria Constituição, agentes estatais agindo 'nessa qualidade' (§ 6º do art. 37)".

O relator apontou que "a prevalência do princípio da publicidade administrativa outra coisa não é senão um dos mais altaneiros modos de concretizar a República enquanto forma de governo. Se, por um lado, há um necessário modo republicano de administrar o Estado brasileiro, de outra parte é a cidadania mesma que tem o direito de ver o seu Estado republicanamente administrado. O 'como' se administra a coisa pública a preponderar sobre o 'quem' administra – falaria Norberto Bobbio –, e o fato é que esse modo público de gerir a máquina estatal é elemento conceitual da nossa República. O olho e a pálpebra da nossa fisionomia constitucional republicana. 4. A negativa de prevalência do princípio da publicidade administrativa implicaria, no caso, inadmissível situação de grave lesão à ordem pública".

As mudanças estruturais sempre causam grande comoção. Como o passar do tempo, as situações de pressão social se arrefecem e os ânimos se atenuam.

O Supremo Tribunal acertou. O posicionamento foi o mais republicano possível. E a República não foi afetada e nem se ouve falar de servidores públicos que sofreram quaisquer danos pelo fato de suas remunerações terem sido divulgadas.

1.2 Burocracia. Modelo weberiano. A burocracia brasileira (avaliação periódica, treinamento, direito de representação e abuso de poder)

Burocracia significa, originariamente, *governo racional*. Foi, partindo desse conceito, que Max Weber estruturou todo o seu pensamento político. Para o sociólogo, a burocracia é "a organização eficiente por excelência uma vez que os procedimentos burocráticos decorrem de regras claras e detalhadas, previamente estabelecidas e de preceitos rígidos e disciplinares".[11] Em outras palavras, o modelo burocrático segue preceitos rígidos que permitem uma organização sólida a servir de orientação para o administrador. Sendo assim, a organização burocrática não

---

11. Max Weber, *Sociologia da Burocracia*, cit., p. 518.

INTRODUÇÃO

admite aspectos informais e imprevistos; só admite aspectos coerentes com a visão racionalista do ser humano.

Segundo Weber, as principais características de um aparato burocrático moderno são: a) edição legal das normas e regulamentos; b) aspecto formal das comunicações; c) caráter racional e divisão do trabalho; d) impessoalidade nas relações; e) hierarquia da autoridade, rotinas e procedimentos padronizados; f) especialização da administração, profissionalização dos participantes e previsibilidade do comportamento humano.

A ideia da burocracia weberiana assemelha-se ao funcionamento de uma máquina. Ou seja, partes intercambiáveis e interdependentes ajustadas de forma precisa com a finalidade específica de produzir determinado resultado. Assim como as máquinas, o aparato burocrático deve ser previsível e confiável.

Hoje, quando falamos em burocracia, logo nos vem à ideia de organização lenta e vagarosa, onde o trabalho se avoluma e se multiplica, impedindo soluções rápidas ou eficientes.

A burocracia brasileira, pois, tem parâmetros de comportamento, independentemente de qualquer norma legal que sobrevenha.

O servidor público tem que se comportar dentro dos lindes traçados na Constituição Federal, a saber, deve obediência à lei, não pode procurar projeção pessoal, tem que praticar atos éticos, dar publicidade apenas institucional e produzir resultados eficazes.

Dentro de tal quadro estrutural é que se pode analisar o servidor público no Brasil e o serviço por ele prestado. De pouco vale ter um funcionalismo meramente parasitário e que preste maus serviços à sociedade brasileira.

Não se pode esquecer que a Constituição Federal estabeleceu importantes normas para aferição do desempenho. É a avaliação periódica (art. 41, § 1º, III, da CF) que obriga seja o servidor avaliado. Através de tal procedimento apura-se o que se denomina *meritocracia*, a saber, os que melhor desempenham suas atribuições devem ser promovidos e, eventualmente, perceber melhores vencimentos. O que os irá distinguir é a aferição de sua conduta, de seu desempenho no exercício das funções a eles atinentes. Insiste-se: o servidor não pode ser um "burocrata", estar sempre de mau humor, tratar mal os que procuram a repartição pública. Ao contrário, deve prestar bons serviços sempre. Se houver promoções, deve ser aferida sua competência pessoal e no desempenho das atribuições que lhe são afetas.

20 SERVIDORES PÚBLICOS

O treinamento do pessoal (art. 39, § 7º da CF) é impositivo. É muito comum que servidores sejam providos em cargos públicos que nunca desempenharam e não passarem por um procedimento de instrução. São nomeados e, imediatamente, são jogados para lidar com a população. Nem sempre estão preparados para isso. A exigência é importantíssima. Pena que não é cumprida.

Ao servidor é garantido o direito de representar contra ilegalidade, omissão ou abuso de poder (art. 37, § 3º da CF). Em primeiro lugar, tal previsão diz respeito à própria dignidade do funcionário. Não pode estar, nem está, predisposto a cumprir quaisquer ordens. Se for instado a cumprir ordem ilegal, deve revoltar-se e não atendê-la, representando ao órgão competente. É pressuposto do exercício da função a inteligência para discernir atos que sejam ilegais.

De igual maneira, não pode aceitar que o Poder Público se omita no exercício de suas finalidades. Imaginemos um hospital em que as pessoas sejam negligenciadas, onde falte material de primeiro socorros, macas, remédios etc. Ora, o servidor públicos profissional não pode calar-se diante da ignomínia do tratamento dispensado à população, real destinatária dos serviços, com mortes que ocorrem nos corredores hospitalares. Nada justifica a omissão do funcionário.

Da mesma forma não pode assistir a abusos de poder exercitados em época fascista. O abuso de poder é o antípoda do exercício profissional. Quem tem o poder de zelar pela população, por cuidar de seus interesses, não pode ser com ela abrupto, rude, grosseiro e abusar de suas próprias razões.

Impõe-se, em consequência, a exata formação da burocracia profissional proclamada por Max Weber. A população atendida em primeiro lugar, porque é dela que advêm os recursos financeiros para pagamento não apenas dos materiais utilizados em qualquer serviço público, como também para remuneração dos servidores públicos.

1.3 Perfil do servidor público. O servidor público na repartição. A visão da literatura

O servidor público é o burocrata, ou seja, toda pessoa física que desempenha uma função pública; que serve ao Estado. É o motor responsável pelo funcionamento de toda máquina burocrática que sustenta a Administração Pública.

Sua atividade é exercida rigorosamente nos termos da lei, servindo aos objetivos da organização e ignorando o propósito e o significado do

INTRODUÇÃO 21

seu comportamento, que deve ser atender à demanda do cidadão. O burocrata está completamente voltado para dentro da organização, para suas normas e regulamentos, para suas rotinas e procedimentos, para o superior hierárquico. Segue uma mesma rotina todos os dias.

Essa maneira de agir cria um padrão de comportamento que não agrada à maioria da população. O cidadão é atendido de forma padronizada e impessoal, de acordo com os regulamentos e regimentos internos.

O servidor público não se sente no dever de entender o problema alheio, de compreender as razões pessoais que motivaram a demanda, nem, tampouco, tem a obrigação de resolvê-las. Deve apenas cumprir o seu dever funcional de atender a todos segundo regras previamente estabelecidas na lei.

Ressalte-se a equivocada suposição de que os burocratas não têm formação acadêmica ou profissional. O nível cultural que por vezes deixa a desejar nesses profissionais é apenas uma consequência do baixo nível cultural da população em geral. A burocracia conta, na verdade, com profissionais de qualificação formal acima da média nacional.

Esse comportamento metódico e disciplinado, característico do servidor público, vem sendo retratado na literatura nacional e estrangeira desde os primórdios da instituição do modelo burocrático de organização da Administração Pública.

Franz Kafka afirmava que "as cadeias da humanidade torturadas são feitas de papel de escritório". Para Löwy, essa imagem kafkiana "sugere, ao mesmo tempo o caráter opressivo do sistema burocrático, que subjuga os indivíduos com seus documentos oficiais, e o caráter precário das cadeias, que facilmente poderiam ser rompidas se os homens quisessem libertar-se delas".[12]

Em algumas obras de Kafka tudo passa pela burocracia. Em *O Castelo*, o protagonista tem sua vida dependente dos trâmites da burocracia estabelecidos pelo Castelo. Nada funciona que não se relacione com o Castelo, embora este seja inacessível para a maior parte da população do povoado.

Na obra *O Processo*, Kafka demonstra a dependência excessiva de números, protocolos, papéis, assinaturas, aos quais estavam submetidas todas as ações do personagem principal em busca de solucionar um conflito. Como consequência, embora onisciente ou onipresente, a estrutura

12. Michael Löwy, *Franz Kafka, sonhador insubmisso*, Rio de Janeiro, Azougue Editorial, 2005, p. 208.

22 SERVIDORES PÚBLICOS

burocrática, justamente pelo tamanho e pelo excesso de racionalismo, torna-se disfuncional.

Para Kafka, a realidade externa mostra-se impotente diante dessa imensa estrutura que é a máquina burocrática – altamente hierarquizada, controlando e definindo a vida das pessoas.

A burocracia fazia parte da vida do próprio escritor. "Se, por um lado, tudo que não fosse literatura lhe cansava, por outro, trabalhou no Instituto do Seguro Operário para Acidentes de Trabalho, instituição criada pelo Império Austro-Húngaro. Sobre os trabalhadores que procuravam tal instituição, observa: 'Como são humildes! Vêm nos apresentar requerimentos... Ao invés de tomarem a casa de assalto e levarem tudo, eles vêm nos apresentar requerimentos'. Provavelmente ele se referia à transformação dos operários acidentados em fichas e requerimentos que muitas vezes não eram atendidos".[13]

Embora o funcionamento da estrutura burocrática possa parecer absurdo e irracional, o fato é que, todos os personagens kafkianos adaptam-se ao mundo dos requerimentos, memorandos, ofícios, protocolos, processos e papéis que muitas vezes não dizem nada, como constata o protagonista de *O Processo* ao examinar os cadernos de anotações dos juízes.

Outra característica da estrutura burocrática é o seu caráter repressivo. Em relação ao servidor público, a estrutura não permite a quebra de protocolos; por isso, aqueles que insistirem serão punidos. O caráter exemplar da punição ajuda a manter a disciplina.

A salvação dos personagens consiste em entregar-se ao processo de alienação, aceitando, sem questionar, a máquina burocrática. Essa imensa engrenagem que desumaniza e torna os seres apenas folha de um processo.

O próprio protagonista, quando desiste de resistir ao seu processo, é condenado, e morre como um cão, como o diz um de seus executores.

Essa é a descrição crítica da burocracia e do funcionamento do Estado. Ao cidadão, cabe apenas adaptar-se. Tanto isso é verdade que, logo em seguida, ao descrever a guarda dos objetos de um processado, os guardas explicam a Josef K: "É melhor que nos confie suas coisas – disseram. Frequentemente no depósito acontecem fraudes e além do mais costuma-se ali, depois de certo tempo, vender tudo sem que nin-

13. Leandro Konder, *Kafka, vida e obra*, Rio de Janeiro, Paz e Terra, 1979, p. 43.

INTRODUÇÃO 23

guém se incomode em verificar se o inquérito em questão terminou ou não. E quão demorados são os processo deste tipo, especialmente nos últimos tempos! Claro está que, em última instância, você receberia o dinheiro obtido da venda que certamente seria bem pouca coisa, visto que na operação o preço não é determinado pela importância da oferta, mas pelo montante de suborno; além do mais, ao passar de mão em mão, conforme a experiência o demonstra, tais somas se vão tornando a cada ano menores".[14]

O Estado, burocratizado, deixa espaço para ineficiências administrativas e para falta de controle que, de alguma forma, acabam propiciando a corrupção. Essa é justamente a condição que o impede de efetivar os direitos dos cidadãos.

Fato curioso é que Kafka atribuía a culpa às pessoas e às estruturas e não ao Estado como instituição representativa. Para o escritor, não se pode esperar que mudanças sejam implementadas pois, o ente estatal não se reformula pela mera vontade da população. Conclui que os burocratas constituem parte fundamental do modo como a máquina funciona.

Em *Crime e Castigo*, a obra mais representativa do escritor russo Fiódor Dostoievski, o personagem principal, Raskólnikov, diferencia os indivíduos segundo a sua capacidade de obedecer às regras éticas e morais impostas aos comuns. Para ele, os indivíduos se dividem, segundo a lei da natureza, em duas categorias: a inferior ou material (formada por vulgares), que unicamente é proveitosa para a procriação da espécie, e a dos indivíduos que possuem o dom ou a inteligência para dizerem no seu meio uma palavra nova. Em termos gerais, a categoria inferior é formada por indivíduos conservadores por natureza, disciplinados e submetidos às regras de comportamento. Vivem na obediência e gostam de viver nela. Não há margem para inovações. Essa é a descrição que Dostoievski faz do servidor público.

Não menos melancólica é a forma como Lima Barreto descreve o servidor público. Na obra *Recordações do Escrivão Isaías Caminha*, o personagem principal vivia em situação de miséria, pois mal comia ou comia mal. Ao reencontrar Ivã Gregoróvitch Rostóloff, confessou suas dificuldades e os sofrimentos pelos quais estava passando, conseguindo sensibilizar o amigo para a situação. O jornalista lhe arranja um lugar como contínuo no jornal *O Globo*. A partir desse momento, a narrativa praticamente gira em torno das observações que o escrivão Isaías faz da rotina do jornal.

14. Franz Kafka, *O Processo*, Porto Alegre, L&PM, 2006, p. 39.

24 SERVIDORES PÚBLICOS

Gradativamente, Isaías vai percebendo que a rotina do jornal era uma sucessão de enganos e estavam todos, desde o redator-chefe até o mais simples dos funcionários, à mercê de um diretor tirano, que todos cultuavam, veneravam e obedeciam cegamente, sem questionar, dispensando-lhe tratamento como a um deus.

Na obra *O mito de Sísifo*, Albert Camus, retrata a rotina, a mesmice dos atos, como um castigo. Segundo o mito, Sísifo desafiou os deuses. Sua audácia, no entanto, motivou exemplar castigo final de Zeus, que o condenou a empurrar eternamente uma pedra, ladeira acima de uma montanha, até o topo; a pedra então rolaria para baixo e ele novamente teria que recomeçar tudo. Não obstante, reconhecendo a falta de sentido, Sísifo continua executando sua tarefa diária.

Camus apresenta o mito de Sísifo para provocar o questionamento sobre a vida moderna. Na era do conhecimento, milhares de pessoas ficam relegadas a funções meramente mecânicas. Os empregos fúteis e os subempregos são maioria. Nas fábricas e indústrias, robôs humanizados. Nos escritórios, o ritual é o mesmo.

Essa ideia de comportamento nos remete ao servidor público que, diante do aparato burocrático, se comporta com obediência e submissão, cultuando o Estado.

A repartição pública é o ambiente de trabalho, o local onde o servidor público passa a maior parte do seu tempo trabalhando junto aos demais colegas, em sua maioria, servidores. É certo que cada repartição tem suas peculiaridades. No entanto, algumas características estão sempre presentes numa repartição pública. Mesas, computadores, arquivos, carimbos, processos, papéis por todos os lados. Em cima de cada mesa, recomenda-se a presença do Regimento Interno do órgão e da Constituição Federal. Não há espaço suficiente para atender o cidadão. O expediente tem início efetivamente entre às 8:30 e 9:00 horas, período que corre geralmente de forma razoavelmente tranquila. A leitura de notícias e documentos tomará a maior parte do tempo. O horário do cafezinho e o almoço que se aproxima são os momentos de descontração do dia, razão pela qual, é bastante valorizado pelos servidores públicos. Nesses momentos, o servidor fala em nome próprio, demonstra sentimentos. Confraterniza.

E assim o será todos os dias, fazendo tudo sempre igual, na rotina torturante e no passar indefinido das horas.

A padronização de procedimentos e a total formalização de atribuições e responsabilidades são corriqueiras. Na distribuição das tarefas,

INTRODUÇÃO 25

alguns poucos assumem um grande volume de atividades, enquanto a maioria trabalha um mínimo desejável para não deixar a máquina burocrática parar.

Nota-se que, no funcionamento da Administração Pública, há sempre uma fase de grande atividade sucedendo-se a um longo enfraquecimento. Grandes surtos do progresso logo se embatem em lentas estagnações de desânimo. E nada se faz de persistente e firme.

No trato com os cidadãos é exigida a observação de muitas formalidades. Elas servem não apenas como tentativa de padronização e racionalização, mas também como garantia para o servidor, que, tendo observado rigorosamente as normas, acredita estar livre de responsabilidade. A formalização é vista como uma espécie de garantia, uma segurança.

Cumpre salientar que, não basta ao burocrata cumprir suas tarefas; é preciso cumpri-las e manter registros suficientes de que atingiu os objetivos previstos executando os procedimentos especificados. A falta destes registros pode implicar responsabilização.

Os servidores mais críticos veem claramente a insensatez de muitos procedimentos, de trabalhos monótonos e improdutivos, como metas e indicadores a serem, em tese, cumpridos pelo governo seguinte, como a exigência da apresentação de documentos em processos de licitação por parte das empresas que perderam o certame e, portanto, não serão contratadas. Quanto mais ele vê, mais se frustra.

Um burocrata aprende cedo a não cultivar expectativas. Da complexidade dos processos institucionalizados à simplicidade da visão dos chefes, o que o burocrata vê é a certeza de que quase tudo vai dar em nada. Não entender a razão ou não concordar com os procedimentos que executa é um importante motivo de frustração.

1.4 Sentimento do Servidor Público

É importante que se faça uma análise introspectiva do servidor público para saber em que condições ele exerce suas atribuições e como dar-lhes condições para melhor desenvolvê-la.

Primeira afirmação: é um ser humano. Tem todas as virtudes e defeitos de uma pessoa comum que deve trabalhar. Quando do concurso, foi submetido a exames teóricos, frente aos quais mostrou suficiente preparo. Também prestou exame psicotécnico ou psicológico (dependendo do que for exigido no edital) e logrou aprovação.

Segunda afirmação: está suficientemente preparado para desenvolver suas atividades, seja no aspecto ético, seja no aspecto do relacionamento com superior ou com os cidadãos.

Primeira resposta: nem sempre há o preparo suficiente. Segunda resposta: é um ser humano submetido a toda sorte de imprecisão, de instabilidades emocionais, familiares, em especial de pressão no convívio com todos e com seus colegas.

Tais dados, não podem ser desconhecidos quando se pretende uma análise ponderada e conclusiva sobre o andamento dos trabalhos. O Estado busca a otimização da prestação dos serviços, enquanto o servidor deve estar preparado para dar respostas positivas.

Ora, o ser humano é instável pela sua própria natureza. É pessoa que está em contato permanente com o mundo. Todos os dias sofre os impactos positivos ou negativos da existência. O mundo o influencia. Ele influencia o mundo. Esta troca de mensagem é diária e, diria, instantânea. A vida é feita de instantes. O passado já não conta e o futuro está por vir. O que vale é o aqui e o agora.

O servidor a todo instante tem que dar respostas no exercício de suas funções. Já chega à repartição para marcar o ponto com suas influências matinais havidas junto a sua família ou junto a alguém. Teve uma boa noite de sono? Teve sobressaltos? Teve febre? Sede, durante a noite? Teve seu sono interrompido por força de problemas familiares com a mãe, pai, irmão, irmão ou parentes próximos? Amigos queridos que estejam passando fase turbulenta?

Tais aspectos já o condicionam a determinado comportamento taciturno, aziago, triste, macambúzio, introspectivo.

Se tudo se passou às mil maravilhas: uma grande noite de amor em que teve desempenho fantástico, sonhos deliciosos. Sua família lhe deu de presente uma grande notícia. Todos estão saudáveis. O rapaz ou a menina que buscavam deu-lhe amplo sorriso de aquiescência.

Tais impactos com o mundo o disciplina a chegar alegre, sorridente, contente, feliz da vida ao serviço.

Um e outro (o feliz e o triste) chegam à repartição de maneiras diferentes e a cada dia isso se irá repetir, despertando sentimentos de carinho ou rejeição.

Isso se reflete no comportamento do servidor durante o dia, e nos seguintes, em que poderá ter tido as mesmas sensações.

Poucos são os autores que analisam tais aspectos da vida do servidor público. Será que é aquele, à imagem de Isaias Caminha, que se

INTRODUÇÃO   27

esfalfa no dia a dia na firme convicção de que irá salvar o Brasil. Ou
é do tipo que tem todos os seus problemas resolvidos por seu pai e ali
está apenas para, posteriormente, prestar concurso para juiz, promotor,
delegado ou, então, realizar sua consagração nos setores acadêmicos.
   Cada qual realizará suas atividades de determinada forma e perspectiva. Cada qual desempenha suas atribuições com rara eficiência ou
com odiosa morosidade e falta de interesse. Às vezes, nem é isso. Mas,
o desconforto diário da vida mal vivida leva até a supor a negligência no
desempenho do serviço.
   O que pode ser visto, pois, sob o aspecto de compreensão de comportamentos positivos passa a ter reprimenda restritiva de ascensão
funcional.
   O estudo de tais aspectos é importantíssimo, porque estamos cuidando de gente e não de meros robôs. Gente tem sentimentos, afecções,
confrontos diários com a hostilidade do mundo.
   A visão moderna não dispensa tais aspectos, tanto que psicólogos
devem ser contratados para atender aos servidores no dia a dia. Não são
máquinas que precisam de mera lubrificação para que voltem a funcionar, ou para que funcionem a contento. São seres humanos afetivos,
sensíveis e que respondem eloquentemente ao chamado dos sentidos.
Nem sempre são racionais.

1.5 Agente público. Conceito. Funcionário. Funcionário de fato.
   A lei de improbidade e o Código Penal

   Agente público é toda pessoa física que desempenha uma função
vinculada a alguma atividade do Poder Público. Também é denominado
servidor. Para efeito da exposição utilizaremos as palavras como sinônimas. Como assinala Lúcia Valle Figueiredo, no conceito "estão incluídos
todos aqueles que desempenham de qualquer modo, função pública".[15]
No dizer de Ivan Barbosa Rigolin "servidor público é o cidadão vinculado à Administração Pública por um regime jurídico, seja ele qual for".[16]
   Não nos percamos pela terminologia. *Agente* ou *servidor* é todo
aquele que desempenha alguma atividade em nome do Poder Público.
O *funcionário* é o ocupante de cargo. É verdade que nem a Constituição e nem a lei mencionam o funcionário. A doutrina é que delimita o

---

15. *Curso de Direito Administrativo*, 9ª ed., Malheiros Editores, 2008, p. 596.
16. *O servidor público na Constituição de 1988*, São Paulo, Saraiva, 1989, p.
82.

28 SERVIDORES PÚBLICOS

conceito. Anota Maria Sylvia que na vigência da Constituição anterior "utilizava-se a expressão *funcionário* para designar o atual servidor estatutário".[17] Funcionário é o agente que é titular de cargo público criado por lei e recebe dos cofres de uma das entidades políticas. Funcionário de fato é "aquele cuja investidura foi irregular, mas cuja situação tem a aparência de legalidade".[18]

Para efeito de sujeição à Lei de Improbidade Administrativa, "reputa-se agente público (...) todo aquele que exerce, ainda que transitoriamente ou sem remuneração, por eleição, nomeação, designação, contratação ou qualquer outra forma de investidura ou vínculo, mandato, cargo, emprego ou função nas entidades mencionadas no artigo anterior" (art. 2º da Lei 8.429, de 2.6.1992).

A legislação específica (art. 327 do CP) considera "funcionário público, para os efeitos penais, quem, embora transitoriamente ou sem remuneração, exerce cargo, emprego ou função pública". Ao funcionário é equiparado, nos termos da mesma lei, "quem exerce cargo, emprego ou função em entidade paraestatal, e quem trabalha para empresa prestadora de serviço contratada ou conveniada para a execução de atividade típica da Administração Pública" (§ 1º).

1.6 Classificação

Tendo como discrímen o fato de exercer ou não poder, os agentes públicos podem ser assim classificados: (a) *agentes políticos* (ocupantes dos Poderes do Estado (Judiciário, Legislativo e Executivo), os integrantes da alta Administração (Ministros, Secretários etc.) e do Ministério Público; (b) *servidores públicos estatutários, celetistas* e *temporários*; (c) *particulares em colaboração* com a Administração; (d) *militares*; e (e) *servidores de estatais*, aqui compreendidos os *empregados públicos* e os *empregados de estatais*.

A mais adequada classificação sobre os agentes públicos foi elaborada por Celso Antônio.[19] Seguimo-la, com ligeiras alterações, como, por exemplo, a inclusão dos Magistrados entre os agentes políticos.

17. Maria Sylvia Zanella Di Pietro, *Direito Administrativo*, 14ª ed., São Paulo, Atlas, 2002, p. 435

18. Celso Antônio Bandeira de Mello, *Curso de Direito Administrativo*, 31ª ed., Malheiros Editores, 2014, p. 249

19. Celso Antônio Bandeira de Mello, *Curso de Direito Administrativo*, cit., pp. 251 e ss.

INTRODUÇÃO 29

A) Os *agentes políticos* ocupam cargos eletivos ou vitalícios. São os integrantes dos três Poderes do Estado e, por equiparação, os integrantes do Ministério Público. Os que compõem o Executivo e o Legislativo ocupam cargos eletivos: o Presidente da República (e seus homólogos nos Estados e Municípios) e os Ministros de Estado, bem como os que a eles são equiparados e também os diplomatas e os Secretários estaduais, distritais e municipais. No Legislativo, os Senadores e Deputados Federais, bem como os correspondentes a estes nos Estados e Municípios.

São agentes políticos porque detêm e são titulares do poder do Estado, isto é, possuem a possibilidade jurídica de ingressar na esfera jurídica de outros, impondo-lhes deveres ou criando direitos. São não só os Chefes do Executivo, mas todos aqueles a quem é dada parte do exercício do Poder, isto é, os Ministros de Estado, os Secretários Executivos e os Diplomatas. Estes representam o Estado federal no exterior. Os demais servidores das embaixadas e dos consulados são servidores públicos estatutários.

Os magistrados e membros do Ministério Público e os integrantes dos Tribunais de Contas, igualmente são agentes políticos, ocupando cargos vitalícios – ou seja: são indemissíveis, salvo mediante sentença judicial.

B) Os *servidores públicos estatutários* submetem-se a regime jurídico próprio denominado Estatuto, isto é, um conjunto de princípios e regras previsto em lei a que eles aderem, independentemente de ato de vontade. A vontade é manifestada apenas na formação do vínculo, isto é, da sujeição ao Estatuto. Não há discussão sobre cláusulas nem sobre forma de prestação dos serviços, e muito menos quanto a horário, vencimentos etc. As regras já estão prontas, consubstanciadas em lei, sendo necessária a vontade do servidor apenas quando da realização do concurso e quando toma posse e entra em exercício. Nada mais. Os direitos e obrigações encontram-se estabelecidos, não sendo possível discuti-los. É regime que pode ser alterado unilateralmente pelo Estado, preservados os direitos adquiridos. Como já se decidiu, "o Estado é livre, no uso de suas prerrogativas constitucionais, de organizar seus próprios serviços, de estabelecer novas formas de ingresso, provimento, aproveitamento e classificação ou reclassificação de seus funcionários".[20]

Os *celetistas* celebram contrato de trabalho com a Administração Pública, sendo que o plexo de normas já se encontra, igualmente, no texto da Consolidação das Leis do Trabalho. Só que, enquanto no Estatuto

20. *RT* 293/497.

30 SERVIDORES PÚBLICOS

nada se discute, no vínculo celetista há discussão sobre eventuais cláusulas. Os direitos estão quase equiparados, por força de os direitos sociais previstos na Constituição serem, quase todos, aplicáveis aos servidores. No entanto, o vínculo que une o empregado ao Estado é diverso do que vincula Estado e servidor.

Os *temporários* exercem emprego de natureza provisória, criados em lei, mas destinados a ocupação temporária. Têm expressa previsão constitucional (inciso IX do art. 37, da CF). A admissão deve atender a necessidade por tempo determinado "de excepcional interesse público". Se assim é, atividades permanentes (assessoria jurídica, médica, de engenharia etc.) não podem admitir o recurso ao servidor temporário.

C) Os *particulares em colaboração* com o Poder Público prestam serviços sem vínculo empregatício e sem remuneração. É o caso dos delegados de função, tais como os delegados de Cartórios de Registro Civil, Notas, Registro de Imóveis, Registro de Títulos e Pessoas Jurídicas, Registro de Protestos etc. Todos ingressam por concurso público e fazem escolha dentre as serventias livres. Uma vez providos na delegação, exercem o cargo mediante recursos recebidos da própria comunidade, que paga pela prestação de serviços. É o que dispõe o art. 236 da CF.

Também assim se qualificam os leiloeiros, os intérpretes e os tradutores.

De seu turno, mediante chamamento diverso, são relevantes as funções prestadas pelos jurados, os convocados para o serviço militar, os convocados para o serviço eleitoral, os comissários de menores, os integrantes de comissões, de conselhos, especialmente convocados pelas autoridades.

Por fim, é a situação em que se encontram todos aqueles que passam a exercer alguma função pública em situação de emergência. Caso de voluntários que ajudam bombeiros, serviços de saúde, salvação em enchentes, incêndios etc.

Todos exercem funções sem qualquer remuneração provinda do Poder Público.

D) Os *militares* foram excluídos da noção de servidor. As Forças Armadas têm organização própria e distinta de qualquer outra (arts. 142 e 143 da CF). Leis complementares disciplinam o regime jurídico dos servidores militares (Leis Complementares 69/1991 e 97/1999). Como o objetivo do presente estudo não diz respeito à situação específica dos

INTRODUÇÃO 31

militares, fica apenas o registro de seu regime jurídico. Diga-se o mesmo dos militares dos Estados, do Distrito Federal e dos Territórios, que têm disciplina normativa específica na Constituição (art. 42).

Por fim, *os servidores das entidades estatais* podem ter – e geralmente têm – regime jurídico diverso. Cuidando-se de autarquias e fundações de direito público e agências reguladoras, são *empregados públicos*. Recebem, à imagem dos servidores públicos, um Estatuto específico, que vem ao mundo jurídico no ato da criação da entidade. Os demais são *empregados governamentais*. Na precisa definição de Diógenes Gasparini: "As pessoas que, sob um regime de dependência, ligam-se contratualmente às sociedades de economia mista, empresas públicas e fundações privadas, prestadoras ou não de serviços públicos, mediante uma relação de trabalho de natureza profissional e não eventual constituem a espécie dos agentes públicos chamada de *servidores governamentais*".[21] Concordamos com a conceituação, sem prejuízo de mantermos os rótulos acima.

E) Os *servidores de estatais*. Como dissemos ao início, todos que prestam serviços às entidades da Administração descentralizada do Estado denominam-se *servidores* de estatais. Dividem-se em *empregados públicos*, se trabalharem em autarquias, fundações de direito público; e *empregados governamentais*, se admitidos em sociedades de economia mista, empresas públicas ou fundações privadas instituídas pelo Poder Público e agências reguladoras.

Ensina Celso Antônio que "é claro que o regime dos servidores de sociedades de economia mista, de empresas públicas e de fundações de Direito Privado acaso instituídas pelo Poder Público será necessariamente o *regime trabalhista,* e jamais o estatutário".[22] "Já, para os servidores da Administração direta, autarquias e fundações de Direito Público (ou seja, servidores das pessoas jurídicas de Direito Público), o *regime normal, corrente, terá de ser o de cargo público,* admitindo-se, entretanto, como ao diante se explicará, casos em que é cabível a adoção do *regime de emprego para certas atividades subalternas*".[23]

O feitio jurídico dos primeiros é equiparado ao do empregado público da Administração direta. Tanto é assim que a Lei 8.112, de 11.12.1990,

---

21. Diógenes Gasparini, *Direito Administrativo*, 8ª ed., São Paulo, Saraiva, 2002, p. 157.

22. Celso Antônio Bandeira de Mello, *Curso de Direito Administrativo*, cit., p. 265.

23. Idem, ibidem.

32 SERVIDORES PÚBLICOS

"Dispõe sobre o regime jurídico dos servidores públicos civis da União, *das autarquias e das fundações públicas federais*". De seu turno, o art. 1º da lei ("Esta Lei institui o Regime Jurídico dos Servidores Públicos Civis da União, das autarquias, inclusive as em regime especial, e das fundações públicas federais"), estabelece sua aplicação a referidos servidores. Logo, não há qualquer novidade em relação ao tema, aplicando-se a eles tudo que foi dito a respeito do servidor público.

Os empregados das agências reguladoras viram sua situação jurídica disciplinada pela Lei 9.986, de 18.7.2000, determinando-se que estejam sujeitos à Consolidação das Leis do Trabalho. Sujeita-se o ingresso a concurso público e, no mais, às regras das empresas privadas.

Será necessária a realização de concurso público para ingresso nas estatais? Entende Celso Antônio que as entidades prestadoras de serviço público sujeitam-se ao concurso. Todavia, as empresas estatais constituídas para exploração de atividade econômica "disporão de liberdade para contratar diretamente seus empregados nas hipóteses em que (a) a adoção de concurso público tolheria a possibilidade de atraírem e captarem profissionais especializados que o mercado absorve com grande presteza e interesse ou (b) nos casos em que o recurso a tal procedimento bloquearia o desenvolvimento de suas normais atividades do setor".[24]

Evidente que, embora sejam prestadoras de atividade econômica, nem por isso, ficam absolutamente livres, pois integram a estrutura do Estado. Ainda que vistam outra roupagem jurídica, nem por isso deixam de titularizar conveniências públicas. O STF entendeu, à luz do art. 173 da CF, que as estatais estão sujeitas ao concurso público, "pressuposto de validez da admissão de pessoal não apenas pela administração direta e pelos entes públicos da administração indireta – ou seja, dos seguimentos alcançados pelo regime jurídico único – mas também pelas empresas públicas e sociedades de economia mista, não obstante, por força do art. 173, CF, a sua relação com os respectivos empregados se submeta ao Direito do Trabalho".[25]

De outro lado, os empregados governamentais são admitidos em sociedades de economia mista e empresas públicas, prestadoras ou não de serviços públicos, e fundações privadas instituídas pelo Poder Público.

24. Celso Antônio Bandeira de Mello, *Curso de Direito Administrativo*, cit., p. 288.

25. *RTJ*, 146/139 e 165/474.

INTRODUÇÃO 33

As duas primeiras encontram conforto no § 1º do art. 173 da CF (entidades interventoras no domínio econômico), enquanto as prestadoras de serviços públicos têm previsão normativa no inciso XIX do art. 37. Aplicáveis são os incisos II, III e IV do art. 5º do Decreto-lei 200/1967. As fundações privadas instituídas pelo Poder Público conformam-se com o inciso III do art. 44 do CC, combinado com o art. 62.

Os empregados de tais estatais são contratados através da CLT, nos termos do inciso II do art. 173 da CF. No entanto, torna-se imprescindível o concurso público (inciso II do art. 37 da CF). No dizer de Diógenes Gasparini, "emprego é o centro de encargos para ser ocupado por servidor contratado pelo regime celetista".[26]

Pode existir o emprego isolado ou de carreira (a disciplina interna da empresa é que disporá a respeito do assunto).

Não se pode burocratizar as entidades estatais, a ponto de fazê-las funcionar sob regime de direito público. Há plena liberdade de organização e disciplina.

Em verdade, apenas as hipóteses constitucionais são aplicáveis a tais empregados. No mais, é livre a estatal para dispor, como quiser, a respeito dos direitos e obrigações. Os direitos estão consolidados no art. 7º da CF, são os denominados *direitos sociais*. O regime previdenciário é o geral, previsto no art. 201 da CF.

Na hipótese de rescisão, de forma idêntica, incidem os dispositivos da CLT já referida.

Ressalte-se que a estabilidade excepcional prevista no art. 19 do ADCT não se aplica aos empregados públicos.

Em suma, embora entidades estatais, estão elas subordinadas a um plexo misto de direito público e direito trabalhista. A regência de sua intimidade interna subordina-se à Consolidação das Leis do Trabalho, enquanto há algumas disposições constitucionais que sobre tal relacionamento incidem, como a exigência de concurso, por exemplo, que lhe dá um misto de direito administrativo e de direito do trabalho. Nem por outro motivo é que são entidades estatais, ou seja, libertas estão para agir no mercado mas subordinam-se, pelo vínculo de tutela, ao Estado. Quando prestadoras de serviços públicos, inclusive, têm responsabilidade objetiva, nos exatos termos do § 6º do art. 37 da CF.

---

26. Diógenes Gasparini, *Direito Administrativo*, 8ª ed., São Paulo, Saraiva, 2002, p. 158.

34 SERVIDORES PÚBLICOS

Assim, temos:

AGENTES PÚBLICOS (SERVIDORES)

- *Agentes políticos*
- *Servidores públicos*
  - Estatutários
  - Celetistas
  - Temporários
- *Particulares em colaboração*
- *Militares*
- *Servidores estatais*
  - Empregados públicos
  - Empregados governamentais

Capítulo 2
CARGO PÚBLICO

2.1 Conceito, criação e forma de provimento: 2.1.1 Cargo político eletivo. 2.1.2 Cargo político vitalício. Magistrados e membros do Ministério Público e integrantes dos Tribunais de Contas. 2.1.3 Cargos em comissão. 2.1.4 Cargos de provimento efetivo. 2.1.5 Cargos de carreira e isolados. 2.1.6 Cargos por mandato. 2.2 Função. 2.3 Emprego. 2.4 É livre a Administração Pública para escolher o regime a que submete a admissão de seu pessoal?

2.1 Conceito, criação e forma de provimento

Cargo é a unidade administrativa criada por lei, ou por ato de força equivalente, à qual é atribuído um plexo de atribuições a serem desempenhadas pelo funcionário. No exato dizer de Celso Antônio, "cargos são as mais simples e indivisíveis unidades de competência a serem expressadas por um agente, previstas em número certo, com denominação própria, retribuídas por pessoas jurídicas de Direito Público e *criadas por lei*, salvo quando concernentes aos serviços auxiliares do Legislativo, caso em que se criam por resolução, da Câmara ou do Senado, conforme se trate de serviços de uma ou de outra destas Casas".[1]

Os cargos do Poder Executivo são criados e extintos por lei (inciso X do art. 48 da CF), podendo ser extintos por decreto quando vagos (alínea "c" do inciso VI do art. 84 da CF, acrescentado pela Emenda Constitucional 32/2001). Também por lei criam-se e extinguem-se cargos no Judiciário (alínea "b" do inciso II do art. 96 da CF). No Legislativo

---

1. Celso Antônio Bandeira de Mello, *Curso de Direito Administrativo*, 31ª ed., Malheiros Editores, 2014, p. 259.

SERVIDORES PÚBLICOS

podem ser criados e extintos por Resolução do Senado (inciso XIII do art. 52 da CF) ou da Câmara (inciso IV do art. 51 da CF).

A criação e a transformação de cargos somente podem ser efetuadas, ressalvadas as observações já feitas, por lei.[2] Pode ocorrer que um cargo, originariamente criado para provimento em comissão, seja transformado em cargo de provimento efetivo. Toda alteração deve ocorrer por lei. A transformação, no dizer de Diógenes Gasparini "significa uma alteração de molde a atingir sua natureza".[3]

Há três tipos de cargos públicos, dependendo da *forma de provimento*. O cargo *político*, isto é, vocacionado a provimento por eleição ou vitalício (a expressão "político", aqui, está tomada no sentido daquele que detém o exercício do Poder). O cargo *em comissão*, destinado a provimento precário e exonerável a qualquer momento. O cargo *efetivo* é aquele que somente pode ser ocupado através de concurso público. Não é o servidor que é efetivo, mas o cargo é que se destina a provimento permanente.

2.1.1 Cargo político eletivo

Cargo político é o destinado, primeiramente, a provimento mediante processo eletivo. Destina-se aos ocupantes dos Poderes Legislativo e Executivo. Todos possuem *mandato*, ou seja, funções específicas de cargo eletivo. Assim, "o Poder Executivo é exercido pelo Presidente da República, auxiliado pelos Ministros de Estado" (art. 76 da CF). O Chefe do Poder Executivo é eleito (art. 77), juntamente com o Vice-Presidente (§ 1º). "O Poder Legislativo é exercido pelo Congresso Nacional, que se compõe da Câmara dos Deputados e do Senado Federal" (art. 44). A Câmara representa o povo (art. 45), e a representação é estabelecida por lei complementar, proporcionalmente à população (parte final do art. 45, combinado com o § 1º). O Senado "compõe-se de representantes dos Estados e do Distrito Federal, eleitos segundo princípio majoritário" (art. 46).

"O Poder Executivo é exercido pelo Presidente da República, auxiliado pelos Ministros de Estado" (art. 76), que integram o corpo de auxiliares do Presidente da República e, embora não eleitos, seus ocupantes são nomeados livremente pelo Presidente da República, para agirem em seu nome e no do Governo. Daí exercerem funções políticas. Há alguns

---

2. *RT* 629/211.
3. *Direito Administrativo*, 8ª ed., São Paulo, Saraiva, 2003, p. 240.

CARGO PÚBLICO 37

integrantes do Governo que são equiparados aos Ministros, como os Secretários Executivos.

Nos Estados e Municípios existem os cargos correlatos.

2.1.2 Cargo político vitalício. Magistrados, membros do Ministério Público e integrantes dos Tribunais de Contas

Os magistrados de qualquer nível, em nosso entender, também exercem função política. Têm eles a grande missão de manter íntegra a Constituição e restaurar a ordem jurídica, quando lesada. Exercem poder, no sentido de invadir o âmbito jurídico de outrem, criando direitos e impondo obrigações.

Não são, os magistrados e os que a ele se equiparam, eleitos, advindo seu poder do concurso público de qualificação (inciso I do art. 93 da CF), forma de provimento prevista na Constituição para o desempenho de *cargo vitalício*. Daí advém sua legitimidade democrática. Enquanto os demais cargos políticos são eletivos, os magistrados desempenham cargo político de caráter vitalício. A vitaliciedade significa a permanência definitiva dos agentes, até a aposentadoria compulsória, aos 70 anos, uma vez superado o período de estágio probatório de 2 anos, somente perdendo o cargo mediante sentença judicial transitada em julgado (inciso I do art. 95 da CF), o mesmo ocorrendo com o Ministério Público (inciso I, "a", do § 5º do art. 128 da CF) e com os integrantes dos Tribunais de Contas. A aposentadoria apenas ocorre quando da complementação do limite de idade (inciso II do § 1º do art. 40 da CF). A vitaliciedade para os integrantes do STF e dos demais Tribunais Superiores ocorre quando da nomeação para o cargo, o mesmo sucedendo com os que ascendem aos tribunais pelo quinto constitucional (art. 94 da CF).

A vitaliciedade não significa "durar a vida toda". Perdura o direito ao exercício do cargo até se completar o tempo da aposentadoria compulsória. Assim dispõe a Súmula 36 do STF: "Servidor vitalício está sujeito à aposentadoria compulsória, em razão da idade".

Entendemos que todos exercem cargo político, uma vez que são dotados de poder do Estado, ou seja, têm a possibilidade jurídica de invadir a esfera jurídica de outrem, impondo obrigações e instituindo direitos. A lei é a manifestação máxima do Legislativo. O ato administrativo provém do Executivo ou dos demais poderes, no exercício de atividade marginal, e a sentença é ato primordial do Judiciário. Todos dotados de força de poder. Criam *situações jurídicas*, ou seja, emanam determinações,

SERVIDORES PÚBLICOS

sem esgotamento da fonte e sem extinção do poder. Este é exercido, mas sem que se esgote. Produz série indeterminada de *relações jurídicas*, destinadas à extinção na medida em que se exercem ou se cumprem.

Daí por que se afigura imprescindível que sejam reunidos, os denominados cargos políticos sob uma mesma rubrica, pouco importando sejam eles providos mediante provimento eletivo ou por concurso. Todos estão vocacionados ao exercício permanente de poder.

Pode-se dizer o mesmo dos cargos que integram o Ministério Público. Seus integrantes exercem função própria, incluindo-se nos cargos políticos, de vez que igualmente podem instituir relações jurídicas e invadir a esfera jurídica de terceiros. São cargos vitalícios (inciso I, "a", do § 5º do art. 128 da CF), possuindo autonomia funcional e administrativa, ao lado de manter orçamento próprio (§§ 2º e 3º do art. 127 da CF).

Os integrantes dos Tribunais de Contas da (União, dos Estados e dos Municípios) aqui se alocam, pois são equiparados aos Ministros do STJ (§ 3º do art. 72 da CF) e, pois, vitalícios, quando da investidura.

Assim, o cargo político subdivide-se em: (a) *eletivo* e (b) *vitalício*.

2.1.3 Cargos em comissão

Cargos em comissão são os destinados a livre provimento e exoneração. O sentido literal de "comissão" pode ser expresso como um encargo ou incumbência temporária oferecido pelo comitente. Nesse mesmo sentido, o cargo em comissão pode ser cargo isolado ou permanente, criado por lei, de ocupação transitória e livremente preenchido pelo Chefe do Executivo, segundo seu exclusivo critério de confiança. Transitória, portanto, é a permanência do servidor escolhido, não o cargo, que é criado por lei.

Themístocles Brandão Cavalcanti, dando realce à objetividade com que deve ser considerado o cargo em comissão, afirma que "cargo em comissão é, portanto, aquele que a lei considera como tal".[4]

A lei deve guardar absoluta sintonia com a Constituição da República, de vez que o fato de havê-lo criado não o transforma naquilo que não é. Ou seja: não é o rótulo que dá essência às coisas, mas a pertinência lógica com as distinções efetuadas pela Lei Maior. Embora previsto em norma jurídica, o cargo em comissão de motorista, *e.g.*, é ilegal e não pode ser admitido após a Emenda Constitucional 19/1998. É verdade

---

4. Themístocles Brandão Cavalcanti, *Tratado de Direito Administrativo*, vol. IV, 5ª ed., Rio de Janeiro, Freitas Bastos, p. 166.

CARGO PÚBLICO 39

que a lei pode servir como elemento diferencial, algumas vezes, em relação a outras funções, de iguais atribuições. Tudo vai depender da criação do cargo. No entanto, o verdadeiro divisor de águas é o caráter provisório e a confiança pessoal inerente ao ocupante de cargo isolado.

Muitas vezes o elemento confiança é suplantado, embora continue sendo requisito indispensável à caracterização dos cargos comissionados, pelo fato de que não há outro servidor capaz de exercer suas atribuições, seja pela especialidade incomum, seja pela simples indisponibilidade de servidor com função assemelhada. Uma pessoa altamente conceituada em informática, por exemplo, não pode ser selecionada entre os integrantes dos quadros funcionais, porque a especialidade refoge às atribuições ordinárias da máquina administrativa.

É indispensável enfatizar, no entanto, que será inconstitucional a lei que criar cargos em comissão para funções simplesmente burocráticas ou operacionais. Desde que o perfil desses cargos foi delineado na própria Constituição, a fuga aos seus elementos intrínsecos de caracterização permitirá supor tentativa de burlar preceitos de integração e coerência do Texto Maior.

Márcio Cammarosano exemplifica: "Admite-se que a lei declare de livre provimento e exoneração cargos de diretoria, de chefia, de assessoria superior, mas não há razão lógica que justifique serem declarados de livre provimento e exoneração cargos como os de auxiliar administrativo, fiscal de obras, enfermeiro, médico, desenhista, engenheiro, procurador, e outros mais, de cujos titulares nada mais se pode exigir senão o escorreito exercício de suas atribuições, em caráter estritamente profissional, técnico, livre de quaisquer preocupações ou considerações de outra natureza".[5] Em seguida assevera não ser possível fazer com que a regra seja de cargos de livre provimento e exoneração. Ao contrário, o adequado é que sejam criados cargos efetivos e providos mediante concurso público.

De fato, o intérprete não pode deixar de considerar o móvel determinante do provimento dos cargos, abstraindo, inicialmente, o rótulo a eles emprestado. Um motorista – para utilizar exemplo bem significativo – não pode ser considerado como legítimo ocupante de cargo em comissão. No entanto, em determinadas circunstâncias pode ser necessário avaliar se suas particulares condições intelectuais permitiriam uma visão diferenciada em relação a todos os outros motoristas, possivelmente tão

5. Márcio Cammarosano, *Provimento de Cargos Públicos no Direito Brasileiro*, 2ª ed., São Paulo, Ed. RT, 1992, p. 96.

40 SERVIDORES PÚBLICOS

hábeis, quanto ele. Se ele for conduzir o Chefe do Executivo, aceitando todos os riscos que sua alta posição hierárquica acarreta, eventualmente, pode ser indispensável que apresente uma habilidade e uma sensibilidade indispensáveis à segurança da autoridade. Já não se trata mais de habilidade profissional para manejar o veículo, mas da especial avaliação de sua capacidade intelectual, capaz de selecionar estímulos e reconhecer situações de aparente urgência para reações reflexas rapidíssimas. Os atributos objetivos da função, portanto, não serão suficientes para avaliar a correção da opção do administrador por determinada pessoa para ocupar cargo tipicamente de provimento efetivo. Exemplo eloquente disso poderia ser tirado da recordação do segurança do Presidente Getúlio Vargas, Gregório Fortunato, que saiu do anonimato em razão da extrema confiança que lhe dedicava o Chefe da Nação. O exemplo abarca situação excepcional, mas demonstra a importância de avaliar os casos individualmente, para aquilatar um possível liame psicológico de confiança entre o administrador e o servidor – desde que, evidentemente, tal fidúcia apresente importância suficiente para avalizar a escolha. Como já dito, um médico não pode, via de regra, ser comissionado, sob pena de tal ato ser considerado afrontoso ao princípio da igual acessibilidade aos cargos públicos. Mas sob os riscos iminentes de uma epidemia pode ser preciso considerar um provimento que privilegie determinado profissional. O que não se pode aceitar, entretanto, é a banalização da exceção, para justificar o privilégio desmotivado.

Como já decidiu o STF "somente os cargos que pressuponham o vínculo de confiança, a autorizar a livre nomeação e exoneração, é que podem ser instituídos em comissão, o que não ocorre com o cargo de oficial de justiça, sujeito à regra constituição de concurso público".[6]

Esclareça-se, não obstante, que para que o cargo seja considerado como de provimento em comissão é necessário que a lei expressamente assim o declare. Seus ocupantes é que gozam de maior ou menor estabilidade. "Cargo em comissão" é expressão elíptica cujo elemento oculto é a palavra "provimento"; de consequência, seu sentido preciso é "cargo de provimento em comissão" – é dizer, temporário, enquanto subsistir a confiança, móvel da escolha.

Com efeito, pressupõe-se que tais cargos sejam necessários à Administração, tendo em vista a confiança depositada em seus ocupantes. Deve ela ser anterior à nomeação, que apenas irá confirmar ou negar a fidúcia original, no curso do exercício das atribuições. Por isso que os

6. *RTJ* 166/749.

CARGO PÚBLICO 41

cargos são de livre nomeação e exoneração, na dicção do art. 37, II, da CF. A expressão "livre nomeação" quer dizer "livre escolha", posto que, se se quisesse premiar, como um estímulo, o funcionário de carreira, como se tentou fazer no inciso V, a medida seria inócua, pois para esse objetivo já existem as funções de confiança gratificadas, exclusivas dos funcionários concursados efetivos. A lei não pode criar, indiscriminadamente, cargos em comissão ou funções de confiança. Deve haver compatibilidade lógica entre a finalidade do cargo e sua criação. Tratando-se de mera atividade burocrática não há como criar o cargo. Destina-se ao auxílio imediato ao Chefe do Executivo, constituindo-se de pessoas de sua confiança. No entanto, não é só o vínculo de fidúcia que ampara a instituição. Imprescindível que tenha conexão lógica com o objetivo da comissão. Como diz Márcio Cammarosano, não é qualquer plexo unitário que reclama tal tipo de provimento, "mas apenas aqueles que, dada a natureza das atribuições a serem exercidas pelos seus titulares, justificam exigir-se deles não apenas o dever elementar de lealdade às instituições constitucionais e administrativas a que servirem, comum a todos os funcionários, como também um comprometimento político, uma fidelidade às diretrizes estabelecidas pelos agentes políticos, uma lealdade pessoal à autoridade superior".[7]

É imprescindível que ocorra a harmonização dos dispositivos. Quando a Constituição da República fala, no inciso II do art. 37, que o provimento dos cargos ou empregos públicos depende de prévia aprovação em concurso, há expressa menção aos denominados cargos "em comissão", declarados "em lei de livre nomeação e exoneração". Ocorre que o inciso V do mesmo artigo estabelece a necessidade de que cargos "em comissão" sejam providos por servidores de carreira. Como harmonizar ambos os incisos? Ora, o cargo "em comissão" não perdeu seu caráter originário de se destinar a que seu ocupante seja nomeado e exonerado livremente. A disposição constitucional seguinte (inciso V) é que exige que parte deles seja preenchida por servidores "de carreira", na forma estabelecida em lei, que fixará "os casos, condições e percentuais mínimos".

Logo, a lei que cria os cargos em comissão deverá relacioná-los, com o pressuposto de que sejam providos em decorrência do vínculo de fidúcia; só que o mesmo texto deve mencionar quais cargos serão providos por servidores de carreira. A saber: a maioria deles será de livre nomeação e exoneração, persistente o elo de confiança; em outra parte

---

7. Márcio Cammarosano, *Provimento de Cargos Públicos no Direito Brasileiro*, cit., p. 95.

deles, que a lei definirá, fixando os casos, condições e percentuais que serão preenchidos, também persistente o vínculo fiduciário, mas escolhidos, seus ocupantes dentre funcionários de carreira. Como já decidiu o STF, "somente os cargos que pressuponham o vínculo de confiança a autorizar a livre nomeação e exoneração é que podem ser instituídos em comissão, o que não ocorre com o cargo de oficial de justiça, sujeito à regra constitucional do concurso público".[8]

Ao lado de tais exigências, limitou-os "às atribuições de direção, chefia e assessoramento" (parte final do inciso V do art. 37 da CF).

A reserva de cargos destinada aos funcionários de carreira tem o fim específico de cercear a discricionariedade do administrador. Revela-se, no entanto, determinante para o gigantismo da máquina administrativa, porque não se busca restringir, quantitativamente, o número de cargos em comissão, apenas acrescentando, sobre um número qualquer, uma nova quantidade proporcional de nomeações obrigatórias.

O regime especial de previdência aplicável ao servidor público não se estende ao ocupante de cargo em comissão, nem ao que desempenha cargo temporário ou emprego público (§13 do art. 40 da CF).

Vê-se, pois, que o requisito básico para criação do cargo é dele necessitar a Administração; e para seu provimento é imprescindível o vínculo de lealdade.

Caso haja criação indiscriminada de cargos, pode a lei ser impugnada em Juízo, por inconstitucionalidade. Estará o vício na ausência de necessidade do cargo, no ludíbrio jurídico para provimento a critério do Chefe do Executivo.

Quais os limites para a criação dos cargos em comissão? Permite--se que a quantidade de cargos em comissão seja indeterminada, segundo o critério político do administrador, não importa se irreal, desde que à soma livre e incerta se adicionem uns tantos outros cargos, pretensamente destinados a moralizar a Administração e estimular o funcionário de carreira. Se a intenção era boa, a emenda programava uma finalidade esdrúxula e hipócrita, pois aceitava a imoralidade desde que, como uma compensação, a medida beneficiasse, com vencimentos maiores, o funcionalismo de carreira, ainda que isso tivesse de ser feito com a utilização de cargos em comissão, sem confiança, e desprezo das funções gratificadas, que poderiam bem servir de estímulo ao funcionalismo.

Diante da quase total falta de controle sobre a proliferação de cargos em comissão, a Emenda Constitucional 19/1998 logrou restringir, efeti-

8. *RTJ* 166/749.

CARGO PÚBLICO 43

vamente, as nomeações, determinando sua vocação exclusivamente para as atribuições de comando.

A dúvida que assalta o observador é se há um limite para a criação de cargos em comissão, de vez que seu número máximo determinado não pode ser extraído do sistema positivo. Não há uma fórmula precisa capaz de determinar uma proporção ideal entre a máquina administrativa e a real necessidade da Administração. O Legislativo, na prática, apenas referenda a discricionariedade do administrador.

A razoabilidade e a proporcionalidade são a métrica de sua necessidade. Mas como medi-la? Se os cargos corresponderem às atribuições de direção, chefia e assessoramento e foram declarados em lei de livre provimento e exoneração, os pressupostos básicos estarão preenchidos, e só poderão ser contestados judicialmente se seu número for desproporcional em relação ao tamanho da Administração; o que equivale dizer que somente um número abusivo pode ser objeto de questionamento.

Se os cargos forem vocacionados para provimento em comissão, em percentual compatível, não há como cercear a liberdade administrativa, que ficará unicamente adstrita à sua inquestionável vontade. Isto porque sua discricionariedade, aqui, é política. Quando a lei cria esses cargos e o Chefe do Executivo os preenche com seus elementos de confiança, por si ou por seus secretários, transfere aos nomeados parte de sua competência política.

Pode ocorrer desvio de finalidade na criação dos cargos. Haverá desvio de finalidade no caso de, diante do postulado de exigência de concurso público para a nomeação de tais servidores, a criação de novos cargos de confiança e as nomeações para os existentes tiverem outro fundamento subjacente, como o apadrinhamento político.

O desvio de poder é um vício objetivo, conferido ante a discrepância existente entre a finalidade a que o ato serviu e a finalidade legal que por ele deveria ser satisfeita. No dizer de Celso Antônio, "é, pois, um desacordo entre a norma abstrata (lei) e a norma individual (ato). Como a norma abstrata é a fonte de validade individual, se esta (ato) não expressa, *in concreto*, a finalidade daquela (lei), terá desbordado de sua fonte de validade. Daí ser inválida. Então, mesmo nos casos em que o agente atuou sem a reta intenção de atender à lei, seu comportamento é fulminável, não porque teve o intuito de desatender à lei, mas porque a desatendeu. Donde, não é a má-fé, nos casos em que haja existido (desvio de poder alheio a qualquer interesse público), nem o intuito de alcançar um fim lícito, por meio impróprio, quando haja sido este o caso (desvio do fim específico), aquilo que macula o ato, e sim a circuns-

SERVIDORES PÚBLICOS

tância de este não realizar a finalidade para a qual a lei o preordenara. É que, no direito público, a satisfação do escopo sobreleva a boa ou má intenção do sujeito que pratica o ato. Se o atendeu com bons ou maus propósitos, nada importa".[9]

Se o ato, dadas as circunstâncias, puder desembocar objetivamente no fim legal, nada poder-se-á opor ao desvio, embora evidente, com o quê não se conformaria o Direito. Seria prestigiar a má gestão. Dadas a dificuldade de prova do vício de intenção e a impossibilidade de encará-lo como subjetivo, dificilmente seria possível alegá-lo sem adentrar indevidamente no mérito do ato discricionário.

Celso Antônio oferece uma solução possível para esses casos: "O que faz inválido o ato nesses casos é efetivamente seu descompasso com o escopo legal, porém tal descompasso é deduzido do fato de o agente não haver direcionado sua conduta ao escopo devido. Em rigor, haverá presunção, *juris et de jure*, de que a intenção incorreta desemboca em desacordo do ato com seu fim próprio. O vício subjetivo não é razão jurídica pela qual o ato é invalidado, mas é a razão bastante para depreender-se que, por força dele, se desencontrou com a finalidade a que teria de aceder".[10]

Referia-se o autor à possibilidade de, conforme as circunstâncias, caracterizar o desvio de poder administrativo, deduzido da má-fé que se apresenta indiscutível, palpável, diante de uma situação que objetivamente não poderia comportar o ato contestado, em face da finalidade da lei. Isto porque a má-fé não se presume. Em princípio, todos agem de boa-fé. O contrário é a exceção. A boa-fé, a probidade, o agir honesto, são presumidos no comportamento do agente público. Na esteira de copiosa jurisprudência, "inexistindo prova de que o funcionário público agiu de má-fé, presume-se a sua boa-fé, o qual deve ser excluído do polo passivo da demanda (...)".[11]

Na criação de cargos de confiança, dado o permissivo do inciso II do art. 37 da CF, analisado sempre em conjunção com o inciso V, há plena liberdade para o administrador exercer sua discricionariedade, pois as restrições referidas no inciso V, referentes aos "casos, condições e percentuais mínimos previstos em lei", dependem de legislação futura.

9. Celso Antônio Bandeira de Mello, "Desvio de poder", *RDP* 89/33, São Paulo, Ed. RT.
10. Idem, ibidem.
11. Rel. Des. Marrey Neto, *RT* 735/266.

CARGO PÚBLICO 45

Os atos discricionários ficam, sem dúvida, sujeitos à fiel observância dos princípios administrativos implícitos ou positivados no corpo do art. 37 da CF e da restrição imposta no inciso V, no que respeita aos cargos de comando. Mas, como a iniciativa exclusiva do Chefe do Executivo para a lei foi formalmente aprovada pela Câmara Municipal em regular procedimento, é evidente que o desvio de poder, se houver, será aferido no ato legislativo, e não na nomeação propriamente dita.

Merece lembrança, a propósito, o controle que deve ser exercido sobre o Executivo pela Câmara Municipal. O Legislativo deve participar ativamente da apreciação da proposta, embora não possa invadir a exclusiva competência do Executivo, que não pode ver seu projeto originário desfigurado. Destarte, nesta matéria, salvo expressiva má-fé, claramente demonstrada, bastante improvável será a responsabilização do Chefe do Executivo.

Pode-se apontar como critérios referenciais a quantidade da população, o volume da receita ou despesa orçamentária, as peculiaridades locais, tais como índices de violência, de analfabetismo, de comércio, de veículos, de estabelecimentos públicos etc., que embasarão o Congresso Nacional a fixar as condições e percentuais estabelecidos no inciso V do art. 37 da Constituição da República.

Com a Emenda 19/1998 outra particularidade deve ser adicionada ao conceito de *cargo em comissão*: destina-se exclusivamente às atribuições de direção, chefia e assessoramento. Há quem tenha outra interpretação desse texto legal, como Alexandre de Moraes:

"A primeira exceção constitucional exige que a lei determine expressamente quais os cargos de confiança que poderão ser providos por pessoas estranhas ao funcionalismo público e sem a necessidade do concurso público.

"Ressalte-se que a nova redação do inciso V do art. 37, pela Emenda Constitucional 19/1998, determinando que as funções de confiança, exercidas exclusivamente por servidores ocupantes de cargo efetivo, e os cargos em comissão, a serem preenchidos por servidores de carreira, nos casos, condições e percentuais mínimos previstos em lei, destinam--se apenas às atribuições de direção, chefia e assessoramento, alterou esse quadro, permitindo-se, porém, ainda, a delegação do exercício de funções de confiança a pessoas que não pertençam aos quadros da Administração, desde que essas funções não sejam de direção, chefia e assessoramento."[12]

12. Alexandre de Moraes, *Reforma Administrativa – Emenda Constitucional 19/1998*, 2ª ed., São Paulo, Atlas, p. 41.

46   SERVIDORES PÚBLICOS

Entretanto, a doutrina majoritária considera que, doravante, as funções de confiança e os cargos em comissão somente se destinam às atribuições de direção, chefia e assessoramento.

A atribuição ligada à direção já impõe que se afaste qualquer possibilidade dos cargos normais de carreira. É o cargo de topo. É o que emite ordens. É o que decide. É a autoridade, e não apenas seu agente. Tem poder de comando. Diga-se o mesmo da atribuição de chefia. Só que, enquanto o diretor tem sob seu comando toda uma repartição – ou seja, algumas chefias –, o chefe dirige um círculo menor, mais restrito. A saber: a gestão moderna pressupõe que os serviços sejam repartidos entre diversos funcionários. Cada qual tem sua esfera de competência própria; ou seja: cabe-lhe cuidar de determinados e específicos assuntos. O servidor reporta-se, em suas dúvidas e perplexidades, ao chefe, que dirige, pois, um grupo de funcionários subalternos. Alguns chefes formam uma diretoria. O que importa, no entanto, é saber que são cargos de comando e superiores no escalonamento hierárquico.

De seu turno, o assessor é o adjunto, o assistente ou participante das funções de outrem. Este já não tem o comando, está vinculado a um agente de hierarquia superior. A ele não são afetas atribuições de comando, cabendo-lhe apenas e tão somente auxiliar a autoridade à qual se acha vinculado. É pessoa preparada intelectualmente e que se dedica a preparar pareceres, orientações, elaborar discursos, falas, traçar rumos para decisões futuras da autoridade à qual se acha vinculada.

Temos, pois, dois tipos de servidores em comissão: (a) o de comando (direção e chefia, escalonados em hierarquia); e (b) o de assessoria. Todos importantes, dentro das responsabilidades que são identificadas no conjunto das competências funcionais, mas exercem atribuições diversas.

O assessor sempre deve ser dotado de conhecimento técnico em algum assunto. Pode ser um *expert* em Direito, em Economia, em Finanças, em Marketing etc. No entanto, o conhecimento científico não pode dispensar o dotado de conhecimento empírico, que também pode ser assessor. O conhecimento ou é técnico, decorrente de estudos, ou é empírico, decorre da experiência vivida. Parece-nos que a qualquer um podem ser atribuídas funções de assessoramento. Imagine-se o prático que conduz o navio para fora do porto. Pode-se pensar no assessor de turismo em Município que possua sítio arqueológico e que saiba, mais que ninguém, os locais onde se encontram as cavernas etc.

Há restrições constitucionais que também devem ser atendidas, ou seja: o inciso V do art. 37 da CF estabelece que os cargos em comissão

CARGO PÚBLICO 47

podem ser ocupados por "servidores de carreira, nos casos, condições e percentuais mínimos previstos em lei"; ou seja: deverá haver cargos que apenas podem ser exercidos por servidores de carreira, e outros, tal como a lei estabelecer, que serão ocupados por pessoas de livre escolha do chefe do Executivo. De outro lado, há a restrição de apenas poderem ser criados cargos em comissão destinados "às atribuições de direção, chefia e assessoramento" (parte final do inciso V do art. 37). A parte final do dispositivo significa que não se podem criar cargos ao alvedrio do Legislativo; imprescindível que guardem compatibilidade lógica com os objetivos da confiança inerente a eles.

Importante ressaltar que a estabilidade não pode ser adquirida em cargos em comissão. A garantia constitucional destina-se aos cargos providos, em caráter efetivo, mediante concurso público (art. 41 da CF).

O normal para o ocupante de cargo em comissão é a exoneração livre e imotivada. No entanto, não se livra ele de, eventualmente, por quebra dos deveres funcionais, vir a ser sancionado. Tendo cometido qualquer infração, rompe-se o vínculo funcional imediatamente, cessando a causa do comprometimento. No entanto, a lesão causada ao serviço público deve ser reparada. Daí o motivo pelo qual deve prosseguir o procedimento ou processo, finalizando com aplicação de sanção ao ocupante do cargo, impondo-lhe multa, para ressarcir eventual dano, ou, mesmo, concluindo pela ocorrência de falta criminal, quando serão encaminhados os autos à Polícia Civil, para apuração. A demissão por infração impede nova nomeação, por cinco anos (art. 137 da Lei 8.112/1990, que "Dispõe sobre o regime jurídico dos servidores públicos civis da União, das autarquias e das fundações públicas federais", conhecida como Estatuto dos Servidores), ou implica incompatibilidade absoluta para retornar ao serviço público, no caso de caracterização de crime (art. 132, combinado com o parágrafo único do art. 137), aplicáveis, ainda, a indisponibilidade dos bens e o ressarcimento ao erário.

Existe vedação legal de acumulação com outro cargo, em comissão ou não (art. 119 do Estatuto). Deve haver dedicação integral, nos exatos termos do § 1º do art. 19 da Lei 8.112/1990.

Os direitos são os constantes da Constituição e da lei – quais sejam: férias, adicionais e licenças, prejudicada a licença para tratamento e interesses particulares, porque incompatível com a precariedade do provimento. O tempo de serviço é contado para todos os efeitos (art. 100 da Lei 8.112/1990). Inclusive, tem direito à aposentadoria, ou seja, seu tempo é computado de forma fluente. Como tal e exercendo atribuições legais, não há qualquer restrição no cômputo do tempo.

48 SERVIDORES PÚBLICOS

O art. 183 da Lei 8.112/1990, com a redação dada pela Lei 10.667, de 14.5.2003, estabelece que o ocupante de cargo em comissão "não terá direito aos benefícios do Plano de Seguridade Social, com exceção da assistência à saúde". Há, agora, expressa vedação legal. Antes do advento de tal lei, admissível era a aposentadoria.

No caso de candidatura a cargo eletivo, impõe-se o afastamento temporário (§ 1º do art. 86 do Estatuto), para evitar qualquer uso político das atribuições afetas

A Súmula 218 do STJ estabelece a competência da Justiça dos Estados para "processar e julgar ação de servidor estadual decorrente de direitos e vantagens estatutárias no exercício de cargo em comissão". A hipótese cuida do admitido anteriormente pela legislação trabalhista, tal como anota Roberto Rosas.[13]

2.1.4 Cargos de provimento efetivo

São os destinados ao provimento em caráter definitivo. A permanência é que identifica a forma de ocupação. "É o cargo ocupado por alguém sem transitoriedade ou adequado a uma ocupação permanente", no preciso dizer de Diógenes Gasparini.[14] *Eles devem ser exercidos, obrigatoriamente, por funcionários concursados e de forma permanente*, ressalvada a titularidade provisória do funcionário ainda em período probatório.

Para a investidura em cargo ou emprego público é necessária uma seleção de candidatos capaz de afastar o arbítrio imoral da escolha determinada por interesses pessoais ou políticos. O respeito aos princípios da isonomia, da impessoalidade e da legalidade, dentre outros, garante aos aspirantes a oportunidade de ocupar esses lugares em razão de seus próprios méritos, o que é feito através de concursos públicos de provas ou de provas e títulos. Ao mesmo tempo em que a Administração garante a aquisição dos melhores funcionários, o concurso possibilita a qualquer candidato que preencha os requisitos objetivos para o lugar pretendido a certeza de que sua aprovação depende unicamente dele próprio, sem a influência nefasta de ideologias e interesses.

Se o agente fora contratado pela CLT e, posteriormente, vê o emprego transformado em cargo, não tem direito a ser para ele nomeado.[15] Não

---

13. *Direito Sumular*, 14ª ed., São Paulo, Malheiros Editores, 2012, p. 489.
14. *Direito Administrativo*, 8ª ed., São Paulo, Saraiva, 2003, p. 247.
15. *RT* 800/360.

CARGO PÚBLICO   49

tem sentido que a transformação possa beneficiar quem não se submeteu a concurso público, especialmente para ocupar cargo público.

2.1.5 Cargos de carreira e isolados

Como bem assinala Celso Antônio, "*quadro* é o conjunto de cargos isolados ou de carreira".[16]

Dependendo dos interesses da Administração, os cargos podem ser criados como de carreira ou isolados. Os primeiros acham-se escalonados em ordem ascendente, dependendo da maior ou menor atribuição a eles afeta. O provimento ocorre no cargo de menor responsabilidade e, por critério de merecimento ou antiguidade, o servidor vai subindo nos graus instituídos. Normalmente a denominação é a mesma, aumentando apenas o recebimento de vencimentos.

Já não é possível o ingresso em cargo inicial de outra carreira através de provimento derivado. O STF declarou inconstitucionais tais formas de provimento,[17] uma vez que, nos exatos termos do inciso II do art. 37 da CF, a "investidura" em cargo público depende de aprovação em concurso. O texto anterior falava em "primeira investidura", o que levava a admitir que a existência de outra forma de provimento, derivada, pudesse ocorrer em outro cargo. Agora, apenas pode ocorrer a ascensão interna, no interior da mesma carreira.

Os cargos isolados não se destinam a qualquer tipo de progressão funcional. Sua vocação é para uma única atividade, por mais complexas que sejam suas atribuições. O Chefe de Gabinete, por exemplo, não tem nenhum outro cargo que possa almejar. Pode haver apenas o que se denominava de "promoção vertical", ou seja, passava a receber maiores vencimentos, dependendo da fluência do tempo.

2.1.6 Cargo por mandato

Como bem anota Odete Medauar, há cargos que são ocupados por *mandato*, com duração previamente fixada, o qual só poderá ser cassado por razões de suma gravidade e segundo processo fixado em normas. Para alguns autores, trata-se de investidura a termo. Por exemplo: os cargos de Reitor e Diretor em Universidades Públicas; nesses casos,

---

16. Celso Antônio Bandeira de Mello, *Curso de Direito Administrativo*, 31ª ed., cit., p. 309.

17. Rel. Min. Moreira Alves, *DJU* 13.11.1992, p. 20.848.

50 SERVIDORES PÚBLICOS

colegiados universitários elegem três ou mais nomes para integrar uma lista, a ser apresentada à autoridade competente para nomear, a qual escolherá um dos nomes.[18]

Tais cargos, normalmente, integram uma carreira e culminam com a eleição ou indicação de alguém para o posto de comando. Os Presidentes dos Tribunais e os Procuradores Gerais de Justiça são eleitos direta ou indiretamente, mas exercem o cargo por certo tempo.

2.2 Função

É o conjunto de atribuições estipuladas para o desempenho de atividade. Todo cargo tem funções que lhe são fixadas (há exemplo único no País do "cargo" de Vice-Prefeito, que não tem função, por ser ele titular de mandato, e não ocupante de cargo). O ocupante de função não tem, necessariamente, cargo. A este são atribuídas funções. No preciso ensinamento de Maria Sylvia Zanella Di Pietro, "perante a Constituição atual, quando se fala em função, tem-se que ter em vista dois tipos de situações: (1) a função exercida por servidores contratados temporariamente com base no art. 376, IX, para as quais não se exige, necessariamente, concurso público, porque, às vezes, a própria urgência da contratação é incompatível com a demora do procedimento; e (2) as funções de natureza permanente, correspondentes a chefia, direção, assessoramento ou outro tipo de atividade para a qual o legislador não crie o cargo respectivo; em geral, são funções de confiança, de livre provimento e exoneração; a elas se refere o art. 37, V".[19]

Celso Antônio define as funções públicas como "plexos unitários de atribuições, criados por lei, correspondentes a encargos de direção, chefia ou assessoramento, a serem exercidos por *titular de cargo efetivo*, da confiança da autoridade que as preenche (art. 37, V, da Constituição). Assemelham-se, quanto à natureza das atribuições e quanto à confiança que caracteriza seu preenchimento, aos cargos em comissão. Contudo, não se quis prevê-las como tais, possivelmente para evitar que pudessem ser preenchidos por alguém estranho à carreira, já que em cargos em comissão podem ser prepostas pessoas alheias ao serviço público, ressalvado um percentual deles, reservado aos *servidores de carreira*, cujo mínimo será fixado por lei".[20]

---

18. *Direito Administrativo Moderno*, 7ª ed., Ed. RT, 2003, p. 291.

19. Maria Sylvia Zanella Di Pietro, *Direito Administrativo*, 23ª ed., São Paulo, Atlas, 2011, p. 439.

20. Celso Antônio Bandeira de Mello, *Curso de Direito Administrativo*, 31ª ed., cit., p. 260.

CARGO PÚBLICO 51

Em verdade, abstraindo-se a referência histórica aos servidores extranumerários e interinos, as *funções permanentes*, cujo substrato básico de arrimo é a *confiança, somente se diferenciam dos cargos em comissão em razão da nomenclatura e do tratamento legal*. O impulso inicial que determinará a qualidade de cargo em comissão ou função de confiança permite optar por qualquer das modalidades, respeitadas as exigências legais de cargos vocacionados para o funcionário efetivo. Como ambas as funções (que englobam necessariamente os cargos) são permanentes e de confiança, direcionadas às atribuições de direção, chefia e assessoramento, *somente a estatuição legal será capaz de distingui-las*. A definição sobre se haverá o provimento com servidores obrigatoriamente concursados, ainda que de livre escolha do Chefe do Executivo (que são as funções de confiança), ou segundo a livre discricionariedade do administrador, dentro ou fora do quadro de servidores (que são os cargos em comissão), depende da lei.

Função de confiança distingue-se de *cargo em comissão* pelo fato de aquela não titularizar cargo público. Demais disso, se *função* nada mais é que atribuição ou conjunto de atribuições inerentes a todos os servidores públicos, *função de confiança é o plexo de atribuições conferidas a determinado funcionário de carreira em razão de vínculo existente entre o Chefe do Executivo e o titular de cargo efetivo*.

Essas são as funções, permanentes e de livre escolha e exoneração, referidas no inciso V do art. 37 da CF, que em nada se aproximam das funções temporárias previstas no inciso IX. Para estas seria incompreensível a exigência de concurso público, pois se destinam a suprir necessidades temporárias e excepcionais, geralmente urgentes, incompatíveis com a demora de realização de concurso. Destinam-se, em última análise, a suprir uma insuficiência de pessoal, o que explica o porquê da dispensa de seleção pública.

O Min. Menezes Direito dilucida o alcance da Reforma Administrativa nessa específica matéria:

"Na redação originária do dispositivo a expressão 'funções de confiança' significava o mesmo que 'atividades gratificadas'. O termo havia sido constitucionalizado para justificar os baixos salários, como é o caso dos datilógrafos e dos antigos 'extranumerários', os quais não ocupavam cargos de provimento efetivo, nem de provimento em comissão.

"A Emenda Constitucional 19/1998 pressupõe que, a partir de 4.6.1998, as funções de confiança sejam exercidas 'exclusivamente por servidores ocupantes de cargo efetivo', ou seja, pelos concursados. A ressalva abrangerá também aqueles que desempenham, antes mesmo

SERVIDORES PÚBLICOS

da edição da Emenda Constitucional 19/1998, funções de confiança (atividades gratificadas), *v.g.*, as inúmeras chefias de divisão em hierarquia de carreira, e que ingressaram no serviço público nos moldes do sistema passado, sem ocuparem cargos de provimento efetivo, nem cargos de provimento em comissão."[21]

Observe-se que a Constituição, ao se referir a "função de confiança", não está se dirigindo às funções temporárias do art. 37, IX, da CF; reporta-se à função permanente atribuída a servidor ocupante de cargo efetivo. Maria Sylvia Zanella Di Pietro exemplifica: "É o caso do art. 38, que prevê o afastamento do cargo, emprego ou função para o exercício do mandato; não seria admissível que um servidor contratado temporariamente pudesse afastar-se com essa finalidade".[22]

Costuma-se falar em *desvio de função*, ou seja, quando um servidor é efetivo em determinado cargo e é deslocado para prestar serviços em outro. Nenhum direito daí nasce. O desvio de função é irregular, tal como o nome já diz. Se, eventualmente houve a designação para passar a ocupar outro cargo, de forma ilegal ou irregular, de tal comportamento não nasce direito, seja à permanência no novo cargo, seja à percepção de vencimentos acaso devidos.[23]

2.3 Emprego

Enquanto o ocupante de cargo ou titular de função está submetido ao regime estatutário, o servidor do Estado ou de empresas estatais (empresa pública, sociedade de economia mista e fundação privada) sujeita-se a vínculo celetista, ou seja, relação de emprego, disciplinada pela Consolidação das Leis do Trabalho. O regime é diferente. Isto é: no regime estatutário o servidor recebe um plexo de normas detalhado, que pode ser alterado unilateralmente pelo Poder Público, enquanto no regime celetista o empregado celebra contrato, embora de adesão; mas trata-se de vínculo bilateral e não alterável unilateralmente.

No entender de Ivan Barbosa Rigolin, "emprego público é, como era, o vínculo profissional estabelecido entre o cidadão e a Administração Pública por contrato de trabalho, regido pela Consolidação das Leis do Trabalho".[24]

---

21. Carlos Alberto de Menezes Direito, "Reforma Administrativa: a Emenda 19/1998", *RDA*, julho-setembro/1998, p. 80.

22. Maria Sylvia Zanella Di Pietro, *Direito Administrativo*, cit., 23ª ed., p. 422.

23. *RT* 669/227.

24. *O Servidor Público na Constituição de 1988*, São Paulo, Saraiva, 1989, p. 98.

CARGO PÚBLICO 53

Celso Antônio afirma que "*empregos públicos* são núcleos de encargos de trabalho permanentes a serem preenchidos por agentes *contratados* para desempenha-los, sob relação trabalhista".[25] Dispõe o inciso IX do art. 37 que "lei estabelecerá os casos de contratação por tempo determinado para atender a necessidade temporária de excepcional interesse público". A Lei 8.745, de 9.12.1993, cuida da contratação por tempo determinado, tal como exigido pelo texto constitucional. O art. 2º da mencionada lei, em seus incisos, esclarece o que se considera necessidade temporária de excepcional interesse público.[26]

25. Celso Antônio Bandeira de Mello, *Curso de Direito Administrativo*, 31ª ed., cit., p. 260.

26. "Art. 2º. Considera-se necessidade temporária de excepcional interesse público: (...) VI – atividades: a) especiais nas organizações das Forças Armadas para atender à área industrial ou a encargos temporários de obras e serviços de engenharia; (...) d) finalísticas do Hospital das Forças Armadas; e) de pesquisa e desenvolvimento de produtos destinados à segurança de sistemas de informações, sob responsabilidade do Centro de Pesquisa e Desenvolvimento para a Segurança das Comunicações – CEPESC; f) de vigilância e inspeção, relacionadas à defesa agropecuária, no âmbito do Ministério da Agricultura e do Abastecimento, para atendimento de situações emergenciais ligadas ao comércio internacional de produtos de origem animal ou vegetal ou de iminente risco à saúde animal, vegetal ou humana; g) desenvolvidas no âmbito dos projetos do Sistema de Vigilância da Amazônia – SIVAM e do Sistema de Proteção da Amazônia – SIPAM; h) técnicas especializadas, no âmbito de projetos de cooperação com prazo determinado, implementados mediante acordos internacionais, desde que haja, em seu desempenho, subordinação do contratado ao órgão ou entidade pública; i) técnicas especializadas necessárias à implantação de órgãos ou entidades ou de novas atribuições definidas para organizações existentes ou as decorrentes de aumento transitório no volume de trabalho que não possam ser atendidas mediante a aplicação do art. 74 da Lei n. 8.112, de 11 de dezembro de 1990; j) técnicas especializadas de tecnologia da informação, de comunicação e de revisão de processos de trabalho, não alcançadas pela alínea *i* e que não se caracterizem como atividades permanentes do órgão ou entidade; l) didático-pedagógicas em escolas de governo; e m) de assistência à saúde para comunidades indígenas; e VII – admissão de professor, pesquisador e tecnólogo substitutos para suprir a falta de professor, pesquisador ou tecnólogo ocupante de cargo efetivo, decorrente de licença para exercer atividade empresarial relativa à inovação; VIII – admissão de pesquisador, nacional ou estrangeiro, para projeto de pesquisa com prazo determinado, em instituição destinada à pesquisa; e IX – combate a emergências ambientais, na hipótese de declaração, pelo Ministro de Estado do Meio Ambiente, da existência de emergência ambiental na região específica. X – admissão de professor para suprir demandas decorrentes da expansão das instituições federais de ensino, respeitados os limites e as condições fixados em ato conjunto dos Ministérios do Planejamento, Orçamento e Gestão e da Educação; XI – admissão de professor para suprir demandas excepcionais decorrentes de programas e projetos de aperfeiçoamento de médicos na área de Atenção Básica em saúde em regiões prioritárias para o Sistema Único de Saúde (SUS), mediante integração ensino-serviço, respeitados os limites e as condi-

54   SERVIDORES PÚBLICOS

Prescinde-se de processo seletivo e os prazos de contratação variam de 6 meses a 4 anos, no máximo (art. 4º). Terminado o prazo, não há direito a indenização em decorrência dos termos do contrato. Ressalva-se, no entanto, qualquer postulação indenizatória em decorrência de fato externo a ele.

A Lei 9.962, de 22.2.2000, dispõe sobre a contratação por tempo indeterminado. O regime jurídico será o da CLT e legislação trabalhista extravagante. Os cargos em comissão não podem admitir tal tipo de contrato. O excepcional interesse público era dispensável na dicção constitucional. Em verdade, a contratação direta pelo Poder Público do pessoal de obras, normalmente, dispensa qualquer concurso. A excepcionalidade, já que exigida na norma constitucional, deve ser demonstrada pelo agente que determina a contratação. De outro lado, a necessidade deve ser "temporária", isto é: cessada a excepcionalidade da circunstância, não há falar no prosseguimento da contratação, uma vez cessado, de fato, aquilo que motivava o ato autorizativo. Nada impede, no entanto, que o ato seja renovado, para atender a nova circunstância excepcional.

Não pode a lei transformar servidores celetistas em estatutários.[27]

A contratação deve ser precedida de concurso público (inciso II do art. 37 da CF), tal como regulamentado pelo art. 2º da Lei 9.962/2000, "conforme a natureza e a complexidade do emprego". A lei torna evidente a necessidade do concurso, desde que possível. Há cargos para os quais ele será exigido, como, por exemplo, a contratação de técnicos em informática. Já, em relação ao pessoal de obras e outros servidores cujo emprego é de pouca complexidade dispensável é o concurso. O contrato por tempo indeterminado somente admite rescisão em algumas hipóteses, tal como estabelecido nos incisos do art. 3º da lei em comento.

Podem leis específicas criar empregos ou transformar cargos em empregos no âmbito da Administração direta e também nas autarquias e nas fundações públicas (§ 1º do art. 1º da Lei 9.962/2000).

2.4 É livre a Administração Pública para escolher o regime a que submete a admissão de seu pessoal?

Está em questionamento perante o STF o disposto no art. 39, *caput,* isto é, entendeu-se que não foi ele revogado pela EC 19/1998. Assim

---

ções fixados em ato conjunto dos Ministros de Estado do Planejamento, Orçamento e Gestão, da Saúde e da Educação. (...)."

27. STF, ADI 1.202, rel. Min. Carlos Velloso, *DJU* 15.9.1995, p. 29.

CARGO PÚBLICO 55

sendo, ainda estaria vigorando o texto anterior que assim dispunha: "A União, os Estados, o Distrito Federal e os Municípios instituirão, no âmbito de sua competência, regime jurídico e planos de carreira para os servidores da administração pública direta, das autarquias e das fundações". Através da ADI 2.135-4, rel. originário o Min. Néri da Silveira, foi concedida liminar, para suspender a eficácia do art. 39 com a redação dada pela referida Emenda Constitucional, em razão do que continua em vigor a redação anterior. O julgamento ainda não terminou, mas subsiste a liminar suspendendo a eficácia da alteração constitucional.

Daí discutir-se se subsiste o regime jurídico único ou não. Sem embargo da suspensão do *caput* do art. 39, os demais dispositivos constitucionais apontam para a duplicidade de regimes, tanto que cuida de cargos e empregos e admite a contratação por tempo determinado para atender à necessidade temporária de excepcional interesse público (inciso IX do art. 37). Ambos convivem, cada qual com seu regime jurídico.

Importante ressaltar que o Legislador fez opção pelo regime de cargos públicos. A relação estatutária é que prevalece no relacionamento entre Estado e agentes, não podendo optar pelo regime celetista. Ao contrário, o constituinte cuidou de indicar o regime estatutário, em diversos dispositivos, para deixar claro que pretendia que os serviços públicos fossem prestados por servidores admitidos, mediante um regime específico, que identificou ao longo de dispositivos apropriados (art. 37 e ss.). A tais servidores fez incidir itens relativos ao regime celetista (§ 3º do art. 39), o que não significa que os tenha equiparado. Instituiu vantagens, garantias específicas, formas de provimento etc. Enfim, instituiu um regime próprio, diferente do trabalhista. Daí ensinar Celso Antônio que se há de concluir "que, embora o regime de cargo tenha que ser o normal, o dominante, na Administração direta, autarquias e fundações de Direito Público, há casos em que o regime trabalhista (nunca puro, mas afetado, tal como se averbou inicialmente, pela interferência de determinados preceitos de Direito Público), é admissível para o desempenho de *algumas atividades; aquelas cujo desempenho sob regime laboral não compromete os objetivos que impõem a adoção do regime estatutário como o normal, o dominante*".[28]

Sendo assim, não pode a Administração Pública adotar, como normal em seu relacionamento com os usuários do serviço público e com toda a população, regime diverso daquele indicado no texto constitucional.

---

28. Celso Antônio Bandeira de Mello, *Curso de Direito Administrativo*, 31ª ed., cit., p. 269.

Capítulo 3
ESTABILIDADE

3.1 Conceito e requisitos para aquisição. 3.2 Processo administrativo para demissão do estável e ampla defesa. 3.3 Sentença transitada em julgado. 3.4 Avaliação periódica de desempenho. 3.5 Exoneração por excesso de despesa com pessoal. 3.6 Exoneração por desnecessidade do cargo. 3.7 Estágio probatório.

3.1 Conceito e requisitos para aquisição

Estabilidade é a garantia do servidor de que não pode ser demitido, salvo "em virtude de sentença judicial transitada em julgado" (inciso I do § 1º do art. 41 da CF), ou através de "processo administrativo em que lhe seja assegurada ampla defesa" (inciso II) ou, por fim, "mediante procedimento de avaliação periódica de desempenho, na forma de lei complementar, assegurada ampla defesa" (inciso III do art. 41, com a redação dada pela Emenda Constitucional 19/1998). Neste passo, estabelece o § 4º do art. 41 que para aquisição da estabilidade em tal hipótese "é obrigatória a avaliação especial de desempenho por comissão instituída para essa finalidade". Dispõe o art. 41, *caput*, da CF que a estabilidade ocorre após três anos de exercício aos servidores nomeados para cargo de provimento efetivo, em virtude de concurso público. Logo, para aquisição da estabilidade são necessários os seguintes requisitos: (a) concurso público; (b) nomeação para cargo de provimento efetivo; e (c) cumprimento de três anos de efetivo exercício.

Importante ressaltar que a estabilidade não é apenas garantia do servidor público. Antes, é garantia de que não estará ele sujeito a pressões de qualquer espécie. Tendo estabilidade, torna-se imune ao cumprimento de ordens ilegais ou de seduções que possam envolver sua permanência

ESTABILIDADE

no serviço. Veja-se o caso do fiscal que, exercendo suas funções, possa sofrer ameaça de transferência para local remoto. Amedrontado, deixará de exercitar suas funções com dignidade. Estável, enfrentará a situação. Em última instância, é garantia do cidadão, para quem as atividades atribuídas ao fiscal serão desempenhadas com destemor.

Não é atributo só do concursado. A Constituição da República tem acolhido, em suas inumeráveis alterações, dispositivos excepcionais que outorgam a estabilidade (art. 19 do Ato das Disposições Constitucionais Transitórias). Na normalidade constitucional, é decorrência de aprovação em concurso público e após três anos de exercício (art. 41).

O art. 24 da EC 19/1998 assegurou aos que, à época de seu advento, eram funcionários a aquisição da estabilidade no prazo anterior do período aquisitivo, que era de dois anos. Operou-se a transição. Embora proferido antes do advento da Emenda 20/1998, é importante o acórdão do STF deixando claro que "o instituto da estabilidade, que, a par de um direito, para o servidor, de permanência no serviço público enquanto bem servir, representa para a Administração a garantia de que nenhum servidor nomeado por concurso poderá subtrair-se ao estágio probatório de dois anos. Por isto, não pode a Administração federal, estadual ou municipal ampliar o prazo o prazo fixado pelo Texto Constitucional, mas também não pode diminuí-lo ou estendê-lo a outros servidores que não os nomeados por concurso, porquanto estaria renunciando a prerrogativas constitucionais consideradas essenciais na relação Estado-agente administrativo. Não sendo lícito ao ente federado renunciar a essas prerrogativas, nula e de nenhum efeito disposição estatutária em desacordo com o preceito constitucional".[1]

A estabilidade dá ao servidor a garantia da indemissibilidade, salvo hipóteses exceptivas previstas na Constituição. No curso da prestação de serviços pode o servidor infringir as inúmeras normas que criam obrigações. Incidirá, pois, nas penas previstas para o descumprimento dos deveres funcionais. Instaurar-se-á, então, processo administrativo, assegurando-se-lhe a ampla defesa.

A *demissão* significa a ruptura do vínculo funcional em decorrência de infração cometida. Apurado o fato infracional em processo administrativo e tendo sido ele demonstrado, emite o Chefe de Poder ato administrativo (decreto), eliminando o servidor de seus quadros.

As reformas constitucionais têm sido pródigas em beneficiar servidores não concursados. A cada alteração, dispositivo constitucional

1. STF, RE 120.133-MG, rel. Min. Maurício Corrêa, j. 27.9.1996, *RTJ* 164/293.

SERVIDORES PÚBLICOS

transitório contempla aqueles que ingressaram no serviço público por mera nomeação, não se tendo submetido a concurso, outorgando-lhes a garantia da estabilidade. Foi o que fez o art. 19 do ADCT, assegurando àqueles que possuíssem mais de cinco anos no serviço público a estabilidade funcional. "(...). Não é titular do cargo que ocupa, não integra a carreira e goza apenas de uma estabilidade regular disciplinada pelo art. 41 da CF. Não tem direito à efetivação, a não ser que se submeta a concurso público, quando, aprovado e nomeado, fará jus à contagem do tempo de serviço prestado no período de estabilidade excepcional como título."[2]

Convém ressaltar que *estabilidade* não se confunde com *efetividade*. No dizer da mais alta Corte de Justiça do País, a *efetividade* "é atributo do cargo, designando o funcionário desde o instante da nomeação; a estabilidade é aderência, é integração ao serviço público, depois de preenchidas determinadas condições fixadas em lei, e adquirida pelo decurso de tempo".[3]

3.2 Processo administrativo para demissão de estável e ampla defesa

A *ampla defesa* vem prevista no inciso LV do art. 5º da CF, vazado nos seguintes termos: "aos litigantes, em processo judicial ou administrativo, e aos acusados em geral são assegurados o contraditório e ampla defesa, com os meios e recursos a ela inerentes". Aquele que comete uma infração funcional deve ter contra si instaurado um *procedimento* através do qual a autoridade administrativa busca apurar a ocorrência da falta, seu autor e a subsunção do fato a determinada norma infracional. Havendo indícios ou prova suficiente, instaura-se o *processo administrativo*, que é, por definição, contencioso, prevalecendo os princípios do devido processo legal, contraditório e ampla defesa (art. 5º, LV, da CF/88).

Instaurado o conflito de interesses, nasce o processo que é, por definição, contencioso. O Tribunal de Justiça de São Paulo decidiu que, para demissão do estável, "há necessidade de processo administrativo e não apenas sindicância".[4]

Numa outra vertente foi a decisão do STJ, no sentido de que, "não resulta em nulidade do ato demissionário o fato de o depoimento do im-

---

2. STF, RE 167.635 , rel. Min. Maurício Corrêa, *DJU* 7.2.1997, *RTJ* 165/684.
3. Idem, ibidem.
4. *RJTJSP* 128/405.

ESTABILIDADE

petrante ter sido colhido pela Comissão de Sindicância Administrativa, porquanto esse procedimento, que antecedeu a instauração do processo administrativo disciplinar, teve tão somente o objetivo de colher indícios sobre a existência da infração funcional e sua autoria. Todavia, a aplicação da penalidade de demissão somente foi consumada ao final do processo administrativo disciplinar, no qual o impetrante foi notificado, sendo intimado a apresentar testemunhas, participar do interrogatório e apresentar defesa escrita".[5]

O processo administrativo instaura-se através de portaria, nomeando-se a comissão apuradora, especificando-se a infração cometida, à semelhança de uma denúncia no processo penal. O agente público tem que saber do que é acusado, descrevendo-se o fato infracional com todos os dados essenciais para sua perfeita identificação, permitindo-se a defesa. O indiciado é citado para se defender e comparecer a interrogatório, com ou sem advogado, como quiser. O que não se pode é recusar-lhe o profissional. Comparecendo sem advogado, dar-se-lhe-á defensor. Como a função é privativa de advogado, somente este poderá representar o indiciado. Poderá ele arrolar testemunhas, contraditar as indicadas na portaria instauradora do processo, requerer diligências, solicitar prova pericial etc. Nada lhe pode ser indeferido, salvo provas impertinentes (ou seja, que nada tenham a ver com o objeto da acusação). Assim atende-se aos *meios* a que alude a Constituição.

Posteriormente são-lhe assegurados os recursos, isto é, já se percebe que deve haver duplo grau de jurisdição administrativa, podendo a lei impor o recurso obrigatório em favor do Poder Público. De qualquer maneira, é essencial que haja um órgão revisor, de preferência isento, não podendo participar do colegiado pessoa que tenha servido no primeiro grau de jurisdição administrativa.

O STF editou a Súmula Vinculante 5 que dispõe: "A falta de defesa técnica por advogado no processo administrativo disciplinar não ofende a Constituição".

Conforme dispõe o texto constitucional, "a partir de sua publicação na imprensa oficial" a súmula "terá efeito vinculante em relação aos demais órgãos do Poder Judiciário e à administração pública direta e indireta, nas esferas federal, estadual e municipal" (art. 103-A, CF).

Entretanto, tal entendimento não condiz com o sistema processual garantista da Constituição promulgada em 1988.

---

5. STJ, MS 17.053-DF, rel. Min. Mauro Campbell Marques, 1ª Seção, j. 11.9.2013, *DJ*-e 18.9.2013.

60 SERVIDORES PÚBLICOS

Como é cediço, o direito de defesa é inerente e contraposto à acusação. Se a Administração Pública aponta a prática de qualquer infração administrativa ao servidor, tem este o direito constitucional de solicitar a assistência de profissional, o que não lhe pode ser negado. A Súmula não atende a pressupostos essenciais à boa prestação da Justiça. Mas, como quem fecha o ordenamento é o Supremo Tribunal, nada mais resta a fazer, salvo mostrar a inconformidade.

Maiores detalhes sobre o processo administrativo, sindicância e procedimento serão desenvolvidos no item próprio (Capítulo 21).

3.3 Sentença transitada em julgado

A segunda forma de o estável perder o cargo decorre de sentença judicial transitada em julgado. Neste caso, pode provir de sentença proferida em processo criminal, por crime praticado contra a Administração Pública ou outro bem jurídico igualmente protegido pela lei ou procede de sentença em ação civil em que se comine a pena de demissão.

Essencial é que ocorra o trânsito em julgado, ou seja, que da decisão proferida não caiba mais recurso (art. 467 do CPC). Evidente está que se pressupõe que o processo tenha tido procedimento hígido, de forma a embasar sentença de que decorra a aplicação da sanção.

3.4 Avaliação periódica de desempenho

Outra forma de perda do cargo e, por consequência, com ruptura do vínculo de estabilidade foi introduzido pela Emenda Constitucional 19/1998 e diz respeito à "avaliação periódica de desempenho". Em verdade, é comum ocorrer que o servidor, após adquirir a estabilidade, superado o estágio probatório de três anos, se sinta confortável no serviço público, passando a negligenciar suas funções. Torna-se relapso, tratando mal a população, saindo e não retornando ao serviço, nada fazendo etc. Cria mal-estar constante e, sentindo-se acobertado pela estabilidade, hostiliza seu superior hierárquico, tornando-se, enfim, um problema para o funcionalismo. Daí ter sido imprescindível que, ao lado da infração funcional, apurada por processo administrativo, fosse introduzida na Lei Maior a avaliação periódica de desempenho, através da qual se faz a aferição do comportamento, da produção, do desempenho, como consta na dicção constitucional, do servidor.

O dispositivo não é autoaplicável. Sobrevindo lei, tornar-se-á eficaz e, pois, à lei complementar caberá dizer a forma do procedimento avaliatório.

ESTABILIDADE 61

Em caso de resultar demonstrada a inaptidão para prosseguir em suas atividades, cabe a perda do cargo. Assegura-se, como diz o texto constitucional, a "ampla defesa". A alteração veio a proteger bem maior. No confronto entre serviço público e servidor relapso, deve prevalecer a primeira solução.

3.5 Exoneração por excesso de despesa com pessoal

Por fim, a Constituição estabelece casos de exoneração pelo fato de a despesa com pessoal ativo e inativo ultrapassar, no exercício financeiro, os limites estabelecidos em lei complementar. O art. 169 da Lei Maior dispõe que a despesa com pessoal ativo e inativo dos entes públicos "não poderá exceder os limites estabelecidos em lei complementar". Estabeleceu a Lei Complementar 101/2000 que a União não pode gastar mais de 50% e Estados, Distrito Federal e Municípios mais que 60% com despesa com pessoal. Logo, a norma constitucional, que era de eficácia contida, eclodiu todos os seus efeitos, tornando-se plena, com o advento da referida lei. Caso o ente federativo estivesse acima dos limites fixados, norma transitória estabeleceu o prazo de dois anos para redução aos valores fixados. Para análise detalhada dos problemas surgidos com a edição da norma complementar, a forma de redução dos gastos e a análise da constitucionalidade da redução, remeto o leitor a meu livro *Responsabilidade Fiscal*.[6]

Para chegar aos limites estipulados, determinou, em primeiro lugar, a redução dos cargos em comissão ou funções de confiança (inciso I do § 3º do art. 169 da CF). Não atingido o limite, impõe-se a exoneração dos não estáveis (aqueles que ainda não completaram o estágio probatório de três anos ou não alcançados pelo art. 19 do ADCT). Esgotadas as dispensas mencionadas, pode o estável ser exonerado, nos exatos termos do § 4º do art. 169 da CF. A Lei 9.801/1999 estabeleceu a forma da exoneração, fixando requisitos e procedimento. Estabelece o § 4º do art. 169 da CF que, não logrando o ente federado atingir os limites mínimos de gasto com pessoal, "o servidor estável poderá perder o cargo, desde que ato normativo motivado de cada um dos Poderes especifique a atividade funcional, o órgão ou unidade administrativa objeto da redução de pessoal".

Trata-se, como se vê, de outra possibilidade de perda do cargo em decorrência de redução de gasto com pessoal, na forma prevista na Constituição e na lei complementar já mencionada.

6. 2ª ed., São Paulo, Ed. RT, 2002.

Não há como se efetuar substituição de servidores pela denominada terceirização de mão de obra e objetivar, com isso, redução da despesa, uma vez que a Lei Complementar 101/2000 determina que sejam seus gastos lançados como despesa de pessoal. Isso elimina qualquer fraude. A exoneração, pois, ocorre, como se viu, a pedido do servidor ou pela necessidade de redução dos quadros e pela extinção do cargo.

O servidor exonerado não pode retornar ao serviço no mesmo cargo então ocupado, salvo se prestar novo concurso.

Adquirida a estabilidade apenas a perde, mediante processo administrativo, assegurada ampla defesa ou sentença judicial transitada em julgado.

3.6 Exoneração por desnecessidade do cargo

Dispõe o § 3º do art. 41, com a redação dada pela EC 19/1998, que pode haver a exoneração do estável pela desnecessidade do cargo. Em tal caso, o estável ficará em disponibilidade, tal como já se mencionou antes. O que importa, agora, é saber se a desnecessidade do cargo ocorre por previsão legal ou não. Segundo Adilson Dallari, "a declaração de desnecessidade não extingue o cargo e, por isso, pode ser feita por ato administrativo, mas, em face do princípio da legalidade, somente se houver previsão legal nesse sentido".[7] Necessária, pois, a existência de lei, consolidando-se a desnecessidade através de decreto.[8] Basta a previsão genérica em lei. O que concretiza a situação é o ato administrativo.

3.7 Estágio probatório

O servidor público, quando concursado, submete-se a determinado prazo de comprovação de suas aptidões funcionais. Através do concurso demonstra sua qualificação profissional. O edital de concurso estipula requisitos de capacitação que necessitam de demonstração do atendimento de qualificação técnica. Aprovado em concurso, está apto a exercer suas atividades. No entanto, ao lado da capacitação técnica, tem que demonstrar que pode desempenhar as atribuições afetas ao cargo. Há uma aferição sobre seu comportamento, trato com o usuário, competência funcional etc. Passados três anos, adquire a estabilidade, que lhe

---

7. *Regime Constitucional dos Servidores Públicos*, 2ª ed., São Paulo, Ed. RT, 1992, p. 97.

8. *RT* 717/129 e 718/106.

ESTABILIDADE

garante a não exoneração, salvo nos casos estabelecidos na Constituição (art. 41).

No curso do prazo é imprescindível que se instaure procedimento administrativo para que, desatendidos os requisitos legalmente previstos, seja exonerado.[9] A exoneração não é sanção. No entanto, no procedimento administrativo abre-se possibilidade para que, eventualmente, formule o funcionário razões de divergência. Tornando-se prescindível o servidor, é ele exonerado. No caso de ter cometido infração funcional, instaura-se processo administrativo, assegurada ampla defesa, vindo o servidor a ser demitido.

No caso de servidor contratado (inciso IX do art. 37 da CF) o tempo de admissão é determinado "para atender a necessidade temporária de excepcional interesse público". Pode ocorrer que, satisfeita a necessidade, haja dispensa, a qualquer tempo e sem motivação. Se contratado por prazo determinado, sujeita-se a Administração à indenização pelo tempo faltante.

9. *RT* 305/397, 435/110 e 704/194.

Capítulo 4
CONSELHO DE POLÍTICA
DE ADMINISTRAÇÃO E REMUNERAÇÃO

A Emenda Constitucional 19/1998 pretendeu instituir uma política de gestão da Administração Pública, bem como o gerenciamento de remuneração de servidores (art. 39 da CF). Normalmente, as inúmeras Administrações faziam o que bem entendiam, concedendo aumentos específicos a algumas categorias, em desprezo de outras. Não havia plano de reciclagem dos servidores. Limitavam-se à realização do concurso e, ocorrido este, deixavam o servidor fazer o que bem queria, à sua própria sorte, sem aperfeiçoamento, sem plano de carreira etc. Daí os desvirtuamentos por que passou a Administração Pública. De outro lado, não se criou o que se denomina de "burocracia" no bom sentido, isto é, servidores preparados, profissionais. Daí a tentativa de instituição de nova perspectiva funcional – ou seja: não mais se fala na política de compadrio, passando-se à orientação gerencial. O modelo que se pretende seguir não é mais o de protecionismo, mas de aproximação da estrutura privada de administração.

O defeito da proposta é a tentativa de passagem da administração patrimonialista para a gerencial sem passar pela fase burocrática de que nos dá notícia Max Weber.

Capítulo 5
ACESSIBILIDADE AOS CARGOS, EMPREGOS E FUNÇÕES PÚBLICAS

5.1 Acessibilidade. 5.2 Ingresso. Concurso para cargo e emprego. 5.3 Direito subjetivo à nomeação. 5.4 A Teoria do Fato Consumado e a nomeação precária. 5.5 Contratação temporária. 5.6 Reserva para portadores de deficiência física e ação afirmativa. 5.7 Cotas para negros nos concursos públicos.

5.1 Acessibilidade

Os cargos, empregos e funções públicas "são acessíveis aos brasileiros que preencham os requisitos estabelecidos em lei, assim como aos estrangeiros, na forma da lei" (inciso I do art. 37 da CF). Em princípio, todos os brasileiros podem ocupar cargos, empregos e funções. Caberá à lei instituir limitações decorrentes da idade ou de outros discrímenes, tal como estabelecer a lei. O estrangeiro residente no País goza de todos os direitos estabelecidos na Constituição (art. 5º, *caput*), podendo, inclusive, ser professor, técnico ou cientista nas universidades, tal como dispuser a lei (§ 1º do art. 207 da CF, acrescentado pela Emenda Constitucional 11/1996).

Em princípio, pois, os direitos são os mesmos, com as exceções previstas constitucionalmente ou na lei. Para alguns cargos há requisito de idade (alínea "a" do inciso VI do § 3º do art. 14 da CF). Para outros há requisito de nacionalidade (§ 3º do art. 12), tais como o de Presidente e Vice-Presidente da República (inciso I), de Presidente da Câmara dos Deputados (inciso II), para o de Presidente do Senado Federal (inciso III), os de Ministros do Supremo Tribunal Federal (inciso IV), os integrantes da carreira diplomática (inciso V), o de oficial das Forças Arma-

66 SERVIDORES PÚBLICOS

das e o de Ministro de Estado da Defesa (inciso VII) e os do Conselho da República (art. 89, inciso VII).

O estrangeiro, pois, pode ocupar cargo público, ressalvada previsão legal que o impeça. Tudo dependerá da definição legal, em face de setor estratégico, de segurança etc.

Respeitadas, em consequência, restrições de idade de determinados cargos, os cargos, empregos e funções são acessíveis a todos os brasileiros e estrangeiros, estes tal como definir a lei.

5.2 Ingresso. Concurso para cargo e emprego

Estabelece o inciso II do art. 37 da CF que "a investidura em cargo ou emprego público depende de aprovação prévia em concurso público de provas ou de provas e títulos, de acordo com a natureza e a complexidade do cargo ou emprego, na forma prevista em lei, ressalvadas as nomeações para cargo em comissão declarado em lei de livre nomeação e exoneração".

Vê-se, pois, que não são todos os cargos que exigem o concurso público. Se ocorrer nomeação de servidor sem concurso público, pode ela ser desfeita antes da posse.[1] Este é próprio dos cargos vitalícios e dos efetivos. Ambos já foram analisados. A ressalva alcança os cargos em comissão, de livre nomeação e exoneração.

O concurso público é a única porta democrática para permitir o acesso de todos aos cargos públicos. A investidura dele depende (inciso II do art. 37). O Supremo Tribunal Federal deixou claro ser "intransigente em relação à imposição à efetividade do princípio constitucional do concurso público".[2] Peremptoriamente, deixou afirmado que "a Constituição não permite o ingresso em cargo público sem concurso".[3] É democrático, porque abre a possibilidade aos mais capazes de virem a ingressar no serviço público. No âmbito federal, os concursos públicos foram regulamentados pelo Decreto 6.944, de 21.8.2009.

A regra do concurso público é intransponível desde a promulgação do texto constitucional de 1988. Por tal razão, o STF julgou inconstitucional dispositivo da ADCT da Constituição do Estado do Acre "que

1. Súmula 17 do STF.
2. STF, SS 1.081-6-ES, rel. Min. Sepúlveda Pertence.
3. *RTJ* 165/684.

ACESSIBILIDADE AOS CARGOS, EMPREGOS E FUNÇÕES PÚBLICAS   67

efetivara servidores públicos estaduais, sem concurso público, admitidos até 31.12.1994".[4]

O edital que instaurar o certame não pode criar qualquer dificuldade que possa invalidá-lo. Por exemplo, instituir critério de altura para o provimento de cargos burocráticos tornará nulo o edital, uma vez que está criando critério não permitido pela Constituição. O edital, da mesma forma, como ato administrativo genérico que é, deve guardar compatibilidade com a lei, não podendo exigir mais que esta. Se impuser alguma exigência não prevista em lei, cabível será sua nulidade, seja por ato de controle interno, hierárquico, seja por ato judicial, mediante provocação do prejudicado.

Pode-se estabelecer limite de idade para preenchimento de cargo público? Não mais se justifica a exigência de limite de idade para tanto. O STF entendeu que "a estipulação de limite de idade para a inscrição em concurso público só se legitima em face do art. 7º, XXX da CF (aplicável aos servidores públicos por força do disposto no art. 39, § 2º da CF), quando tal limite possa ser justificado pela natureza das atribuições do cargo a ser preenchido". Com base nesse entendimento, a Turma considerou desarrazoada a limitação, em 40 anos, em relação aos não servidores públicos, para a inscrição em concurso.[5] Quer-nos parecer que a razoabilidade decorrerá de hipótese fática a ser apreciada. No entanto, a Constituição da República não deixa muita margem de discrição à Administração Pública e, pois, apenas detalhada justificativa pode sustentar, eventualmente, qualquer exigência de idade.

Não se admite possa a autoridade judiciária rever provas que foram corrigidas e aferidas por banca examinadora.[6] O que se admite é o exame pelo Judiciário, em análise perfunctória, no caso de a banca ter agido com manifesta arbitrariedade, de forma a conduzir o resultado ou a manipulá-lo.[7]

Evidente está que a lei pode criar restrições, erigindo critérios compatíveis com o cargo. Aliás, o Superior Tribunal de Justiça entendeu

---

4. STF, *Informativo do STF* 734.

5. STF, RE 197.847-MG, rel. Min. Moreira Alves, *Informativo* 11. No mesmo sentido: *RTJ* 135/958 e 135/528.

6. STF, RE 140.242-AL, rel. p/ Acórdão Min. Carlos Velloso, j. 14.4.1997. No mesmo sentido, RE 268.244-CE, rel. Min. Moreira Alves, j. 9.5.2000; RE 243.056-CE, AgR, rela. Min. Ellen Gracie, j. 6.3.2001.

7. STF, AI 171.342-0-RJ, rel. Min. Marco Aurélio, *DJU* 26.4.1996, p. 13.124.

68   SERVIDORES PÚBLICOS

viável a previsão, por lei, de *exame psicotécnico*.[8] Também não se admitem os exames psicotécnicos, como ensina Celso Antônio, "destinados a excluir liminarmente candidatos que não se enquadrem em um pretenso 'perfil psicológico', decidido pelos promotores do certame como sendo o 'adequado' para os futuros ocupantes do cargo ou do emprego".[9] É possível o psicotécnico como exigência para se saber a higidez mental do candidato, mas não como critério de exclusão. No mesmo sentido o STF.[10] Igualmente é possível a exigência de *prática forense*.[11] Entendeu o STF que seria viável, constitucional e legal a exigência de *altura* para ingresso em concurso de delegado de polícia e de agente de polícia.[12] A exigência se nos afigura absolutamente inconstitucional. O critério de altura (1,60, no caso) não guarda compatibilidade entre a função e o critério de discriminação. Assim, como ensina Celso Antônio, o critério erigido pela lei há de encontrar compatibilidade lógica com o que se quer discriminar, a saber: pode-se estabelecer como critério para admissão a concurso público o sexo, por exemplo, sem que se fira o princípio da isonomia previsto no art. 5º, *caput*, desde que guarde a verticalidade da obediência. Exigir-se sexo feminino para inscrição em concurso para provimento de cargos de guarda penitenciário em presídio feminino, guarda a exigência de identificação com o critério de discriminação. Há compatibilidade, não sendo infringido o princípio da igualdade.

Nada impede que a lei fixe o número de candidatos aprovados em determinado concurso, limitando o total para a segunda fase.

O concurso será somente de provas, em que se demonstra a competência técnica, ou de provas e títulos, em que, ao lado do conhecimento específico dos assuntos exigidos no edital, terá o candidato que demonstrar a experiência já adquirida ao longo da vida, trazendo currículo detalhado do que já fez e dos títulos que possui. O critério deverá ser objetivo – por exemplo, para título de Mestre, determinado número de pontos; para o de Doutor, outro número; para tempo de serviço já prestado ao Poder Público, alguma vantagem; conhecimento de idiomas, se o cargo o exigir, algum acréscimo. Enfim, o edital deverá ser elaborado de forma

---

8. STJ, REsp 31.141-DF, rel. Min. Vicente Cernicchiaro, *DJU* 8.9.97, p. 42.608.

9. Celso Antônio Bandeira de Mello, *Curso de Direito Administrativo*, 31ª ed., Malheiros Editores, 2014, p. 287.

10. STF, RE 228.356-MG, rel. Min. Ilmar Galvão, j. 29.9.1998.

11. STJ, MS 4.649-DF, rel. Min. Fernando Gonçalves, *DJU* 24.2.1997, p. 3.283.

12. STF, RE 148.095, rel. Min. Marco Aurélio, *Informativo* 105, abril de 1998.

ACESSIBILIDADE AOS CARGOS, EMPREGOS E FUNÇÕES PÚBLICAS   69

a aferir a melhor condição pessoal para o cargo que será exercido, sem qualquer tipo de proteção, apadrinhamento, compadrio ou nepotismo.

Terá o concurso validade de dois anos, prorrogável uma vez, por igual período (inciso III do art. 37 da CF). Dentro de sua discricionariedade política, cabe à Administração aferir as necessidades de pessoal que tem e, demonstrada de disponibilidade de receita (cf. Lei de Responsabilidade Fiscal, arts. 16 e 17), deflagrar a abertura do concurso. Realizadas as provas, assegurada a igualdade de oportunidade a todos os concorrentes, cabe a nomeação, dentro das necessidades detectadas. Uma vez aprovado, tem direito à posse.[13]

Caso, por manifesto desvio de poder, a Administração Pública nomear fora da ordem de classificação, cabe a via administrativa, para autotutela dos próprios atos, tornando-se viável a revisão da nomeação, anulando-se a primeira e obedecendo-se à ordem de classificação, ou abre-se ao prejudicado a via judicial. Em tal caso, já tendo a Administração demonstrado a necessidade da nomeação, nasce para o preterido o direito à nomeação. Descabe ao Judiciário efetuar a nomeação, uma vez que o ato é privativo do Chefe do Executivo; mas cabe-lhe determinar a expedição do ato, sob pena de desobediência.[14]

Não têm os classificados o direito à prorrogação do concurso. Será de boa técnica administrativa a prorrogação, uma vez que serão despendidos recursos com a abertura e a realização de novo concurso. No entanto, não têm os não nomeados direito à prorrogação. Remanesce, aí, à Administração margem de discrição para decidir.

O que não pode o administrador fazer é prorrogar por período menor. A Constituição é clara no sentido de que a prorrogação terá que ser por "igual período". Nem vale o argumento de que *quem pode o mais pode o menos*. Tal lugar-comum de raciocínio aqui não tem lugar.

No confronto entre os já concursados e aprovados e ainda remanescentes no prazo de validade do edital, terão eles prioridade de nomeação em relação aos que foram concursados posteriormente (inciso IV do art. 37 da CF). Tem lógica e sentido a previsão constitucional. É que os que aguardam a nomeação têm legítima expectativa e devem ter prioridade em relação a outros que prestaram concurso posteriormente.

O STF já decidiu que "a Administração, é certo, não está obrigada a prorrogar o prazo de validade dos concursos públicos; porém, se novos

13. Súmula 15 do STF.
14. Súmula 16 do STF.

70 SERVIDORES PÚBLICOS

cargos vêm a ser criados, durante tal prazo de validade, mostra-se de todo recomendável que se proceda a essa prorrogação. 2. Na hipótese de haver novas vagas, prestes a serem preenchidas, e razoável número de aprovados em concurso ainda em vigor quando da edição da Lei que criou essas novas vagas, não são justificativas bastantes para o indeferimento da prorrogação da validade de certame público razões de política administrativa interna do Tribunal Regional Eleitoral que realizou o concurso".[15]

Na precisa lição de Celso Antônio é certo que não poderá deixar escoar o prazo "simplesmente como meio de se evadir ao comando de tal regra, nomeando em seguida os aprovados no concurso sucessivo, que isto seria um desvio de poder".[16]

5.3 Direito Subjetivo à nomeação

Durante muito tempo a jurisprudência do STF apontava no sentido de que os candidatos aprovados em concurso público, mesmo que dentro do número de vagas previstas em edital, possuíam apenas mera expectativa de direito. A Administração teria a discricionariedade para efetivar ou não a nomeação.

Entretanto, a Suprema Corte reviu tal posicionamento até então pacífico no julgamento do RE 598.099-MS, sob a relatoria do Min. Gilmar Mendes, julgamento realizado em 10.8.2011 sob o rito da Repercussão Geral.

Restou decidido que "dentro do prazo de validade do concurso, a Administração poderá escolher o momento no qual se realizará a nomeação, mas não poderá dispor sobre a própria nomeação, a qual, de acordo com o edital, passa a constituir um direito do concursando aprovado e, dessa forma, um dever imposto ao poder público. Uma vez publicado o edital do concurso com número específico de vagas, o ato da Administração que declara os candidatos aprovados no certame cria um dever de nomeação para a própria Administração e, portanto, um direito à nomeação titularizado pelo candidato aprovado dentro desse número de vagas".

Ademais, "o dever de boa-fé da Administração Pública exige o respeito incondicional às regras do edital, inclusive quanto à previsão das vagas do concurso público. Isso igualmente decorre de um neces-

---

15. STF, RE 581.113-SC, rel. Min. Dias Toffoli, *DJU* 5.4.2011.

16. Celso Antônio Bandeira de Mello, *Curso de Direito Administrativo*, cit., p. 288.

ACESSIBILIDADE AOS CARGOS, EMPREGOS E FUNÇÕES PÚBLICAS   71

sário e incondicional respeito à segurança jurídica como princípio do Estado de Direito. O princípio da segurança jurídica como princípio de proteção à confiança. Quando a Administração torna público um edital de concurso, convocando todos os cidadãos a participarem de seleção para o preenchimento de determinadas vagas no serviço público, ela impreterivelmente gera uma expectativa quanto ao seu comportamento segundo as regras previstas nesse edital. Aqueles cidadãos que decidem se inscrever e participar do certame público depositam sua confiança no Estado administrador, que deve atuar de forma responsável quanto às normas do edital e observar o princípio da segurança jurídica como guia de comportamento. Isso quer dizer, em outros termos, que o comportamento da Administração Pública no decorrer do concurso público deve se pautar pela boa-fé, tanto no sentido objetivo quanto no aspecto subjetivo de respeito à confiança nela depositada por todos os cidadãos".

Por outro lado, "quando se afirma que a Administração Pública tem a obrigação de nomear os aprovados dentro do número de vagas previsto no edital, deve-se levar em consideração a possibilidade de situações excepcionalíssimas que justifiquem soluções diferenciadas, devidamente motivadas de acordo com o interesse público. Não se pode ignorar que determinadas situações excepcionais podem exigir a recusa da Administração Pública de nomear novos servidores. Para justificar o excepcionalíssimo não cumprimento do dever de nomeação por parte da Administração Pública, é necessário que a situação justificadora seja dotada das seguintes características: a) Superveniência: os eventuais fatos ensejadores de uma situação excepcional devem ser necessariamente posteriores à publicação do edital do certame público; b) Imprevisibilidade: a situação deve ser determinada por circunstâncias extraordinárias, imprevisíveis à época da publicação do edital; c) Gravidade: os acontecimentos extraordinários e imprevisíveis devem ser extremamente graves, implicando onerosidade excessiva, dificuldade ou mesmo impossibilidade de cumprimento efetivo das regras do edital; d) Necessidade: a solução drástica e excepcional de não cumprimento do dever de nomeação deve ser extremamente necessária, de forma que a Administração somente pode adotar tal medida quando absolutamente não existirem outros meios menos gravosos para lidar com a situação excepcional e imprevisível. De toda forma, a recusa de nomear candidato aprovado dentro do número de vagas deve ser devidamente motivada e, dessa forma, passível de controle pelo Poder Judiciário".

Segundo o STF, tal entendimento, "na medida em que atesta a existência de um direito subjetivo à nomeação, reconhece e preserva

72 SERVIDORES PÚBLICOS

da melhor forma a força normativa do princípio do concurso público, que vincula diretamente a Administração. É preciso reconhecer que a efetividade da exigência constitucional do concurso público, como uma incomensurável conquista da cidadania no Brasil, permanece condicionada à observância, pelo Poder Público, de normas de organização e procedimento e, principalmente, de garantias fundamentais que possibilitem o seu pleno exercício pelos cidadãos. O reconhecimento de um direito subjetivo à nomeação deve passar a impor limites à atuação da Administração Pública e dela exigir o estrito cumprimento das normas que regem os certames, com especial observância dos deveres de boa-fé e incondicional respeito à confiança dos cidadãos. O princípio constitucional do concurso público é fortalecido quando o Poder Público assegura e observa as garantias fundamentais que viabilizam a efetividade desse princípio. Ao lado das garantias de publicidade, isonomia, transparência, impessoalidade, entre outras, o direito à nomeação representa também uma garantia fundamental da plena efetividade do princípio do concurso público".

O posicionamento adotado pelo STF se coaduna com o sistema jurídico brasileiro e com o que determina o texto constitucional. Assim, o tema foi pacificado no direito brasileiro.

5.4 A Teoria do Fato Consumado e a nomeação precária

Inúmeros são os casos de cidadãos que são nomeados em decorrência de decisões judiciais que alteram o resultado do certame. As causas são as mais diversas: desde a alteração judicial do gabarito até a reforma do resultado do exame psicotécnico.

Entretanto, não há que se falar em fato consumado no que diz respeito a nomeação precária de cidadão concursado.

Em caso de peculiaridade ímpar STF determinou o desligamento de servidora que exercia as funções públicas por mais de 12 anos. A tese central é de que "posse ou o exercício em cargo público por força de decisão judicial de caráter provisório não implica a manutenção, em definitivo, do candidato que não atende a exigência de prévia aprovação em concurso público (CF, art. 37, II), valor constitucional que pondera sobre o interesse individual do candidato, que não pode invocar, na hipótese, o princípio da proteção da confiança legítima, pois conhece a precariedade da medida judicial".[17]

---

17. STF, *Informativo* 753, agosto/2014.

ACESSIBILIDADE AOS CARGOS, EMPREGOS E FUNÇÕES PÚBLICAS 73

5.5 Contratação temporária

O texto constitucional estabelece, no art. 37, inciso IX, que "a lei estabelecerá os casos de contratação por tempo determinado para atender a necessidade temporária de excepcional interesse público".

Diversos entes temporários se utilizam de tal preceito normativo constitucional para, na realidade, burlar o princípio do concurso público.

Em face de tais condutas reprováveis, o Supremo Tribunal Federal pacificou o entendimento de que "é inconstitucional lei que institua hipóteses abrangentes e genéricas de contratações temporárias sem concurso público e tampouco especifique a contingência fática que evidencie situação de emergência".[18]

5.6 Reserva para portadores de deficiência física e ação afirmativa

A CF, no inciso VIII do art. 37, estabelece a reserva legal de cargos e empregos públicos para pessoas portadoras de deficiência, dispondo que a lei "definirá os critérios de sua admissão". O critério de discriminação encontra fundamento constitucional. A deficiência física torna desiguais pessoas que, naturalmente e fisicamente, deveriam ter o mesmo tratamento legal. Ocorre que as desigualdades se aprofundam quando se cuida de deficiência física. Normalmente há o repúdio da sociedade ao detectar pessoas que não são "normais" como a maioria. Bem andou o constituinte em assegurar a reserva legal.

A Lei 7.853/1989 disciplina a Coordenadoria Nacional para Integração da Pessoa Portadora de Deficiência, ao mesmo tempo em que institui a tutela jurisdicional de interesses coletivos e difusos de tais pessoas.

Como anota Mônica de Melo, "qualquer concurso público que se destine a preenchimento de vagas para o serviço público federal deverá conter em seu edital a previsão das vagas reservadas para os portadores de deficiência física".[19]

Há cargos, em sua maioria, que podem e devem ser ocupadas por pessoas que, por qualquer razão – seja em razão de problema inato ou em decorrência de lesões sofridas na vida –, têm dificuldade em arran-

18. STF, RE 658.026, Informativo 742.
19. "O princípio da igualdade à luz das ações afirmativas: o enfoque da discriminação positiva", Cadernos de Direito Constitucional e Ciência Política, ano 6, n. 25, out.-dez./1998.

74 SERVIDORES PÚBLICOS

jar colocações. As empresas privadas têm resistência. Devem, pois, as entidades públicas aceitar e receber os portadores de deficiência, possibilitando que exerçam atividade útil e que se integrem na vida em sociedade.

Se sobrevier lei e ela descumprir o preceito constitucional, cabe ao Poder Judiciário assegurar, via ação, o direito do lesado, uma vez que a lei não pode impor perda de direito.[20] A ausência de fixação de percentual não pode obstar ao exercício do direito. Na omissão, 5% é o mínimo aceitável – reconhecemos que o critério é arbitrário, mas é razoável.

O preceito em análise é um dos que integram o que vem sendo rotulado de *ação afirmativa*, ou políticas com medidas compensatórias, destinadas a sanar vácuo constitucional e legal de proteção aos marginalizados, numa sociedade desigual. O desequilíbrio social é de tal forma que já não basta proibir a discriminação para que se cumpra o princípio da igualdade. É essencial que ocorram *ações positivas*, ou seja, a estipulação de providências concretas que sirvam para diminuir as desigualdades. Como anota Carmen Lúcia, "os negros, os pobres, os marginalizados pela raça, pelo sexo, por opção religiosa, por condições econômicas inferiores, por deficiências físicas ou psíquicas, por idade, etc. continuam em estado de desalento jurídico em grande parte do mundo".[21]

As ações afirmativas, na orientação de Joaquim B. Barbosa Gomes podem ser definidas "como um conjunto de políticas públicas e privadas de caráter compulsório, facultativo ou voluntário, concebidas com vistas ao combate à discriminação racial, de gênero, por deficiência física e de origem nacional, bem como para corrigir os efeitos presentes da discriminação praticada no passado, tendo por objetivo a concretização do ideal de efetiva igualdade de acesso a bens fundamentais como a educação e o emprego".[22]

A previsão constitucional assegura a diminuição física da desigualdade. A lei concretiza a ação afirmativa, ainda que muito reste a ser feito no direito brasileiro para redução das desigualdades. Neste sentido, o Direito é poderoso instrumento de ação.

20. STF, RE 227.299-MG, rel. Min. Ilmar Galvão, j. 14.6.2000, *Informativo do STF* 193.

21. "Ação afirmativa – O conteúdo democrático do princípio da igualdade jurídica", *RTDP* 15/85, p. 86.

22. "Instrumentos e métodos de mitigação da desigualdade em Direito Constitucional e Internacional", < www.mre.gov.br >, p. 7.

ACESSIBILIDADE AOS CARGOS, EMPREGOS E FUNÇÕES PÚBLICAS 75

5.7 Cotas para negros nos concursos públicos

Com a promulgação da Constituição em 1988 e o estabelecimento dentre o rol dos objetivos fundamentais da República a construção de uma sociedade livre, justa e solidária e a redução das desigualdades iniciou-se o debate sobre as políticas afirmativas no Brasil.

Nesse contexto, adveio a Lei 12.990, de 9.6.2014, que reservou "aos negros 20% (vinte por cento) das vagas oferecidas nos concursos públicos para provimento de cargos efetivos e empregos públicos no âmbito da administração pública federal, das autarquias, das fundações públicas, das empresas públicas e das sociedades de economia mista controladas pela União".

A reserva de vagas será aplicada sempre que o número de vagas oferecidas no concurso público for igual ou superior a três. Poderão concorrer às vagas reservadas a candidatos negros aqueles que se autodeclararem pretos ou pardos no ato da inscrição no concurso público, conforme o quesito cor ou raça utilizado pela Fundação Instituto Brasileiro de Geografia e Estatística-IBGE. Na hipótese de constatação de declaração falsa, o candidato será eliminado do concurso e, se tiver sido nomeado, ficará sujeito à anulação da sua admissão ao serviço ou emprego público, após procedimento administrativo em que lhe sejam assegurados o contraditório e a ampla defesa, sem prejuízo de outras sanções cabíveis.

Capítulo 6
SUBSÍDIO E REMUNERAÇÃO

6.1 Subsídio e remuneração. Relação teto/piso. Publicidade. 6.2 Isonomia, paridade e equiparação de vencimentos. 6.3 Teto e direito adquirido. 6.4 Redutor. 6.5 Equivalência de remuneração entre os três Poderes. 6.6 Irredutibilidade dos subsídios e vencimentos. 6.7 Publicidade dos subsídios e remunerações. 6.8 Prescrição do direito de postular diferenças de vencimentos. 6.9 Revisão anual da remuneração. 6.10 Indenizações. 6.11 Gratificações. 6.12 Adicionais. 6.13 Reposição de remuneração recebida a maior.

6.1 Subsídio e remuneração. Relação teto/piso. Publicidade

A Constituição, no inciso X do art. 37, empregou a expressão "remuneração" para significar tudo o que recebe o servidor público. Os ocupantes de cargos políticos recebem *subsídio*.

Outrora se falava em *estipêndio*, como gênero, de que eram espécies os vencimentos, a remuneração e o salário. *Estipêndio* era tudo o que o servidor recebia dos cofres públicos, seja a que título fosse. Agora a Constituição rotula o gênero de "remuneração", de forma a alcançar toda e qualquer contraprestação pecuniária cabível ao servidor público e de subsídio à contraprestação pecuniária ao membro de Poder. O *vencimento* passa a ser o padrão ou valor de referência; ou, no dizer da lei, "a retribuição pecuniária pelo exercício de cargo público, com valor fixado em lei" (art. 40 da Lei 8.112/1990). Parece que é o que diz o § 1º do art. 39 da CF, ao estabelecer que "a fixação dos padrões de vencimento e dos demais componentes do sistema remuneratório observará: I – a natureza, o grau de responsabilidade e a complexidade dos cargos componentes de cada carreira, II – os requisitos para a investidura; III – as peculiaridades do cargo".

SUBSÍDIO E REMUNERAÇÃO 77

A remuneração não mais tem o caráter de retribuição pecuniária em que se contenha parte fixa e parte variável, sendo, agora, "o vencimento do cargo efetivo, acrescido das vantagens pecuniárias permanentes estabelecidas em lei" (art. 41 da Lei 8.112/1990).

De outro lado, como dispõe o § 4º do art. 39 da CF, "o membro de Poder, o detentor de mandato eletivo, os ministros de Estado e os secretários estaduais e municipais serão remunerados exclusivamente *por subsídio* fixado em parcela única, vedado o acréscimo de qualquer gratificação, adicional, abono, prêmio, verba de representação ou outra espécie remuneratória, obedecido, em qualquer caso, o disposto no art. 37, X e XI" (grifamos).

O STJ decidiu que, "a impossibilidade de se pagar o adicional de férias e gratificação natalina a detentores de mandato eletivo, Ministros, Secretários Estaduais e Municipais não deriva do comando inserido no artigo 39, § 4º, da CF, mas porque os direitos previstos no § 3º do mesmo normativo aplicam-se aos servidores ocupantes de cargo público efetivo, isto é, aqueles submetidos ao regime jurídico único e com vínculo permanente com a Administração. Isso porque existem agente públicos – a exemplos dos membros do Poder Judiciário, Ministério Público e Advocacia Pública – que gozam dos direitos contidos no artigo 39, § 3º, da CF, por serem detentores de cargos públicos efetivos, apesar de se sujeitarem ao regime remuneratório por meio de subsídio. Situação diversa é daqueles que não possuem relação profissional e de maior estabilidade com o Estado, a exemplo dos agentes políticos, cuja vinculação com o ente público é destinada ao cumprimento de mandato eletivo, não preenchendo os requisitos do mencionado § 3º do artigo 39 da Carta Magna. Desse modo, à míngua de autorização legislativa expressa, os agentes políticos – como o Prefeito e Secretários Municipais – não fazem jus ao pagamento do adicional de férias e da gratificação natalina".[1]

A Lei 10.474/2002, que fixa a remuneração da Magistratura da União, entra em manifesto descompasso com referido dispositivo constitucional. É verdade que invoca, em seu art. 1º, o advento da lei prevista no art. 48, XV, da CF, a pretexto de não se fixar o teto. Ora, o dispositivo em tela é autoaplicável, independendo de qualquer outra providência para que possa produzir seus efeitos. É norma de eficácia plena. Logo, convinha que a norma estabelecesse o montante devido à Magistratura em

---

1. STJ, RMS 44.012-BA, rel. Min. Humberto Martins, 2ª Turma, j. 11.2.2014, *DJ*-e 21.2.2014.

78 SERVIDORES PÚBLICOS

uma única parcela, evitando-se qualquer tipo de vantagem que estivesse fora do padrão.

A redação dada ao inciso XV do art. 48 pela EC 19/1998 impedia qualquer intuito moralizador que pudesse advir de providências concretas. Jamais se lograria obter a "iniciativa conjunta" nela estabelecida. Assim sendo, protelaram-se providências éticas para dotar o País de um sistema único de remuneração, com teto, evitando-se as mazelas de vantagens, adicionais, pressões para concessão de abonos etc., envergonhando a tudo e a todos. Era urgente que se pusesse um ponto final na protelação, na postergação de uma deliberação final na insanidade de remuneração que possuía o País. E isso foi feito com a edição da EC 41/2003, que deu nova redação ao inciso XV do art. 48, determinando que cabe ao Congresso Nacional a "fixação do subsídio dos Ministros do Supremo Tribunal Federal, observado o que dispõem os arts. 39, § 4º; 150, II; 153, III; e 153, § 2º, I".

Muito arguta a observação de José Afonso da Silva ao discorrer sobre o conceito de *parcela única*. É ela paga periodicamente: "(...). Logo, a unicidade do subsídio correlaciona-se com essa periodicidade. A parcela é única em cada período, que, por regra, é o mês. Trata-se, pois, de *parcela única mensal*. (...) Mas o conceito de parcela única só repele os acréscimos de espécies remuneratórias do trabalho normal do servidor. Não impede que ele aufira outras verbas pecuniárias que tenham fundamentos diversos, desde que consignados em normas constitucionais. (...)".[2] É verdade que a Constituição prevê outras parcelas e outras vantagens para o pagamento do servidor (13º salário, adicional noturno, salário-família, um terço a mais nas férias etc.). Conclui o ilustre Professor que, "Ora, o §3º do art. 39, remetendo ao art. 7º, manda aplicar aos servidores ocupantes de *cargos públicos* (...) algumas vantagens pecuniárias, nele consignadas, que não entram naqueles títulos vedados".[3] Está com a razão o autor.

Remuneração, antigamente, significava a percepção de parte fixa e parte variável, como é identificada a dos fiscais e também de procuradores de alguns Estados e Municípios. Hoje significa o vencimento acrescido das vantagens pecuniárias estabelecidas em lei. *Vencimento* corresponde a padrão, sem os acréscimos. *Vencimentos*, no plural, é o mesmo que remuneração, na terminologia adotada pela legislação. Pode

2. José Afonso da Silva, *Comentário Contextual à Constituição*, 9ª ed., São Paulo, Malheiros Editores, 2014, p. 361.
3. Idem, ibidem.

SUBSÍDIO E REMUNERAÇÃO 79

haver desencontro no uso das expressões, seja na Constituição, seja na lei. No entanto, o que vale é o conteúdo do conceito.

Seja qual a denominação que se dê ao pagamento dos servidores, tem ele caráter alimentar.[4]

A remuneração do servidor poderá acompanhar a do subsídio, isto é, ser estabelecida em parcela única, sem qualquer tipo de vantagem (§ 8º do art. 39).

Dispõe o § 5º do art. 39 da CF que "lei da União, dos Estados, do Distrito Federal e dos Municípios poderá estabelecer a relação entre a maior e a menor remuneração dos servidores públicos (...)". O preceito é importante, e objetiva limitar discrepâncias estipendiárias. Normalmente há grande diferença entre a menor remuneração e aquelas pagas a cargos ou funções de confiança, normalmente com grandes vantagens. A determinação constitucional objetiva limitar o abismo entre servidores da mesma esfera política.

Nenhuma remuneração excederá à do Ministro do STF (inciso XI do art. 37), mas pode a lei fixar limites máximo e mínimo da remuneração dos servidores, até para diminuir desequilíbrios.

Decorrência lógica do quanto se vem dizendo em relação à remuneração de todos, e em cumprimento ao princípio da publicidade (art. 37, *caput*, da CF), determina a Constituição que deverão ser publicados "anualmente os valores do subsídio e da remuneração dos cargos e empregos públicos" (§ 6º do art. 7º).[5] O agente público não só tem que ser honesto, como também tem que demonstrar que assim é. Logo, para o administrado não pode haver segredo. Tem ele o direito de saber quanto percebe o agente público de qualquer escala, desde o Ministro até o servidor mais subalterno. É, pois, dever do Poder Público divulgar, para conhecimento de todos, quanto ganha cada qual, seja membro do Poder ou simples servidor.

O sistema atentará para a natureza e o grau de responsabilidade e a complexidade dos cargos integrantes de cada carreira (inciso I do art. 39 da CF), os requisitos para a investidura (grau de escolaridade, idade, conhecimento de idiomas etc.) (inciso II) e as peculiaridades dos cargos (inciso III).

---

4. *RTJ* 141/319, 142/942 e 164/528.

5. Sobre o princípio da publicidade, v., acima, item 1.1.2 (Publicidade, Lei de Acesso á Informação (Lei 12.527/2011) e a divulgação da remuneração dos servidores).

80 SERVIDORES PÚBLICOS

Pode ocorrer que haja atraso no pagamento dos vencimentos. Em primeiro lugar, a Lei de Responsabilidade Fiscal determina o não contingenciamento das obrigações legais (§ 2º do art. 9º da LC 101/2000). Em segundo lugar, pode ocorrer, em determinadas circunstâncias, o arresto de verbas públicas para o pagamento do servidor, uma vez caracterizada a renitência do agente político no pagamento dos vencimentos. Terceiro ponto a ressaltar é que, no caso, cabível é a concessão de tutela antecipada contra a Fazenda Pública, para liberação dos recursos e satisfação dos débitos alimentares. Por fim, o pagamento em atraso deve ser feito com a devida atualização monetária da inflação, a partir do dia em que deixou e ocorrer o pagamento.[6]

6.2 Isonomia, paridade e equiparação de vencimentos

Perfeita a distinção feita por José Afonso da Silva ao separar os conceitos. Esclarece que *isonomia* "é igualdade de espécies remuneratórias entre cargos de atribuições iguais ou assemelhadas. *Paridade* é um tipo especial de isonomia, é igualdade de vencimentos atribuídos a cargos de atribuições iguais ou assemelhadas pertencentes a quadros de Poderes diferentes. *Equiparação* é a comparação de cargos de denominação e atribuições diversas, considerando-os iguais para fins de se lhes conferirem os mesmos vencimentos; é *igualação* jurídico-formal de cargos ontologicamente desiguais, para o efeito de se lhes darem vencimentos idênticos, de tal sorte que, ao aumentar-se o padrão do cargo-paradigma, automaticamente o do outro ficará também majorado na mesma proporção".[7]

Vale citar recente decisão do STJ sobre essa questão: "Cuida-se, na origem, de Mandado de Segurança impetrado com fundamento na tese de autoaplicabilidade do art. 130, § 1º, da Constituição do Estado do Espírito Santo, que estabelece que o soldo da Polícia Militar e do Corpo de Bombeiros não pode ser inferior ao fixado pelo Exército para os postos e graduações correspondentes. 2. Interpretação harmônica e sistemática do dispositivo em questão leva a concluir tratar-se de norma que traz mera orientação voltada ao processo legislativo, pois a autoaplicabilidade do reajuste remuneratório por vinculação ao soldo do Exército implicaria violar o princípio federativo, a autonomia orçamentária dos Estados e a iniciativa privativa do Governador do Estado para dispor sobre a remu-

---

6. *RT* 655/82 e 733/207.

7. José Afonso da Silva, *Curso de Direito Constitucional Positivo*, 37ª ed., São Paulo, Malheiros Editores, 2014, p. 697.

SUBSÍDIO E REMUNERAÇÃO   81

neração dos servidores públicos estaduais. 3. Ademais, o art. 37, XIII, da Constituição Federal contém vedação expressa à vinculação ou equiparação de quaisquer espécies remuneratórias para o efeito de remuneração de pessoal do serviço público".[8]

O Supremo Tribunal Federal consolidou jurisprudência no sentido de que "não cabe ao Poder Judiciário, que não tem função legislativa, aumentar vencimentos de servidores públicos sob fundamento de isonomia".[9]

6.3 Teto e direito adquirido

Impõe-se analisar, em primeiro lugar, o inciso XI do art. 37 da CF, literalmente imbricado com o anterior. Em verdade, os incisos X a XV cuidam de um mesmo assunto. O inciso XI estabelece o denominado *teto*, ou seja, o limite máximo que qualquer servidor pode receber. Ninguém pode receber mais, seja a que título for, que um Ministro do STF. Dispõe o inciso em comento que "a remuneração e o subsídio dos ocupantes de cargos, funções e empregos públicos da administração direta, autárquica e fundacional, dos membros de qualquer dos Poderes da União, dos Estados, do Distrito Federal e dos Municípios, dos detentores de mandato eletivo e dos demais agentes políticos e os proventos, pensões ou outra espécie remuneratória, percebidos cumulativamente ou não, incluídas as vantagens pessoais ou de qualquer outra natureza, *não poderão exceder o subsídio mensal, em espécie, dos Ministros do Supremo Tribunal Federal,* aplicando-se como limite, nos Municípios, o subsídio do Prefeito, e nos Estados e no Distrito Federal, o subsídio mensal do Governador no âmbito do Poder Executivo, o subsídio dos Deputados Estaduais e Distritais no âmbito do Poder Legislativo e o subsídio dos Desembargadores do Tribunal de Justiça, limitado a noventa inteiros e vinte e cinco centésimos por cento do subsídio mensal, em espécie, dos Ministros do Supremo Tribunal Federal, no âmbito do Poder Judiciário, aplicável este limite aos membros do Ministério Público, aos Procuradores e aos Defensores Públicos".

Pobre Constituição, mal redigida, de conteúdo ambíguo, resolvendo situações específicas. É lamentável que assim seja. No entanto... Vê-se, pois, que a norma é bastante abrangente, de forma a alcançar toda e

---

8. RMS 39.504-ES, rel. Min. Herman Benjamin, 2ª Turma, j. 11.3.2014, *DJ-e* 19.3.2014.
9. Súmula 339 do STF.

82 SERVIDORES PÚBLICOS

qualquer espécie remuneratória, seja a que título for, ou quaisquer vantagens que tenham aderido à remuneração ou subsídio. Não há qualquer possibilidade de exceção.

A fixação de teto dependeria do advento da lei a que alude o inciso XV do art. 48 da CF (com a redação que lhe foi dada pela EC 41/2003) prevendo a "fixação do subsídio dos Ministros do Supremo Tribunal Federal, observado o que dispõem os arts. 39, § 4º; 150, II; 153, III; e 153, § 2º, I".

O STF, na Sessão Administrativa de 5.2.2004, fixou o valor dos subsídios de seus integrantes e a Lei 11.143, de 25.7.2005, finalmente determinou o valor desses subsídios. Com a norma integrativa, foi suprida a exigência constante do art. 8º da EC 41/2003, que estabelecia que "até que seja fixado o valor do subsídio de que trata o art. 37, XI, da Constituição Federal, será considerado, para fins do limite fixado naquele inciso, o valor da maior remuneração atribuída por lei na data de publicação desta Emenda a Ministro do Supremo Tribunal Federal, a título de vencimento, de representação mensal e da parcela recebida em razão de tempo de serviço, aplicando-se como limite, nos Estados e no Distrito Federal, a remuneração mensal ou subsídio mensal do Governador no âmbito do Poder Executivo, dos Deputados Estaduais e Distritais, no âmbito do Poder Legislativo e dos Desembargadores do Tribunal de Justiça, no âmbito do Poder Judiciário, aplicável este aos membros do Ministério, Público, aos Procuradores e aos Defensores Públicos".

Haverá dificuldades evidentes em sua aplicação, bastando anotar, para análise superficial, que o texto diz que teto deve englobar o que o Ministro do Supremo Tribunal Federal recebe a título de *vencimento, de representação mensal e da parcela recebida em razão de tempo de serviço.* Ora, tempo de serviço de qual Ministro? Não recebe o Ministro subsídio? Então, porque a norma fala em vencimento? Fica-se em dúvida qual o teto atual. No entanto, a norma transitória supre a ausência da norma específica que fixaria o teto. De outro lado, institui o subteto, interferindo, grotescamente, nos Estados-membros, em manifesta violação da regra federativa. Observe-se que o texto constitucional ao estabelecer que não serão objeto de deliberação propostas tendentes a abolir a Federação, não quis ela referir-se apenas à propositura expressa de abolição, mas de normas que a agridam aos poucos, atingindo seu cerne, ou seu conteúdo essencial. Aos poucos, a Federação está sendo abolida e os Estados-membros relegados a plano inferior e secundário. Despiciendo pensar em emenda que diga: "Fica abolida a Federação". Basta que seja ela solapada, atingida aos poucos, arranhada, diminuída. O subterfúgio,

SUBSÍDIO E REMUNERAÇÃO 83

o sorrateiro, o desvão, todos são sintomas de agressão à Federação, que caminha para o fim.

Surgirão problemas que apenas decisão judicial poderá enfrentar. O teto não admite qualquer exceção, como visto. Pode ocorrer, no entanto, que vantagens venham a incorporar-se à remuneração e ao subsídio, tais como adicionais por tempo de serviço; ou, mesmo, que alguma vantagem tenha sido reconhecida em decorrência de decisão judicial. Como agir? Deverá existir o redutor ou não? As vantagens pessoas não se incluem no teto.[10] No entanto, façamos uma análise mais demorada do assunto.

Se os vencimentos do servidor estiverem acima do teto, quando do advento da Emenda, entende-se que fica ele preservado naquilo que exceder o limite fixado. É que terá ele direito adquirido oponível contra todos. Se o servidor, durante determinado período, trabalhou e obteve as vantagens que a Constituição e a lei permitiam, a situação fática consolidou-se, dando origem ao nascimento do *direito adquirido*. Este, como se sabe, torna-se imunizado contra qualquer alteração posterior. Dir-se-á que inexiste direito adquirido contra norma constitucional. Não é bem assim. Deve ela respeitar os direitos já existentes quando cobertos por norma constitucional anterior. Poder-se-á argumentar, inclusive, com a legitimidade do Poder Constituinte derivado no alterar a Constituição. Caso proviesse a determinação do Poder constituinte originário, dúvida alguma remanesceria. No entanto, pode-se questionar a competência do Poder constituinte derivado no sentido de produzir norma lesiva ao direito adquirido (inciso XXXVI do art. 5º da CF).

De outro lado, se o acréscimo pecuniário excedente provier de sentença judicial transitada em julgado, maior razão há para que o teto não se aplique àquela situação de fato. Não há como aplicar redutor, em decorrência de cumprimento de decisão judicial. Esta obriga sempre.

O que não se dirá do disposto no art. 9º da EC 41/2003 ao estabelecer ser aplicável "o disposto no art. 17 do Ato das Disposições Constitucionais Transitórias aos vencimentos, remunerações e subsídios dos ocupantes de cargos, funções e empregos públicos da administração direta, autárquica e fundacional, dos membros de qualquer dos Poderes da União, dos Estados, do Distrito Federal e dos Municípios, dos detentores de mandato eletivo e dos demais agentes políticos e os proventos, pensões ou outra espécie remuneratória percebidos cumulativamente ou não, incluídas as vantagens pessoais ou de qualquer outra natureza". Este

10. *RTJ* 150/374, 157/460 e 163/530.

artigo enseja discussões jurídicas sem conta. O art. 17 do ADCT impede a invocação do direito adquirido nos casos de redução de vencimentos, determinando a aplicação do redutor ao limite dos subsídios do Ministro do Supremo Tribunal Federal.

Ora, se a norma embutida no inciso IV, do § 4º do art. 60 impede qualquer agressão aos direitos e garantias individuais, sendo o direito adquirido uma dessas garantias, não há como, outra norma do mesmo sistema, impedir sua invocação. O todo constitucional deve ser interpretado sem lacunas e harmonizando seu texto. Se as denominadas cláusulas pétreas imunizam aquilo que é o centro da ordem jurídica, não pode a regra exceptiva servir de fundamento para a destruição da regra protetora.

Outra limitação vem imposta pelo § 11 do art. 40 da CF, que dispõe estarem sujeitos ao teto a "soma total dos proventos de inatividade, inclusive quando decorrentes da acumulação de cargos ou empregos públicos, bem como de outras atividades sujeitas a contribuição para o regime geral de previdência social, e ao montante resultante da adição dos proventos de inatividade com remuneração de cargo acumulável na forma desta Constituição, cargo em comissão declarado em lei de livre nomeação e exoneração e de cargo eletivo". O parágrafo mencionado complementa outras normas de restrição para deixar claro que não há qualquer exceção ao tempo. Isto é, quando do advento da lei que estabelecer o denominado teto, nenhum servidor, por mais qualificado que seja e em quaisquer circunstâncias, poderá ganhar mais que o Ministro do STF.

Como já se disse, a Constituição é um todo harmônico, composto de princípios e normas integradas num só sistema. Não há, nem pode haver, normas em confronto. As antinomias devem ser eliminadas e o próprio sistema contém princípios para sua superação. Assim, os valores albergados pelo sistema normativo, dependendo de determinadas situações, têm diferentes pesos. No caso em análise, de pouco adiantaria o servidor estar acobertado por decisão judicial e esta não poder ser cumprida. Seria norma individual sem qualquer força jurídica, enquanto se sabe que o Direito não contém meras recomendações, e muito menos sentenças que não se cumprem ou destinadas a não serem cumpridas. A interpretação constitucional leva-nos à harmonia, prevalecendo certos princípios sobre outros. O da tripartição dos Poderes tem força excepcional, por estar, inclusive, ao abrigo do poder reformador (§ 4º do art. 60).

O que pode ser questionado é a inadmissibilidade de qualquer reajuste que exceda o teto constitucional. Nenhuma lei ou ato pode conceder reajuste que ultrapasse o limite constitucionalmente estabelecido. Assim sendo, a partir do advento da norma constitucional (Emenda

SUBSÍDIO E REMUNERAÇÃO 85

Constitucional 19/1998) é que pode haver a retenção de reajustes. A Lei 10.474, de 27.6.2002, ainda não é a que fixou o teto. Limitou-se a estabelecer a remuneração da Magistratura da União. Em verdade, o inciso X do art. 37 da CF foi disciplinado pela Lei 10.331, de 18.12.2001. Estabelece a revisão anual, extensiva aos proventos da inatividade e às pensões (art. 1º), desde que haja "autorização na Lei de Diretrizes Orçamentárias" (inciso I do art. 2º), definição do índice em lei específica (inciso II), previsão e indicação das fontes de custeio na Lei Orçamentária Anual (inciso III), comprovação da disponibilidade financeira (inciso IV), compatibilidade com as reais remunerações do mercado (inciso V) e atendimento aos limites de despesa com pessoal, na forma da Lei de Responsabilidade Fiscal (inciso VI). Eventuais reestruturações, gratificações e vantagens operadas no exercício anterior serão dedutíveis (art. 3º). As novas tabelas serão publicadas (art. 4º). O texto da lei cria dificuldades para qualquer reajuste de remuneração dos servidores públicos. Aliás, ela outra coisa não faz que repetir vedações já constantes de outras leis ou de determinações constitucionais.

No art. 11 da Emenda Constitucional 20/1998 vem estabelecido que a limitação estatuída pelo § 10 do art. 37 "não se aplica aos membros de Poder e aos inativos, servidores e militares, que, até a publicação desta Emenda, tenham ingressado novamente no serviço público por concurso público de provas ou de provas e títulos, e pelas demais formas previstas na Constituição Federal, sendo-lhes proibida a percepção de mais de uma aposentadoria pelo regime de previdência a que se refere o art. 40 da Constituição Federal, aplicando-se-lhes, em qualquer hipótese, o limite de que trata o § 11 deste mesmo artigo". Vê-se que o rigor inicial foi abrandado. A limitação instituída pela EC 19/1998 foi aliviada pela EC 20/1998, que cuida da Previdência Social. Neste sentido, estão livres do teto os membros de Poder e aqueles que ingressaram, após a aposentadoria, novamente no serviço público.

Seria admissível fixação de subteto, por Estado-membro? Entendemos que, diante da autonomia constitucional, é possível que os Chefes dos três Poderes da unidade federativa estabeleçam o subteto. O que ocorre é que enquanto inexistir um teto não há parâmetros para tal providência. De seu turno, não pode eventual subteto deixar de levar em conta que as vantagens pessoais a ele não estão submetidas.

6.4 Redutor

Nenhum servidor está livre, nas circunstâncias aqui mencionadas, da aplicação do redutor. Aliás, é o que dispõe o art. 29 da EC 19/1998,

86 SERVIDORES PÚBLICOS

estabelecendo que: "Os subsídios, vencimentos, remuneração, proventos de aposentadoria e pensões e quaisquer outras espécies remuneratórias adequar-se-ão, a partir da promulgação desta Emenda, aos limites decorrentes da Constituição Federal, não se admitindo a percepção de excesso a qualquer título". Evidente está que a determinação deve estar compatível com os direitos consolidados e com os excessos decorrentes de decisão judicial, como já se cuidou. Consoante ensina Lúcia Valle Figueiredo, ao sintetizar sua orientação:

"1. Tratando-se de membros de Poder, ou que adquiriram vantagens antes da Emenda 19, de 3.6.1998, não deve haver qualquer redução, a lume do entendimento de que os direitos já adquiridos estão imunes às novas disposições constitucionais, produzidas pela competência de emendar a Constituição, usualmente denominada Poder Constituinte derivado.

"2. O 'teto' remuneratório para os servidores também é o mesmo dos membros de Poder, que recebem subsídios; porém, da mesma forma que vantagens, já *definitivamente adquiridas* antes da Emenda 19, não devem ser retiradas dos membros de Poder, pelo mesmo fundamento não podem ser retiradas dos servidores.

"3. Quando às funções comissionadas entendemos absolutamente autoaplicável o 'teto' já existente, uma vez que não há direito a ser preservado, pois os cargos em comissão não são vocacionados a gerar situações de direito adquirido."[11]

De se seguir a orientação da ilustre Jurista. Há direitos que ninguém pode retirar. Outros devem cumprir o limite fixado pela Constituição da República. A orientação aplica-se à Emenda Constitucional 41/2003. Em verdade, há efetiva imunização dos direitos, inclusive contra alterações constitucionais posteriores.

Aliás, recorde-se que o constituinte originário, no art. 17 do ADCT estabeleceu que "os vencimentos, a remuneração, as vantagens e os adicionais, bem como os proventos de aposentadoria que estejam sendo percebidos em desacordo com a Constituição serão imediatamente reduzidos aos limites dela decorrentes, não se admitindo, neste caso, invocação de direito adquirido ou percepção de excesso a qualquer título". A norma não adveio do constituinte derivado, que teria limites, mas do originário, que pode estabelecer restrições e limites a direitos. A Emenda 41/2003 faz menção ao art. 17 do ADCT, invocando-o para subsidiar e

---

11. Lúcia Valle Figueiredo, *Curso de Direito Administrativo*, 9ª ed., São Paulo, Malheiros Editores, 2008, p. 627.

SUBSÍDIO E REMUNERAÇÃO 87

dar força aos operadores das reduções. Qual o significado de uma norma constitucional invocar outra? Busca amparo jurídico? Em verdade, o constituinte derivado ficou receoso de aplicar norma por ele editada. Busca conforto em outra, advinda do constituinte originário. De se salientar que vantagens de caráter pessoal não são limitadas pelo teto.[12]

6.5 Equivalência de remuneração entre os três Poderes. O descabimento do repique

O inciso XII do art. 37 da CF estabelece que "os vencimentos dos cargos do Poder Legislativo e do Poder Judiciário não poderão ser superiores aos pagos pelo Poder Executivo". Evidente está que se refere o dispositivo a cargos e funções equivalentes. Por exemplo, um motorista (ou agente de segurança, como são denominados) do Judiciário ou do Legislativo não pode receber mais que um do Executivo. Os cargos e funções devem receber o equivalente em padrão e vantagens. Fala-se em *paridade,* ou seja, igualdade de remuneração para servidores que exercem atividades idênticas mas integrantes de Poderes diferentes. Nem Constituições estaduais nem leis podem instituir *isonomia remuneratória* [13] Entenda-se a decisão no sentido de que a vedação alcança cargos ou funções diversos. Se as atribuições são diferentes, não há como equiparar, a pretexto de isonomia.

Decorre a determinação do princípio de que todo cargo igual deve ter remuneração idêntica. Aqueles que têm as mesmas atribuições não podem ter remunerações diferentes. Há evidentes discrepâncias entre as funções e cargos iguais de diferentes órgãos de Poder. Ressalva-se aquele cargo ou função que tenha atribuições diversas, ainda que assemelhadas. Apenas a lei é que pode criar discriminação.

Sabidamente, toda e qualquer vinculação ou equiparação é vedada (inciso XIII do art. 37 da CF). Não é possível, por exemplo, a partir da Emenda Constitucional 19/1998, efetuar qualquer equiparação de atividades. Outrora era comum, para carreiras de uma mesma atividade (jurídica, por exemplo), que a lei efetuasse vinculação de vencimentos ou equiparasse uma carreira à outra, para efeito de remuneração. Agora há expressa determinação da vedação de "vinculação ou equiparação

12. *RTJ* 130/475 e 149/970.
13. *RTJ* 158/16.

88   SERVIDORES PÚBLICOS

de quaisquer espécies remuneratórias para o efeito de remuneração de pessoal do serviço público".

O que o constituinte objetivou foi evitar o que se denomina de reajuste "em cascata" – ou seja: determinada categoria consegue obter um aumento e, imediatamente, estende-se ele para outras categorias que lhe são equiparadas. A Constituição impediu tal expediente de forma categórica, permitindo ao legislador tratar de forma desequiparada as diversas categorias de que se compõe o funcionalismo.

Nesse sentido, é a orientação jurisprudencial do STJ: "Este Tribunal Superior possui jurisprudência firmada no sentido de não possuir o servidor público direito adquirido a regime jurídico, tampouco a regime de vencimentos ou de proventos, sendo possível à Administração promover alterações na composição remuneratória e nos critérios de cálculo, como extinguir, reduzir ou criar vantagens ou gratificações, instituindo, inclusive, o subsídio, desde que não haja diminuição no valor nominal global percebido, em respeito ao princípio constitucional da irredutibilidade de vencimentos. 4. Os limites da coisa julgada não podem ser extrapolados sob o fundamento de isonomia entre servidores, tendo em vista que a igualdade deve ser reconhecida com base nas leis, e não com base nas decisões judiciais".[14]

O descabimento do repique. Estabelece o inciso XIV do art. 37 da CF que "os acréscimos pecuniários percebidos por servidor público não serão computados nem acumulados para fins de concessão de acréscimos ulteriores". O que o dispositivo pretende é evitar a denominada "incorporação" das vantagens. Tradicionalmente, o que se denominava de "vencimentos" era uma parte fixa, denominada "padrão", mais os acréscimos que se iam somando ao padrão, de modo a formar um só todo, sobre o qual incidiriam os acréscimos futuros. Qualquer aumento superveniente incidia sobre o total dos vencimentos, uma vez que as vantagens e adicionais se encontravam incorporados ao padrão (efeito *cascata*). A determinação constitucional impede tal efeito. Assim sendo, a lei nova que conceder aumento recairá apenas e tão somente sobre o padrão ou, então, ela mesma dirá qual a base de cálculo sobre a qual incidirá o reajuste. Em verdade, nada prevendo a lei, a base de cálculo será o padrão, excluídos os acréscimos. Evidente que a Constituição não impede que a lei inclua na base de incidência qualquer acréscimo para incidência do reajuste. O que proíbe é a incidência sobre os vencimentos

14. AgRg no RMS 30.304-MS, rel. Min. Marco Aurélio Bellizze, 5ª Turma, j. 16.5.2013, *DJ-e* 23.5.2013.

SUBSÍDIO E REMUNERAÇÃO 89

(padrão mais vantagens), no silêncio da lei. O normal, doravante, é que acréscimos ulteriores apenas recaiam sobre o padrão.

O STJ já entendeu que a Constituição veda o "repicão", isto é, que "uma mesma vantagem seja repetitivamente computada, alcançando a proibição os proventos da aposentadoria".[15] Diante da disposição constitucional prevista no inciso XIV do art. 37, entende-se que mesmo os adicionais por tempo de serviço não se incorporam para a incidência de novas vantagens pecuniárias".[16]

6.6 Irredutibilidade dos subsídios e vencimentos

O inciso XV do art. 37 da Constituição da República estabelece que os subsídios e os vencimentos são irredutíveis. A ressalva alcança eventuais excessos acima do "teto", que poderão ser reduzidos, desde que posteriores à Emenda Constitucional 19/1998. De outro lado, incide sobre os vencimentos o imposto sobre a renda, de forma genérica, universal e progressiva (inciso I do § 2º do art. 153 da CF, combinado com o inciso III do *caput* do art. 153), vedada a instituição de tratamento desigual (inciso II do art. 150). Para os membros de Poder qualquer acréscimo é vedado (§ 4º do art. 39) – matéria de que se cuidará adiante.

Prevalece, pois, a irredutibilidade de remuneração. A discussão que se coloca é se é ela *real* ou *nominal*. Entendemos que a Constituição, ao falar em irredutibilidade de vencimentos, quer significar que é correspectiva ao poder aquisitivo do servidor público. Nenhum sentido teria que a norma constitucional estabelecesse tal garantia e fosse ela apenas nominal. Imaginemos que, durante o exercício financeiro, tenha havido uma inflação de 6%. O poder aquisitivo já ficou aquém daquele apurado no início do exercício. Houve uma redução na remuneração. Logo, não é demais supor que o servidor possa ir a juízo pleitear a diferença. A garantia meramente nominal é nada. Não é garantia. Ao contrário, cai na anomia jurídica. O que se pretende ao assegurar a irredutibilidade é que o servidor mantenha seu padrão de vida, para formar a burocracia, isto é, o profissionalismo no serviço público, dando-se elevado atendimento ao usuário e imunizando o servidor contra tentações na oferta de propinas. Passados alguns anos, e continuando a inflação, ainda que pequena, ter--se-á o escoamento da garantia funcional, ficando o servidor à mercê de tentações e frustrando o bom atendimento a que tem direito o usuário

15. STJ, REsp 771-BA, rel. Min. Pádua Ribeiro, *DJU* 21.10.1991.
16. *RT* 725/134, rel. Neri da Silveira.

90 SERVIDORES PÚBLICOS

do serviço. É essencial tal dispositivo constitucional para assegurar os direitos do servidor público, mas apenas tem sentido o dispositivo se ocorrer a real manutenção do poder aquisitivo. O STF tem entendido, no entanto, que a irredutibilidade é meramente formal.[17]

Admissível é a previsão legal da atualização monetária se não efetuado o pagamento dos vencimentos no dia aprazado. Não se cuida de aumento ilegal de remuneração, nem de indevida intromissão do Legislativo no Executivo.[18]

6.7 Publicidade dos subsídios e remunerações

Todos os subsídios e remunerações devem ser publicados (§ 6º do art. 39 da CF). Embora não o diga o preceito constitucional, a publicação ocorre na Imprensa Oficial. Evitam-se gastos. A grande imprensa, posteriormente, poderá divulgar os montantes para a população, criticando eventuais excessos. Aliás, a determinação decorre do *caput* do art. 37, que cuida do princípio da publicidade.

O pagamento da remuneração ocorre sempre em dia previamente determinado, mediante expedição de documento comprobatório (*hollerith*) e do depósito bancário da importância correspondente. Quando houver pagamento atrasado, deve ele ser atualizado, dada sua natureza alimentar. A remuneração não é passível de arresto, sequestro ou penhora, nos termos do inciso IV do art. 649 do CPC. Caso o servidor deva prestação alimentícia, pode haver desconto em folha. Há, também, a incidência de pagamento da Previdência, de verba sindical ou associativa, pagamento de empréstimo, desconto de imposto de renda etc.

6.8 Prescrição do direito de postular diferenças de vencimentos

O direito de postular qualquer diferença de vencimento prescreve em cinco anos, nos termos do Decreto federal 20.910/1932, sendo certo que, cuidando-se de prestações que se vencem mês a mês, a prescrição apenas alcança as parcelas vencidas nos cinco anos anteriores. No entanto, se a postulação cuidar de um direito que não foi exercitado tempestivamente, há o perecimento do próprio direito. Tornando clara a posição: se o direito que ainda não foi reconhecido é de caráter pecuniário e necessitava de seu reconhecimento para a eclosão do pagamento,

17. *RTJ* 104/808, 105/671 e 118/300.
18. *RTJ* 117/1.335, 121/1.164 e 156/214.

SUBSÍDIO E REMUNERAÇÃO 91

não prescreve, salvo as parcelas anteriores aos cinco anos. Se, entretanto, o direito é de gozo de férias, e não foram elas gozadas, em cinco anos perde-se o direito. Se houve transferência da sede de prestação do serviço e o servidor deixou de receber a ajuda de custo, passados cinco anos perdeu o direito de obtê-la. É que, no caso, embora seja vantagem pecuniária, não se cuida de relação de trato continuado.

6.9 Revisão anual da remuneração

A CF determina a revisão geral obrigatória da remuneração no inciso X do art. 37. Estabelece o texto que a remuneração e o subsídio "somente poderão ser fixados ou alterados por lei específica, observada a iniciativa privativa em cada caso, *assegurada a revisão geral anual,* sempre na mesma data e sem distinção de índices" (grifamos). Uma coisa é a revisão geral; outra, eventual reajuste que se pretenda dar ao servidor ou a determinada carreira. O reajuste depende de circunstâncias. Pode, por exemplo, o Presidente efetuar um reajuste na carreira da Polícia Federal, sem que outras categorias possam a ele opor-se ou pretender a extensão do benefício. Estará sendo efetuado um reajuste a determinada classe, que ficou com remuneração defasada ou que necessita de algum incentivo para melhoria de seu padrão de serviço. A revisão significa atualização da moeda. Logo, se houve inflação em determinado período, têm direito os servidores em geral de exigir a revisão, que pode ser até o montante da inflação do período ou menor que ela. O importante é que ocorra a revisão. É ela obrigatória, e decorre de preceito constitucional. O STF já teve oportunidade de reconhecer em ação direta de inconstitucionalidade a omissão do Poder Legislativo em editar norma, o que significa o reconhecimento da obrigatoriedade da revisão anual.[19]

O que existe no texto, à semelhança dos direitos trabalhistas, é a data-base para a revisão da remuneração dos servidores.

Os vencimentos do servidor (ou sua remuneração) são compostos de uma parte básica (padrão) e de vantagens pecuniárias. Estas se adquirem ao longo da prestação dos serviços, incorporando-se ou não ao padrão. As vantagens constituem-se em: (a) indenizações; (b) gratificações; e (c) adicionais.

Pode a lei estipular o reajuste automático dos vencimentos dos servidores e vinculá-lo ao crescimento da arrecadação tributária? O STF entendeu, por outros argumentos, mas também pela inadmissibilidade

---

19. STF, ADI 2.061-DF, rel. Min. Ilmar Galvão, *Informativo do STF* 225.

92 SERVIDORES PÚBLICOS

da vinculação, ser inconstitucional o reajuste automático atrelado ao aumento da receita.[20]

6.10 Indenizações

Indenização é ressarcimento de despesas. As *indenizações* não se incorporam ao vencimento e são (a) ajudas de custo, (b) diárias e (c) transporte. O servidor é obrigado, por vezes, a exercer sua atividade em outra sede, com mudança de domicílio. Tem despesas para mudança (seus bens pessoais, alfaias, bagagem etc.). Logo, a ajuda de custo objetiva indenizá-lo por tais despesas, até o máximo de três vencimentos. As diárias indenizam o afastamento da sede em caráter eventual e transitório. Importam, sempre, saída do Município. Dizem respeito a alimentação, pernoite e locomoção. A verba de transporte destina-se a indenizar o servidor que se utiliza de veículo próprio para execução de serviços externos. Ocorrendo mudança da sede do servidor, o custeio das despesas relativas à movimentação é devido.[21]

As verbas de natureza indenizatória, as licenças e gratificações que não forem usufruídas, terão caráter indenizatório e, pois, não estão sujeitas ao imposto de renda.[22]

A Lei 12.855, de 2.9.2013, instituiu "indenização a ser concedida ao servidor público federal regido pela Lei 8.112, de 11.12.1990, em exercício de atividade nas delegacias e postos do Departamento de Polícia Federal e do Departamento de Polícia Rodoviária Federal e em unidades da Secretaria da Receita Federal do Brasil, do Ministério da Agricultura, Pecuária e Abastecimento e do Ministério do Trabalho e Emprego, situadas em localidades estratégicas, vinculadas à prevenção, controle, fiscalização e repressão dos delitos transfronteiriços.

As localidades estratégicas de que trata o *caput* serão definidas em ato do Poder Executivo, por Município, considerados os critérios de localização em região de fronteira e dificuldade de fixação de efetivo.

A referida indenização de que trata essa Lei será devida por dia de efetivo trabalho nas delegacias e postos do Departamento de Polícia Federal e do Departamento de Polícia Rodoviária Federal e em unidades da Secretaria da Receita Federal do Brasil, do Ministério da Agricultu-

20. STF, ACO 280-0-SC, rel. Min. Maurício Corrêa, j. 20.9.1995.
21. *RT* 710/180
22. *RT* 757/166.

SUBSÍDIO E REMUNERAÇÃO 93

ra, Pecuária e Abastecimento e do Ministério do Trabalho e Emprego, situadas em localidades estratégicas, no valor de R$ 91,00 (noventa e um reais), devendo ser ajustado, proporcionalmente, no caso de carga horária maior ou menor prestada no dia. Vale ressaltar que, o pagamento da indenização de que trata o art. 1º somente é devido enquanto durar o exercício ou a atividade do servidor na localidade e não poderá ser paga cumulativamente com diárias, indenização de campo ou qualquer outra parcela indenizatória decorrente do trabalho na localidade.

Os servidores das categorias mencionadas na lei defendem que indenização é um instrumento essencial para a efetivação do Plano Estratégico de Fronteiras da Presidência da República, que visa a ampliar a presença do Estado nessa faixa do território e tornar mais efetivo o combate a crimes como contrabando, descaminho, pirataria, tráfico de drogas, armas e munições que alimentam o crime organizado.

É importante lembrar que, as regiões de fronteira estão localizadas em cidades de difícil fixação dos servidores, pelas baixas condições físicas e econômicas. Sem dúvida alguma, a lei serve como um incentivo financeiro para que estes trabalhadores fiquem mais tempo nesses municípios.

O problema na implementação das indenizações, tem sido a falta de regulamentação das mesmas. Os servidores contemplados pela Lei 12.855/2013 aguardam há mais e um ano a sua regulamentação por ato do executivo federal, que determinará as cidades e a quantidade de funcionários que receberão esse direito.

O entendimento jurisprudencial parece caminhar nesse sentido. O STJ decidiu, em outro caso, em que se discutia a extensão de gratificação idêntica à da Lei 12.855/2013 aos membros do Ministério Público Federal e aos Procuradores da República, que "a GEL – Gratificação Especial de Localidade foi concedida a qualquer servidor da União, das Autarquias e Fundações Federais que estiverem em exercício em zonas de fronteira. O seu caráter geral reside justamente no fato de que será devida a qualquer servidor público, independentemente de cargo, função, carreira, faixa salarial, ou qualquer outro critério, que estiver em exercício na referida zona de fronteira".[23]

23. REsp 584.774-DF, Rel. Min. Laurita Vaz, 5ª Turma, j. 30.5.2008, *DJ-e* 30.6.2008.

94 SERVIDORES PÚBLICOS

6.11 Gratificações

Gratificações são acréscimos pecuniários decorrentes de condições anormais em que se realiza o serviço (*propter laborem*), em razão de segurança, insalubridade etc., ou de condições pessoais do servidor (*propter personam*). Fala-se em *gratificação natalina*, que outra coisa não é que o 13º salário.

As gratificações de serviço podem decorrer de insalubridade, periculosidade ou atividades penosas. Como diz Hely Lopes Meirelles: "(...). O que caracteriza essa modalidade de gratificação é sua vinculação a um serviço comum, executado em condições excepcionais para o funcionário, ou a uma situação normal do serviço mas que acarreta despesas extraordinárias para o servidor".[24] Todos os que trabalharem expostos a substâncias tóxicas, radioativas ou com risco de vida têm direito a gratificação, o mesmo se dizendo daquele que exerce atividade em zona de fronteira ou naquelas previstas em lei. Caberá sempre à lei definir a situação de perigo ou de insalubridade a que estiver exposto o agente.

É devida a gratificação por risco de vida quando a lei definir o que seja. Pode o servidor buscar o Judiciário para fixar se a atividade é ou não de risco? Em primeiro lugar, diga-se que se o reconhecimento do risco foi feito por lei, somente ela pode alterar a determinação. Decreto é ato inferior e não pode alterar o que por lei foi reconhecido. Em segundo lugar, entende a jurisprudência que não pode o Judiciário reconhecer o risco, ainda que exista perícia a respeito.[25] Como ensina Hely Lopes Meirelles ao afirmar que não será "o funcionário, nem o Judiciário que dirá se ocorre o risco gratificável, porque o conceito de risco, para fins de vantagem pecuniária não é técnico, nem jurídico: é meramente administrativo. O risco só existe, para efeito de gratificação, onde a Administração o admitir, e cessará quando ela o considerar inexistente".[26]

Em outra obra assinalamos que, "sem embargo das valiosas opiniões expostas, a verdade é que, embora se cuide de conceito administrativo, o Judiciário pode vir a ser chamado a intervir; e no caso de ficar demonstrada a existência potencial ou efetiva do risco, não se vê possibilidade de se negar a aplicação do direito ao caso concreto. Nem

---

24. Hely Lopes Meirelles, *Direito Administrativo Brasileiro*, 40ª ed., São Paulo, Malheiros Editores, 2014, p. 572.

25. *RT* 407/158.

26. Hely Lopes Meirelles, *Direito Administrativo Brasileiro*, cit., p. 573.

SUBSÍDIO E REMUNERAÇÃO

por dizer a Administração que tal ou qual serviço não é perigoso para a vida ou a saúde dos funcionários é que deixará ele de o ser. O critério administrativo, assim, não é absoluto. A ele sobrepaira a prova colhida perante o Judiciário. Embora não se possa substituir um critério por outro, a verdade é que sendo flagrante a injustiça, bem como a periculosidade do serviço, não pode a Administração negar o pagamento do adicional, podendo a tanto compeli-la o Judiciário".[27]

Hoje, revendo a matéria, podemos afirmar que realmente descabe ao Judiciário substituir-se ao Executivo. O que ocorre é que, na concessão da gratificação, pode a Administração entender que não há o que acrescer ao vencimento do servidor. Pode entender que nele já está embutida a gratificação, para bem remunera-lo. Aí o juízo é estritamente administrativo, cabendo na discricionariedade e, pois, descabendo ao Judiciário discuti-lo.

Há, também, a gratificação por trabalho noturno.

As gratificações pessoais são: a) o salário família, devido por dependente econômico, b) licença gestante e licença paternidade, que, embora não sejam retribuições pecuniárias, causam repercussão, já que é remunerado o período de afastamento. Se o filho é natimorto ou falecer dias depois do parto, ainda assim subsiste o direito à fruição da licença? Evidente que não. O objetivo da concessão da licença foi o de propiciar à mãe e ao pai a convivência dos primeiros dias, recomendada por psicólogos e pediatras. Se não mais existe o filho(a), não tem sentido postular a fruição do benefício. O que remanesce é o direito à licença para tratamento de saúde, no caso da mãe, pelo período que o médico determinar. Sem nenhum sentido a fruição do afastamento, uma vez cessada a causa que o motivou. Carece de fundamento, também, a possibilidade de, não tendo usufruído o benefício, buscar o recebimento em dinheiro de qualquer vantagem. A quantia em pecúnia não substitui a ausência do ente querido.

Na esteira do que julgou o TJSP, "a finalidade da licença-maternidade é a adaptação de mãe e filho no período inicial da convivência, não comportando, portanto, concessão tardia ou indenização pela ausência de gozo que não foi pleiteado oportunamente".[28]

---

27. Regis Fernandes de Oliveira, *O Funcionário Estadual e seu Estatuto*, Max Limonad, 1975, p. 155.

28. *Jurisprudência AASP* 2.290, 26.7.2000, p. 2.451 (rel. Des. Teresa Ramos Marques).

96 SERVIDORES PÚBLICOS

6.12 Adicionais

Os *adicionais* decorrem do tempo de serviço (*ex facto temporis*) ou da exigência de conhecimentos especializados ou regime próprio de trabalho (*ex facto officii*). Os primeiros decorrem da só prestação de serviços. Os segundos, da recompensa por circunstâncias de desempenho em funções especiais. Na sempre precisa lição de Hely Lopes Meirelles: "(...). O que caracteriza o *adicional* e o distingue da *gratificação* é o ser aquele uma recompensa ao tempo de serviço do servidor, ou uma retribuição pelo desempenho de *funções* especiais que refogem da rotina burocrática, e esta, uma compensação por *serviços* comuns executados em condições anormais para o servidor, ou uma ajuda pessoal em face de certas situações que agravam o orçamento do servidor".[29]

Os adicionais por tempo de serviço são os anuênios, biênios, triênios ou quinquênios, dependendo da legislação específica. Os servidores federais recebem anuênios (art. 244 do Estatuto). Os adicionais de função podem ser o de tempo integral, o de dedicação exclusiva e o de nível universitário. Cada lei é que disciplinará a forma de pagamento, seu montante e o serviço apto a gerar o adicional. São adicionais *pro labore faciendo*, ou seja, dependem da execução efetiva do serviço.

Referidos adicionais podem tomar outras denominações (regime de templo exclusivo, dedicação parcial, dedicação plena etc., tudo dependendo da lei).

A gratificação de nível universitário decorre da natureza da função, e não basta que o servidor seja portador do título. É imprescindível que a lei estabeleça a necessidade do diploma para o desempenho do cargo ou função e exija tal requisito. Como ilustra Hely Lopes Meirelles: "(...). O que a Administração remunera não é a habilitação universitária em si mesma; é o trabalho profissional realizado em decorrência dessa habilitação, e da qual se presumem maior perfeição técnica e melhor rendimento administrativo".[30]

Qualquer adicional que não pode ser usufruído pelo servidor enquanto vivo, transmite-se a seus sucessores. Assim, se houve aquisição do direito a licença-prêmio, e não a tendo gozado o servidor, os herdeiros podem postular o recebimento da indenização.[31]

---

29. Hely Lopes Meirelles, *Direito Administrativo Brasileiro*, 40ª ed., cit., p. 566.

30. Hely Lopes Meirelles, *Direito Administrativo Brasileiro*, cit., p. 571.

31. *RT* 694/87.

SUBSÍDIO E REMUNERAÇÃO

Merece menção a Lei 12.277, de 30.6.2010, que dispõe sobre a instituição do Adicional por Participação em Missão no Exterior (APME), devido, exclusivamente, ao servidor de nível superior ou intermediário do Plano de Classificação de Cargos – PCC, de que trata a Lei 5.645, de 10.12.1970, e do Plano Geral de Cargos do Poder Executivo – PGPE de que trata a Lei 11.357, de 19.10.2006, integrante do Quadro de Pessoal do Ministério das Relações Exteriores, que tenha sido designado para missão transitória ou permanente no exterior, conforme disposto no art. 58 da Lei 11.440, de 29.12.2006.

O APME somente será devido se a missão para a qual o servidor tiver sido designado tiver duração igual ou superior a um ano e será pago ao servidor a partir do retorno das missões para as quais tenha sido designado e enquanto estiver no exercício das atribuições do cargo efetivo do qual seja titular no Ministério das Relações Exteriores. O servidor que fizer jus ao APME e que cumprir jornada de trabalho inferior a 40 (quarenta) horas semanais, perceberá o respectivo adicional proporcional.

O APME não será recebido pelo servidor, quando este for designado para outra missão no exterior, situação em que retoma o pagamento a partir do seu retorno.

Vale ressaltar que, a participação em mais de uma missão no exterior não gera o direito à percepção de mais de um valor do APME.

O adicional será pago em conjunto com a remuneração devida pelo exercício de cargo ou função comissionada e com a gratificação de desempenho a que o servidor faça jus em virtude do plano de cargos ao qual pertença e não servirá de base de cálculo para quaisquer outros benefícios ou vantagens. Por fim, o APME somente integrará os proventos da aposentadoria e as pensões se percebido por pelo menos 60 meses, e ao servidor que deu origem à aposentadoria ou à pensão aplica-se o disposto nos arts. 3º e 6º da EC 41/2003, e no art. 3º da EC 47/2005.

6.13 Reposição de remuneração recebida a maior

Na hipótese de ter o Poder Público, por qualquer razão (equívoco sobre o montante dos vencimentos, concessão a maior de adicional etc.) pago a mais do que o devido, permite-se que, por ato próprio, recomponha seu crédito, lançando mão de cobrança sobre o pagamento de seu servidor. No entanto, não pode fazê-lo de forma arbitrária. Imprescindível se afigura a comunicação do fato. Em segundo lugar, não pode

98 SERVIDORES PÚBLICOS

satisfazer seu crédito de uma só vez. Deve repô-lo em parcelas mensais e consecutivas.

Da mesma maneira deve agir a Administração no caso de buscar ressarcimento por danos que o servidor lhe tenha causado. Por exemplo, se este colide veículo público e, por decisão administrativa ou judicial vê-se condenado a ressarcir os danos, pode a Administração Pública executar a sentença, descontando na folha de pagamento, fazendo-o mensalmente. A matéria foi recentemente disciplinada, tendo a Medida Provisória 2.225-45/2001, dado nova redação ao art. 46 da Lei 8.112/1990 (Estatuto).

Em caso de discordância do servidor, não será correto o desconto em folha. Não é legítimo ao Poder Público exercer seus direitos de forma arbitrária, reembolsando-se de quantia devida pelo servidor, pretendendo "agir *manu militari*".[32] Já se entendeu que o desconto é indevido, à falta de autorização do titular.[33]

Parece-nos que é adequada a reposição do que foi indevidamente recebido ou quando houve condenação judicial. Nos dois casos, faz-se o desconto parcelado, podendo haver atualização monetária.

32. *RT* 304/639 e 317/309.
33. *RT* 733/286.

Capítulo 7

ESCOLAS DE APRIMORAMENTO. REAPARELHAMENTO E MODERNIZAÇÃO DO SERVIÇO PÚBLICO

As pessoas jurídicas de direito público "manterão escolas de governo para a formação e o aperfeiçoamento dos servidores públicos, constituindo-se a participação nos cursos um dos requisitos para a promoção na carreira, facultada, para isso, a celebração de convênios ou contratos entre os entes federados" (§ 2º do art. 39 da CF). Há evidente indício de que se pretende profissionalizar o funcionalismo. O normal é que o servidor se submeta a concurso de provas ou de provas e títulos e, satisfazendo requisitos mínimos de conhecimento, qualifique-se ao exercício do cargo a que concorreu. Em seguida, demonstrando sua higidez física e mental, entra em exercício, sem sequer conhecer as funções que lhe são atribuídas. Não há exigência para conhecimento de matéria específica para o cargo pretendido. Realiza-se simplesmente o concurso de qualificação pessoal, sem se atentar para a qualificação profissional. Está preparado o concorrente para o exercício genérico no serviço público, mas, normalmente, não tem habilitação específica para determinado cargo ou função. O resultado não poderia ser outro, senão desastroso para o serviço público. Nem sempre o servidor está conscientizado para o atendimento do usuário. Por vezes irrita-se no dia a dia, maltratando aquele que vem pedir uma orientação ou exercer seu direito de cidadão. Não se dá ao indivíduo a atenção merecida, desconhecendo-se que é dos recursos arrecadados dos contribuintes que se paga o servidor.

Tudo leva ao desencanto com o serviço público, constituindo-se, no mais das vezes, um transtorno para o usuário.

Daí ser essencial que o servidor seja qualificado, formando-se o que se denomina de "tecnoburocracia" – isto é, o agente público preparado

SERVIDORES PÚBLICOS

para aquele mister específico que lhe foi atribuído e com conscientização de que deve esforçar-se para prestar o melhor serviço àquele a quem ele é destinado.

Importante passo dá o constituinte ao estabelecer que devem as pessoas jurídicas de direito público, de caráter político, manter escolas de governo, para "a formação e ao aperfeiçoamento dos servidores públicos" (§ 2º do art. 39) e exigir como critério para promoção a frequência a tais cursos. Evidente está que podem existir Municípios cujo número de funcionários seja insuficiente para manutenção de escola. Daí a importância da celebração de convênio com os demais entes federados, que vá permitir a formação e o aperfeiçoamento do servidor.

Lei de cada ente político deve determinar a aplicação de recursos orçamentários "provenientes da economia com despesas correntes em cada órgão, autarquia e fundação, para aplicação no desenvolvimento de programas de qualidade e produtividade, treinamento e desenvolvimento, modernização, reaparelhamento e racionalização do serviço público, inclusive sob a forma de adicional ou prêmio de produtividade" (§ 7º do art. 39 da CF).

Em verdade, a Constituição está determinando que os recursos obtidos sejam revertidos em benefício da modernização do aparelho burocrático. Não só isso: impõe-se que se desenvolvam programas de qualidade, produtividade e treinamento do pessoal.

A máquina administrativa é "jurássica". O problema não é o servidor. Este, simplesmente, em função do descaso dos administradores, deixa de bem exercer sua função, exatamente por falta de qualquer incentivo. As empresas privadas mantêm, de forma permanente, cursos de aperfeiçoamento, melhoria dos aparelhos necessários para o desempenho das atividades, reciclagem, modernização, leitura etc., tudo com o objetivo de melhorar o empregado e seu desempenho. No serviço público nada ou quase nada se faz. A determinação constitucional está prenhe de boas razões. Resta realizar, na prática, o contido na norma. É imprescindível que o servidor se sinta seguro no desempenho de suas atividades. É necessário que tenha assistência médica, odontológica, psicológica; que lhe seja fornecida garantia de empréstimos em caso de momentânea precisão; deve ser-lhe assegurado curso para que recicle seus conhecimentos; é necessário que haja critérios objetivos de promoção; que terminem o compadrio, as perseguições, as injustiças, os desmandos. Enfim, que o servidor tenha confiança na máquina e que esta se aprimore, se modernize, propiciando-lhe o pleno desenvolvimento de suas potencialidades.

Capítulo 8
ACUMULAÇÃO DE CARGOS

8.1 Regra transitória. 8.2 Professores. 8.3 Acumulação ilegal.

A CF impede a acumulação remunerada de cargos públicos, abrindo as exceções previstas nas alíneas "a" a "c" do inciso XVI do art. 37. A regra é a vedação, como se vê, restringindo-se a *cargos*. O inciso XVII, no entanto, estende a proibição de acumular a "empregos e funções, dispondo que "abrange autarquias, fundações, empresas públicas, sociedades de economia mista, suas subsidiárias e sociedades controladas, direta ou indiretamente, pelo Poder Público". A proibição alcança não só cargos na Administração direta como na indireta e também em todas as entidades que, de alguma forma, mantenham vínculo com as estatais, sendo destas subsidiárias ou sob seu controle. Não há exceções, salvo as previstas no texto. Nem há que se fazer qualquer interpretação benéfica. A regra, pois, é a inadmissibilidade. Atente-se, também, ao fato de que se evita o confronto eventual de interesses daqueles que, servindo ao Poder Público, possam ter conflitos com este, trabalhando para entidades particulares.

O STF já decidiu que "não se podem acumular proventos com remuneração na atividade, quando os cargos efetivos de que decorrem ambas essas remunerações não sejam acumuláveis na atividade".[1] Na oportunidade, o Min. Marco Aurélio proferiu excelente voto vencido, com o qual concordávamos. No entanto, sobreveio regra nova, alterando o entendimento.

1. STF, ADI 1.691-DF, rel. Min. Moreira Alves, *DJU* 28.11.1997.

102   SERVIDORES PÚBLICOS

O § 10 do art. 37 da CF foi introduzido pela Emenda Constitucional 20/1998, e estabelece ser "vedada a percepção simultânea de *proventos de aposentadoria* decorrentes do art. 40 [*servidores titulares de cargos efetivos dos entes federados*] ou dos arts. 42 [*Polícias Militares e Corpos de Bombeiros Militares*] e 142 [*pessoal das Forças Armadas*] com a *remuneração* de cargo, emprego ou função pública, (...)" (grifos nossos). Aqui a vedação é total, abarcando todas as hipóteses.

Houve expressa ressalva em relação aos cargos acumuláveis (alíneas do inciso XVI do art. 37), bem como aos cargos eletivos e os cargos em comissão "declarados em lei de livre nomeação e exoneração" (§ 10 do art. 37). Logo, em relação a um magistrado aposentado, integrante do Ministério Público, titular aposentado de cargo efetivo ou qualquer servidor não há incompatibilidade em perceber subsídios ou vencimentos de cargos eletivos ou em comissão. Aí a acumulação é permitida.

Logo, lícito é acumular remuneração ou subsídio com proventos nos cargos eletivos e cargos em comissão, além dos expressamente ressalvados na Constituição (inciso XVI do art. 37).

8.1 Regra transitória

A EC 20/1998, no art. 11, excluiu da vedação os membros de Poder e inativos, servidores e militares que, "até a publicação desta Emenda, tenham ingressado novamente no serviço público por concurso público de provas ou de provas e títulos, e pelas demais formas previstas na Constituição Federal (...)". A norma transitória apenas preservou a situação daqueles que já se encontravam com a situação consolidada. Preservou a posição de todos, dando-lhes tranquilidade, uma vez que já estavam eles no serviço ativo após terem obtido aposentadoria. Se o fizesse diferentemente criar-se-ia situação iníqua; assim, o dispositivo transitório preservou aquela situação.

A proibição é bastante ampla. Atinge todos os que estão na inatividade, em cargos, funções ou empregos, e integrantes da Administração direta e indireta e mesmo os que têm emprego nas sociedades subsidiárias das estatais e nas sociedades controladas, direta ou indiretamente, pelo Poder Público.

A regra, como se vê, é a inadmissibilidade da acumulação. Ao lado das exceções admitidas pela regra transitória (art. 11 da EC 20/1998) e dos ocupantes de cargos eletivos e em comissão (§ 10 do art. 37), as alíneas do inciso XVI do art. 37 da CF excluem da vedação constitucional: dois cargos de professor (alínea "a"), um cargo de professor com outro,

ACUMULAÇÃO DE CARGOS

técnico e científico (alínea "b"), e dois cargos ou empregos privativos de profissionais de Saúde, com profissões regulamentadas (alínea "c").

8.2 Professores

Sempre os professores foram alcançados por norma exceptiva. É que, normalmente, os alunos têm período letivo de quatro horas, sendo impensável manter os professores apenas em tal horário, sem lhes permitir ter um segundo horário ocupado. A única exigência é a compatibilidade de horários. Esta é exigência comum a todas as permissões. Evidente que, não possuindo o dom da ubiquidade, não podem estar em dois lugares ao mesmo tempo. Caso os horários sejam compatíveis, torna-se admissível a acumulação. Diga-se o mesmo do professor com cargo técnico ou científico. O professor deve estar em constante e permanente evolução, aprimorando seus conhecimentos. Logo, legítimo é que se lhe permita ocupar-se em outro cargo técnico ou científico. Diga--se o mesmo do magistrado que se acha alcançado pela norma. Ainda que se pudesse entender o contrário, acha-se ele alcançado pela exceção prevista no inciso I do parágrafo único do art. 95 da CF, que estabelece a possibilidade de acumular seu cargo com uma função de magistério.

Em suma, a acumulação é permitida: (a) nas hipóteses figuradas nas alíneas "a" a "c" do inciso XVI do art. 37 da CF; (b) aos ocupantes dos cargos eletivos e em comissão; e (c) àqueles que foram alcançados pelo art. 11 da Emenda Constitucional 20/1998. No mais, a acumulação é vedada.

Vale ressaltar que, a EC 77, de 11.2.2014, alterou os incisos II, III e VIII do § 3º do art. 142 da CF, para estender aos profissionais de saúde das Forças Armadas a possibilidade de cumulação de cargo a que se refere o art. 37, inciso XVI, alínea "c", ou seja, cargos ou empregos privativos de profissionais de saúde, com profissões regulamentadas.

Havia polêmica sobre o tema, parte da doutrina afirmando que a regra citada acima não se aplicava aos militares, haja vista que, o art. 142, § 3º, VIII, da CF, determina quais incisos do art. 37 se aplicam aos membros das Forças Armadas e esse dispositivo, até então, não mencionava o inciso XVI do art. 37. Tal distinção, contudo, não me parece razoável.

Nota-se que, em diversas partes do País, especialmente nas regiões fronteiriças, existem hospitais militares e, os profissionais de saúde que ali prestam serviços, ficam impedidos de trabalhar, cumulativamente, para a Administração Pública estadual ou municipal, que são as mais

104 SERVIDORES PÚBLICOS

prejudicadas com a escassez de profissionais da saúde devido às condições adversas da região.

Nas regiões mais longínquas, muitas vezes a única presença estatal é a das Forças Armadas e os médicos, dentistas e enfermeiros militares que ali atuam poderiam trabalhar também em hospitais ou postos de saúde estaduais ou municipais atendendo a população em geral, o que não ocorria diante da falta de previsão constitucional.

Daí dizer que a EC 77/2014 veio em boa hora, corrigindo essa situação ao inserir, no art. 142, § 3º, VIII, a previsão expressa de que a permissão para a acumulação de cargos/empregos de profissionais da saúde aplica-se, também, aos militares (art. 37, inciso XVI, alínea "c").

Penso, contudo, que a inovação foi tímida. Isso porque poderia ter previsto que todo o inciso XVI do art. 37 pode ser aplicado aos militares, e não apenas a alínea "c". Não há nenhuma razão lógica ou de interesse público em se vedar, por exemplo, que um médico militar acumule essa atividade com a de professor de uma instituição pública de ensino. Essa possibilidade já foi admitida pela jurisprudência majoritária do STJ: "Com base na interpretação sistemática dos arts. 37, XVI, 'c', 42, § 1º, e 142, § 3º, II, da Constituição Federal, a jurisprudência do STJ passou a admitir a acumulação de dois cargos por militares que atuam na área de saúde, desde que o servidor público não desempenhe as funções tipicamente exigidas para a atividade castrense, mas sim atribuições inerentes a profissões de civis. Nessa linha, o fato de o profissional de saúde integrar os quadros de instituição militar não configura, por si só, impedimento de acumulação de cargo, o que, entretanto, somente se torna possível nas hipóteses estritamente previstas no art. 37, XVI, da Constituição Federal. O art. 37, XVI, da Constituição impõe como regra a impossibilidade de acumulação de cargos. As exceções se encontram taxativamente listadas em suas alíneas e devem ser interpretadas de forma estrita, sob pena de afrontar o objetivo da norma, que é o de proibir a acumulação remunerada de cargos públicos. É certo que a Constituição disciplinou a situação dos profissionais de saúde em norma específica e nela admitiu a acumulação de dois cargos ou empregos privativos, ambos nessa área (art. 37, XVI, 'c'). A acumulação exercida pela recorrente se amolda, portanto, à exceção inserta no art. 37, XVI, 'b', da Constituição Federal. De fato, parece desarrazoado admitir a acumulação de um cargo de professor com outro técnico ou científico e, entretanto, eliminar desse universo o cargo de médico, cuja natureza científica é indiscutível".[2]

2. STJ, RMS 39.157-GO, rel. Min. Herman Benjamin, 2ª Turma, j. 26.2.2013, *DJ-e* 7.3.2013.

ACUMULAÇÃO DE CARGOS 105

Apesar de a EC 77/2014 ter modificado o art. 142, que dispõe sobre os "membros das Forças Armadas", essa alteração aplica-se também aos militares dos Estados (Polícia Militar e Corpo de Bombeiros) por força do § 1º do art. 42 da CF.

8.3 Acumulação ilegal

A acumulação ilegal impõe a demissão do servidor. Detectada a infração, é ele notificado a realizar opção. Deixando de fazê-lo em 10 dias, instaura-se processo administrativo, constituindo-se comissão, procedendo-se a instrução sumária, assegurada ampla defesa, evidentemente; e julga-se de imediato. A lei traça procedimento específico para a hipótese de que se cuida (art. 133 do Estatuto).

Se estiver o servidor em gozo de licença, quando do advento da acumulação ilegal, tal circunstância não impede o reconhecimento da ilegalidade.[3]

3. *RT* 803/149.

Capítulo 9
A REGRA
DA PRECEDÊNCIA
DA ADMINISTRAÇÃO FAZENDÁRIA

O inciso XVIII do art. 37 da CF contém regra disparatada em sua alocação constitucional. Nenhuma restrição haveria ao conteúdo da norma se viesse ela contida em lei ordinária. Inserir dispositivo de tal ordem no texto da Constituição da República é formidável absurdo. No entanto, já que inserido na Lei Maior, resta dizer que o constituinte derivado entendeu que o valor da atuação da Administração Fazendária supera o de todos os demais servidores. A precedência não é de quem a quer, mas de imposição constitucional. Poder-se-á dizer que a norma é de eficácia contida. No entanto, já é ela eficaz, uma vez que a lei que sobrevier somente poderá prestigiar a fiscalização fazendária, em detrimento de todos os outros setores da Administração Pública.

Pode-se dizer, no entanto, que qualquer interpretação que venha a ser feita a propósito do assunto deverá levar em conta a dicção constitucional. Hoje, independentemente do advento da lei, a norma é eficaz, priorizando a ação fazendária em detrimento de todas as demais.

A Constituição da República assegurou, no inciso XVIII do art. 37, que "a Administração Fazendária e seus servidores fiscais terão, dentro de suas áreas de competência e jurisdição, precedência sobre os demais setores administrativos, na forma da lei". Em comentário ao transcrito dispositivo constitucional, Manoel Gonçalves Ferreira Filho assevera que "só se pode entender este preceito no sentido de que o exercício das atribuições da Administração Fazendária – leia-se o exercício de sua atividade fiscalizatória – tem preferência à de outro setor da Administração

A REGRA DA PRECEDÊNCIA DA ADMINISTRAÇÃO FAZENDÁRIA   107

Pública. Tem-se aqui um assomo de 'fiscalismo'! Entretanto, a preferência não é absoluta, será 'na forma da lei'".[1]

Em verdade, a Constituição outorgou aos agentes fazendários prerrogativas funcionais. Nos exatos termos do art. 2º da Lei Complementar 567, de 20.7.1988, do Estado de São Paulo, "ao agente fiscal de rendas compete exercer, privativamente, a fiscalização direta dos tributos estaduais e as funções relacionadas com a coordenadoria, direção, chefia, encarregatura, assessoramento, assistência, planejamento da ação fiscal; consultoria e orientação tributária; representação junto a órgãos julgadores, bem como outras atividades ou funções que venham a ser criadas por lei ou regulamento".

De seu turno, o art. 195 da Lei 5.172, de 25.10.1966 – Código Tributário Nacional –, estabeleceu que, "para os efeitos da legislação tributária, não têm aplicação quaisquer disposições legais excludentes ou limitativas do direito de examinar mercadorias, livros, arquivos, documentos, papéis e efeitos comerciais ou fiscais dos comerciantes, industriais ou produtores, ou de obrigação destes de exibi-los".

No exercício de suas atividades, poderão os agentes fazendários, inclusive, requisitar a força policial necessária (art. 200 do CTN).

Ressalte-se que o agente fiscal não é competente porque quer, mas porque a regra de Direito outorgou-lhe a competência. Deve ele agir nos estritos termos da lei, sujeitando-se ao princípio da legalidade. Nada pode ele além da lei.

Daí por que, a nosso ver, descabe à autoridade policial determinar exibição de livros fiscais ou notas fiscais, em detrimento da precedência do Fisco. Nada impede que determine a alguém que compareça para prestar esclarecimentos sobre fato que, em tese, possa caracterizar infração penal. Poderá o agente policial buscar a tipificação de um dos crimes previstos na Lei 8.137/1990, ali definidos como "crimes contra a ordem tributária". Os tipos eram antes previstos na Lei 4.729/1964, sob o *nomen juris* de "sonegação fiscal". Desimportante, para efeito deste estudo, saber se houve, ou não, revogação da lei anterior, sendo que ocorre a revogação onde houver incompatibilidade de previsão normativa. O que importa é que o trabalho policial destina-se a identificar ocorrência de fraude. Como anotou Alfredo Augusto Becker, "se, para atingir aquele efeito ou resultado econômico, o indivíduo violou regra jurídica ou de

---

1. Manoel Gonçalves Ferreira Filho, *Comentários à Constituição Brasileira de 1988*, vol. 1, São Paulo, Saraiva, 1990, p. 251.

108 SERVIDORES PÚBLICOS

eficácia jurídica, então, praticou *fraude* fiscal".[2] É bom notar que Rubens Gomes de Sousa faz distinção entre *evasão* e *fraude*. Afirma que, "se os atos praticados pelo contribuinte para evitar, retardar ou reduzir o pagamento de um tributo foram praticados *antes* ou *depois* da ocorrência do respectivo fato gerador: na primeira hipótese, trata-se de evasão; na segunda, trata-se de fraude".[3]

O que deve se fazer, diante do fato de os agentes policiais e fazendários pertencerem ao mesmo ente federado, é expedir normas para a atuação de tais agentes. Os primeiros delimitam sua atividade teleologicamente em busca de infração penal; os segundos têm por escopo evitar o sangramento dos cofres públicos através da evasão fiscal. Cada qual tem uma finalidade. O que não tem sentido é a desnecessária perda de tempo no exercício de funções que têm limites bem definidos.

O agente fiscal tem, em cumprimento irrestrito à norma constitucional, atividade que precede a qualquer outra. Logo, não há como existir conflito de atribuições, uma vez que as atividades da Polícia Judiciária e da Fiscalização distanciam-se pelo objeto. Inarredável, no entanto, que a atividade do agente fiscal, ao lado de ser privativa, é precedente.

Em verdade, a evasão de tributos pode configurar um ilícito penal. A competência funcional dos agentes fazendários e policiais distingue-se em razão da finalidade buscada. Ontologicamente, em nada se distinguem a infração fiscal da criminal. Em comentários a respeito do mesmo assunto, afirmamos que não há "diferença de conteúdo entre crime, contravenção e infração administrativa".[4] O que vai distingui-las, em primeiro lugar, é o órgão julgador. Para julgamento de crimes e contravenções há exclusividade de julgamento por parte do Poder Judiciário; para os julgamentos infracionais a autoridade administrativa é competente, embora caiba recurso ao Judiciário. De outro lado, a finalidade é bem distinta. Enquanto o agente fiscal busca evitar a evasão, o agente da Polícia Judiciária busca a identificação do crime ou contravenção. As competências apartam-se em face do bem jurídico que se busca proteger.

Em termos operacionais há áreas de competência concorrente, uma vez que, especificamente na repressão a crimes tidos como de "sonega-

2. Alfredo Augusto Becker, *Teoria Geral do Direito Tributário*, São Paulo, Saraiva, 1972, p. 123.

3. Rubens Gomes de Sousa, *Compêndio de Legislação Tributária*, 2ª ed., Rio de Janeiro, Edições Financeiras, 1954, p. 99.

4. Regis Fernandes de Oliveira, *Infrações e Sanções Administrativas*, São Paulo, Ed. RT, 1985, p. 32.

A REGRA DA PRECEDÊNCIA DA ADMINISTRAÇÃO FAZENDÁRIA   109

ção fiscal" ou "contra a ordem tributária", o agente policial depara-se com o mesmo objeto perseguido pelo agente fiscal. Pode haver, dependendo das hipóteses, convergência de investigação ou de busca, cada qual para tipificação de seu propósito.

No exercício de sua competência própria, o agente policial pode procurar obter elementos comprobatórios da ocorrência da fraude fiscal. É que, especificamente, necessita o agente policial de elementos caracterizadores que podem faltar ao seu conhecimento técnico. Neste caso, nada melhor que se valer de auxílio do agente fiscal, para perfeita identificação do ilícito. O agente policial poderá cometer equívocos, em detrimento da correta investigação criminal. Daí ser imprescindível que as autoridades superiores se reúnam e expeçam normas administrativas, desde que sujeitas à lei, para orientar a ação específica e conjunta de seus respectivos agentes.

A mesma regra de competência que autoriza a Polícia Civil a requisitar, legalmente, qualquer documento útil à investigação de um fato criminoso impede a mesma requisição antes da *notitia criminis*. Não é só pelo momento que fica impedido de agir, mas também em relação ao objetivo perseguido pelo agente policial. Enquanto o objetivo do Fisco é apurar os elementos capazes de identificar a obrigação tributária para evitar a evasão, a mola propulsora do agente policial é a averiguação de elementos reveladores do tipo penal, de maneira que possibilite ao Ministério Público a avaliação da oportunidade da ação penal. Por isso, o contribuinte tem o direito de se submeter à ação do Poder Público dentro dos limites de competência atribuída a cada órgão.

O fim buscado por eles revela o conflito suscitado apenas como aparente. O mesmo livro pode ser requisitado pelo agente policial por um motivo diferente do motivo que impulsiona o Fisco. Não é o momento que estabelece a competência dos órgãos, mas a competência que determina o momento dos procedimentos.

A atividade da Polícia Judiciária pode não derivar da *notitia* de um delito específico, mas esta deve emergir, ainda que espontaneamente, da investigação de um delito anterior que provocou o procedimento do órgão policial. Se, no curso de uma investigação, a Polícia Judiciária se deparar com uma infração desconhecida, o agente fiscal deverá ser acionado, para seus procedimentos técnicos específicos. A Constituição e a lei presumem, ao conferir-lhe primazia na fiscalização de tributos, que só ele tem competência, no duplo sentido, para avaliar os fatos. Joeirar a infração administrativa da criminal, sedimentando-a, não depende de simples subsunção dos fatos à norma, mas de conhecimentos técnicos

110 SERVIDORES PÚBLICOS

específicos, que não são aplicados desordenadamente, mas seguindo uma estratégia de conduta por amostragem, por exemplo, que muita vez é prejudicada pela alternância da iniciativa, de vez que os órgãos, *in casu*, têm atribuições, métodos e conceitos extremamente diferentes. Descaberia à Polícia Judiciária, por exemplo, realizar uma "barreira", exigindo documentos dos veículos detidos, para saber se há infração penal. Aí, não têm os agentes policiais a *notitia criminis*, e, pois, descaberia qualquer ação. Se tiverem a informação de que determinado veículo transporta mercadoria de forma criminosa, poderão agir, dentro da competência normativa. O que não podem fazer é a busca indiscriminada e ilegal de documentos, retendo, na via pública ou nas rodovias, qualquer veículo transportador. A investigação parte de um fato, e não do nada. Descaberia a ação indiscriminada e aleatória por parte dos agentes policiais. Já o mesmo não se pode dizer da ação do Fisco. Tem este a missão específica de coibir a prática da evasão, e, como tal, tem competência funcional para agir na busca do fato infracional de cunho administrativo.

Há que se fazer uma distinção importante. Uma coisa é a *precedência* dos agentes fiscais sobre quaisquer outros órgãos ou agentes públicos, no exercício de suas atividades. Outra é a *exclusividade* no agir. Esta não foi assegurada no ordenamento normativo. No caso de conflito, prevalece a orientação da Fiscalização. No confronto, vale a prevalência constitucional outorgada. O Fisco tem precedência sobre o agente policial no exame de livros. No entanto, não há impedimento a que este possa determinar exibição de livros e documentos, desde que necessários para identificação do tipo penal. É estranho, mas não é impedido pelo ordenamento jurídico.

A precedência assegurada à Fiscalização decorre da simultaneidade de ações. Aqui, nenhuma dúvida existe. A precedência dos agentes fiscais é total.

Capítulo 10
EXONERAÇÃO
E DISPONIBILIDADE

10.1 Exoneração. 10.2 Disponibilidade.

10.1 Exoneração

Exonerar é forma de extinção da relação funcional por ato voluntário do servidor ou por conveniência administrativa, de ofício (art. 34 da Lei 8.112/1990). Não tem cunho punitivo. A punição por infração dos deveres funcionais é a demissão.

Qualquer servidor, ocupante de qualquer cargo, função ou emprego, pode pedir exoneração. É ato volitivo do servidor, e não pode ser impedido pela Administração, salvo se estiver respondendo a processo administrativo (art. 172 da Lei 8.112/1990).

A exoneração, de ofício, pode decorrer de: a) não serem satisfeitas as condições, na fluência de estágio probatório; b) quando, tendo tomado posse, não entrar em exercício no prazo legal e, c) excesso de gasto com pessoal. A exoneração voluntária pode ocorrer a qualquer tempo, independentemente de explicitação de razões. É ato de mera conveniência do servidor.

A exoneração, na hipótese do art. 169, ocorre tendo Administração excesso de despesa com pessoal e deva que reduzir quadro. Aí, terá que exonerar os ocupantes de cargos em comissão ou função de confiança, no mínimo em 20% e, posteriormente, exonerar os não estáveis e, por fim, os estáveis. Nos dois últimos casos, mediante procedimento administrativo. É o que consta dos parágrafos 3º e 4º do art. 169.

SERVIDORES PÚBLICOS

A exoneração dos ocupantes de cargos efetivos e no período do estágio probatório, quando ocorrer, por parte da Administração, deve ser motivada e sujeita ao contraditório.

A dispensa de empregados pode ocorrer desmotivadamente, quando não houver mais conveniência na subsistência do vínculo. De outro lado, quanto aos admitidos por prazo determinado, deve haver a motivação adequada.

Diga-se o mesmo das empresas estatais. De qualquer maneira, não há necessidade de formalidades absurdas. A moderna concepção do serviço público e de Administração Pública não é compatível com o entendimento de que todos os comportamentos administrativos devam ter apego excessivo ao formalismo. No entanto, não se dispensa um mínimo de fundamentação.

10.2 Disponibilidade

Decorre a disponibilidade da verificação, pela Administração, da desnecessidade do cargo ou de sua extinção (§ 3º do art. 41 da CF). Ou, ainda, da invalidação da pena de demissão imposta a servidor estável, impondo o Judiciário seu retorno ao cargo: o titular que deve deixar o cargo, por força do retorno do antigo titular, será reconduzido ao cargo de origem, aproveitado em outro cargo ou "posto em disponibilidade com remuneração proporcional ao tempo de serviço" (parte final do § 2º do art. 41 da CF). Sendo assim, há três hipóteses de colocação do servidor em disponibilidade: (a) no caso de desnecessidade do cargo, b) de sua extinção ou (c) da reassunção de servidor demitido.

Disputa anterior sobre a proporcionalidade da remuneração ficou superada à luz do claro dispositivo no sentido de que é ela "proporcional ao tempo de serviço" (§ 3º do art. 41 da CF), até o obrigatório aproveitamento em outro cargo. Fica, pois, cancelada a Súmula 358 do STF que, antes de tal dispositivo expresso, entendia que o direito aos vencimentos era integral. O advento de norma constitucional revoga o entendimento anterior.

Colocado em disponibilidade, o servidor não perde tal qualidade. Continua, pois, com todos os impedimentos previstos na Constituição e nas leis. No entanto, já não há dúvida: a remuneração é proporcional ao tempo de serviço.

Hipótese diversa de disponibilidade diz respeito ao juiz. Em relação a este, a disponibilidade tem caráter sancionatório (inciso VIII do art. 93

EXONERAÇÃO E DISPONIBILIDADE

da CF). Noticiado algum fato grave, há a possibilidade de ser aplicada a pena de suspensão preventiva. Posteriormente, em julgamento, pode ser ordenada a disponibilidade, com caráter de sanção, "com vencimentos proporcionais ao tempo de serviço" (inciso IV do art. 42, combinado com o inciso II do art. 45, ambos da Lei Complementar 35, de 14.3.1979 – Lei Orgânica da Magistratura).

A solução, no entanto, não pode ser a mesma para os dois casos. É que para os servidores em geral a disponibilidade é sempre provisória, por iniciativa do governo, seja pela extinção ou desnecessidade do cargo, seja pela reassunção do antigo titular que teve sua demissão invalidade; o servidor, obrigatoriamente, é aproveitado em outro cargo. Diverso é o caso do juiz, em que a sanção tem caráter de punição. No primeiro caso a determinação provém da Constituição, ou seja, que o servidor perceberá proporcionalmente ao tempo de serviço. No caso do magistrado não há tal previsão constitucional, estando ela na lei. Observe-se, no entanto, que a disponibilidade não é um prêmio ao magistrado, uma vez que, tendo praticado ato incompatível com seus deveres funcionais, é afastado em definitivo, não podendo receber integralmente seus subsídios. Assim não fosse, haveria incongruência, uma vez que é o juiz punido mas continua a receber integralmente seus subsídios. De outro lado, há que ponderar ue continua sendo juiz, embora afastado, o que envolve todos os impedimentos de seu cargo, apenas podendo exercer um cargo de professor Estará livre para dedicar-se a qualquer atividade lucrativa.

Capítulo 11
PROVIMENTO

11.1 Conceito. Provimento originário e derivado. 11.2 Promoção. 11.3 Acesso. Ascensão e Transposição. 11.4 Reversão. 11.5 Aproveitamento (Recondução). 11.6 Readmissão. 11.7 Reintegração. 11.8 Readaptação. 11.9 Remoção (Transferência). 11.10 Lotação (Distribuição) e Relotação (Redistribuição). 11.11 Exigência de proporcionalidade entre cargos de provimento efetivo e os em comissão ou funções de confiança. 11.12 O ritual sagrado do cargo.

11.1 Conceito. Provimento originário e derivado

Provimento é o ato através do qual o servidor ingressa no exercício do cargo, emprego ou função. *Provimento originário* é o ingresso no serviço público sem existência de vínculo anterior. O *derivado* decorre de ruptura da relação e retorno do servidor.

O provimento originário decorre de concurso público de provas ou de provas e títulos, ressalvados os cargos em comissão (inciso II do art. 37 da CF). Poderia existir o provimento através de processo eletivo? Se a Constituição apenas prevê a hipótese de provimento de cargo público através de concurso, não há cogitar de ingresso originário através de processo eletivo, na esteira do que já decidiu o STF.[1] De igual maneira, inadmissível se afigura que possa haver provimento de cargos através de *contratos*. Assim já se pronunciou a mesma Suprema Corte.[2]

O servidor público é provido no cargo através de nomeação, por decreto, do Chefe do Executivo competente ou por ato da mesma força

---

1. *RTJ* 163/469, 148/3 e 140/34.
2. STF, ADI 1.500-1-ES, rel. Min. Carlos Velloso, *DJU* 17.10.1997.

PROVIMENTO 115

dos demais Poderes. Tratando-se de empregado, o contrato de trabalho substitui o ato administrativo.

11.2 Promoção

Nos casos de *provimento derivado* pode-se falar em promoção. Constitui a *promoção vertical* forma de provimento no qual há ascensão funcional para cargo de maior responsabilidade e complexidade de atribuições. A participação em cursos de aperfeiçoamento é requisito para a promoção (§ 2º do art. 39 da CF). Pode ocorrer a *promoção horizontal*, através da qual o servidor vê acrescida sua remuneração sem elevação funcional, isto é, o cargo é o mesmo, altera-se apenas o *grau* de referência, importando aumento de remuneração.

A promoção pode ocorrer por merecimento ou por antiguidade, dependendo da existência de vaga.

11.3 Acesso. Ascensão e Transposição

O *acesso* não mais existe como modalidade própria de provimento (significa, no Estado de São Paulo, a denominada promoção vertical). Nem a denominada *ascensão* (ou *transposição*), que envolvia passagem de uma para outra carreira. É que a Constituição apenas aceita o ingresso em carreira através de concurso. Logo, provimento derivado que importe transferência de carreira não pode subsistir, por inconstitucional. Não pode haver a sucessão de cargo, nem a mudança de carreira. Para que ocorra a promoção, no sentido técnico e aceitável, imprescindível que se cuide de cargos de menor para maior complexidade funcional, com elevação funcional, mas da mesma carreira. O STF decidiu que "estão banidas, pois, as formas de investidura antes admitidas – ascensão e transferência –, que são formas de ingresso em carreira diversa daquela para a qual o servidor público ingressou por concurso".[3] De atentar para a terminologia, pois onde o STF fala em "transferência" a lei fala em "transposição", que era, também, forma de ingresso derivado em outra carreira.

A pacífica jurisprudência do STF é no sentido de que "a ascensão e a transposição constituem formas inconstitucionais de provimento derivado de cargos por violarem o princípio do concurso público".[4]

3. *RTJ* 165/684.
4. STF, ADI 3.341, *Informativo* 748.

116 SERVIDORES PÚBLICOS

11.4 Reversão

Reversão é o retorno do servidor aposentado à ativa quando cessadas as condições da aposentadoria. O Estatuto previa a reversão por conveniência da Administração Pública, tendo sido revogado o dispositivo No entanto, a Medida Provisória n. 2.225-45, de 4 de setembro de 2001 deu nova redação ao art. 25 do Estatuto, voltando a permitir, ao servidor, a reversão por interesse da Administração, desde que : a) tenha solicitado; b) a aposentadoria tenha sido voluntária; c) estável quando na atividade; d) a aposentadoria tenha ocorrido nos cinco anos anteriores à solicitação e e) haja cargo vago. Interessante notar, no entanto, que toda investidura depende de prévia aprovação em concurso (inciso II do art. 37 da CF). Subsiste, também, a reversão quando anulada a aposentadoria, seja pela insubsistência dos motivos, seja pela ilegalidade na concessão. Em tais casos há obrigatoriedade de proceder a Administração à reversão ao mesmo cargo de que era titular ou a outro equivalente. Imaginemos o caso de servidor que se aposenta com contagem equivocada de tempo de serviço ou o que se vale de erro na aferição médica e obtém a aposentadoria. Em tais casos, cabível a reversão.

11.5 Aproveitamento (Recondução)

É o reingresso do estável, que se encontrava em disponibilidade. Decorre da extinção ou da declaração da desnecessidade do cargo (§ 3º do art. 41 da CF). Fica ele em disponibilidade até ser, obrigatoriamente, aproveitado no mesmo ou em cargo equivalente. Embora a Súmula 39 do STF diga que não há direito, entende-se que o aproveitamento é obrigatório e imediato, salvo inexistência de cargo correlato. Não tem o servidor o direito de exigir o aproveitamento, mas a Administração poderá ser responsabilizada, caso a postergue ou não a efetue.

O Estatuto fala em recondução (art. 29). Não nos percamos pela palavra. A recondução é o aproveitamento e decorre da inabilitação em estágio probatório relativo a outro cargo (o servidor foi provido em outro cargo para o qual foi inabilitado e retorna ao anterior) ou da reintegração de servidor que era o então titular.

11.6 Readmissão

A *readmissão* não mais existe como forma de provimento. Era ato discricionário que efetuava o retorno do servidor exonerado. Anteriormente, havendo conveniência administrativa, podia ocorrer a readmis-

PROVIMENTO

são. Hoje tal possibilidade está descartada, diante dos termos do inciso II do art. 37 da CF.

11.7 Reintegração

Reintegração é o retorno do servidor ao cargo anteriormente ocupado, por ter sido dele demitido ilegalmente. Em tal caso, obriga-se a Administração a recompor integralmente o patrimônio lesado. Pode ocorrer a anulação do ato administrativo pela própria Administração (autotutela dos atos administrativos), mediante controle interno hierárquico ou recurso de revisão, ou pelo Judiciário, em ação própria. Em tal caso, deve haver o retorno ao próprio cargo, com pagamento de toda a remuneração e elevação funcional, se for o caso (trata-se da *restitutio in integrum*). Como fora publicado decreto de demissão, outro ato da mesma força deve ser publicado com a reintegração, efetuando-se o pagamento de todo o atrasado, com juros e atualização.

Aquele que ocupava o cargo do titular ilegalmente afastado, se estável, será reconduzido ao cargo de origem, "sem direito a indenização, aproveitado em outro cargo ou posto em disponibilidade com remuneração proporcional ao tempo de serviço" (parte final do § 2º do art. 41 da CF).

A reintegração, como se vê, recompõe, de forma integral, o patrimônio daquele que foi afastado do exercício de seu cargo de forma ilegal. No entanto, o agente que passou a exercer o cargo do reintegrado deve ser aproveitado em outro cargo ou posto em disponibilidade com remuneração proporcional ao tempo de serviço.

11.8 Readaptação

Readaptação é o provimento em outro cargo compatível com o estado físico do agente. Sendo motorista (agente de segurança) e tendo perdido um braço, pode ser readaptado para cargo de vigilante.[5] Como anota Diógenes Gasparini, "é provimento horizontal, pois o servidor não ascende nem é rebaixado. Faz-se essa espécie de provimento sem concurso, dada a finalidade do provimento".[6]

---

5. STJ, *RDA* 128/145.
6. Diógenes Gasparini, *Direito Administrativo*, 8ª ed., São Paulo, Saraiva, 2002, p. 254.

118 SERVIDORES PÚBLICOS

Estas são as formas de *provimento derivado* a que alude o Estatuto dos Servidores Públicos Civis da União, das Autarquias e das Fundações Federais (Lei 8.112/1990, art. 8º).

Caso postule o readaptando determinado cargo, onde possa melhor desenvolver sua atividade, não há direito de obtê-lo. À Administração caberá dizer qual o cargo que deverá ser ocupado, desde que compatível. Curiosa a Súmula 566 do STF que assim dispõe: "Enquanto pendente, o pedido de readaptação, fundado em desvio funcional não gera direitos para o servidor, relativamente ao cargo pleiteado".

11.9 Remoção (Transferência)

Remoção não é forma de provimento. É mero deslocamento do servidor, a pedido ou de ofício, no âmbito interno dos quadros administrativos, com ou sem mudança de sede. Sendo de ofício, há o interesse da Administração Pública que independe da concordância do servidor. O embasamento será sempre o interesse da Administração. Pode ensejar o chamado desvio de poder, se for motivada por intenção maldosa do chefe imediato para punir o servidor. Jamais pode vir calcada em perseguição funcional. A competência é atribuída para o atingimento de finalidades públicas; jamais para perseguição de interesses subalternos.

No caso de ser a pedido, basear-se-á na estrita conveniência do interesse público. Não há direito subjetivo a ser exercido.

De outro lado, poderá fundar-se o pedido na união de cônjuge ou de companheiro – uma vez que, agora, tanto a Constituição (§ 3º do art. 226), como o Código Civil (arts. 1.723 a 1.727), igualaram as situações para efeitos legais.

Não há direito; há preferência, quando da abertura do procedimento de remoção. O STJ já entendeu de que há direito e deve ele ser atendido.[7] O Tribunal de Justiça de São Paulo vem entendendo que se cuida de efetivo direito e não mera preferência.[8]

Em verdade, tem que ser entendido que inexiste o direito à união, por remoção de cônjuges. O que há é um direito condicionado à existência de vaga e somente se admite o exercício do direito à conveniência do interesse público. Não há automático atendimento, no caso de ser um dos cônjuges transferido, que o outro o siga. É de se desejar que a solução se

7. STJ, REsp 247.718-RJ, *DJU* 1.8.2000, p. 311; *JTJ* 34/99.
8. STJ, Ap. Cív. 16.559-5-0, rel. Des. Sidnei Beneti.

PROVIMENTO   119

consume, no atendimento da união do casal. No entanto, sobre tal interesse há o interesse público e o servidor deve exercer sua atividade onde a Administração determina. Como é importante que o casal siga junto, nasce a disciplina do direito, que é condicionado e não absoluto. O que não tem sentido é que norma inferior estabeleça dificuldade não prevista em texto normativo de maior alcance e eficácia.

A transferência, como forma derivada de provimento, tal como estava prevista no art. 23 do Estatuto, foi declarada inconstitucional pelo Supremo Tribunal Federal, suspensa pela Resolução n. 46, de 23.5.1997, do Senado Federal e, finalmente, revogada pela Lei 9.527/1997. Agora, a terminologia pode ser utilizada para significar o deslocamento físico do servidor no âmbito do mesmo quadro, isto é, operando-se a remoção na forma prevista pelo art. 36 do Estatuto.

Não se pode alterar o local de trabalho do servidor no período eleitoral. Com efeito, o inciso V do art. 73 da Lei 9.504/1997 proíbe "nomear, contratar ou de qualquer forma admitir, demitir sem justa causa, suprimir ou readaptar vantagens ou por outros meios dificultar ou impedir o exercício funcional e, ainda, *ex officio*, remover, transferir ou exonerar servidor público, na circunscrição do pleito, nos três meses que o antecedem e até a posse dos eleitos, sob pena de nulidade de pleno direito (...)". Há ressalva de casos específicos que não agridem a intimidade do servidor. O objetivo do dispositivo é o de preservar o servidor, evitar perseguições políticas e impedir, de qualquer forma, que seja ele perseguido, com intuito político.

Cumpre salientar que, segundo dispõe o art. 53, § 3º da Lei 8.112/1990, incluído pela Medida Provisória 632, de 24.12.2013, "não será concedida ajuda de custo nas hipóteses de remoção previstas nos incisos II e III do parágrafo único do art. 36", ou seja, remoção a pedido, a critério da Administração (inciso II) e, remoção a pedido para outra localidade, independentemente do interesse da Administração (inciso III).

11.10 *Lotação (Distribuição) e Relotação (Redistribuição)*

Nenhum dos termos significa forma de provimento de cargo. *Lotação* é o número de cargos que estão alocados em determinada repartição. *Relotação* é a transferência de determinado cargo para outra unidade administrativa. Por exemplo, há necessidade de maior número de cargos na unidade A, enquanto a unidade B está com o serviço tranquilo. A Administração, por ato interno, desloca alguns cargos para outra unidade que

120 SERVIDORES PÚBLICOS

deles necessita. Há a relotação. Na nova terminologia, é redistribuição material de um servidor de um cargo para outra unidade administrativa.

11.11 Exigência de proporcionalidade entre cargos de provimento efetivo e os em comissão ou funções de confiança

Um dos pontos que mais chama a atenção do estudioso diz respeito ao provimento dos cargos públicos, independente da natureza que tenham.

Com já afirmamos antes, "cargo em comissão" é uma expressão elíptica cujo elemento oculto é o termo "provimento"; assim, seu sentido preciso é "cargo *de provimento* em comissão", é dizer, temporário, enquanto subsistir a confiança, móvel da escolha.

De início já se nota uma distorção gritante. Prevalecendo interesses políticos menores, o legislador cria cargos em comissão e funções de confiança a todo instante sem que guarde qualquer sintonia com o número de cargos de provimento efetivo. Estes são destinados a provimento por profissionais, na forma almejada por Weber. Isto é, destinam-se a provimento mediante concurso público em que se afira a qualificação profissional daquele que pretende ser nele provido.

A lei que cria cargos comissionados deve guardar absoluta sintonia com a Constituição da República, de vez que o fato de havê-los criado, não os transforma naquilo que não são – ou seja, não é o rótulo que dá essência às coisas, mas a pertinência lógica com as distinções efetuadas pela Lei Maior. O verdadeiro divisor de águas é o caráter provisório e a confiança pessoal inerente ao ocupante de cargo isolado.

A lei não pode criar, indiscriminadamente, cargos em comissão ou funções de confiança. Deve haver compatibilidade lógica entre a finalidade do cargo e sua criação. Tratando-se de mera atividade burocrática, não há como se criar o cargo. Destina-se ao auxílio imediato ao Chefe do Executivo, constituindo-se de pessoas de sua confiança. No entanto, não é só o vínculo de fidúcia que ampara a instituição. Imprescindível que tenha conexão lógica com o objetivo da comissão. Como diz Marcio Cammarosano, não é qualquer plexo unitário que reclama tal tipo de provimento, "mas apenas aqueles que, dada a natureza das atribuições a serem exercidas pelos seus titulares, justificam exigir-se deles não apenas o dever elementar de lealdade às instituições constitucionais e administrativas a que servirem, comum a todos os funcionários, como também um comprometimento político, uma fidelidade às diretrizes

PROVIMENTO

estabelecidas pelos agentes políticos, uma lealdade pessoal à autoridade superior".[9]

Como já decidiu o STF "somente os cargos que pressuponham o vínculo de confiança a autorizar a livre nomeação e exoneração é que podem ser instituídos em comissão, o que não ocorre com o cargo de oficial de justiça", sujeito à regra da Constituição, de acesso por concurso público.[10]

É, pois, imprescindível que ações se dirijam aos tribunais para impedir que os cargos em comissão e as funções de confiança (estas de menor importância, porque os servidores são escolhidos dentre os de carreira) não tenham compatibilidade percentual com os cargos de provimento efetivo.

É essencial para o bom e profissional desempenho das atribuições.

Na lição de Márcio Cammarosano: "admite-se que a lei declare de livre provimento e exoneração cargos de diretoria, de chefia, de assessoria superior, mas não há razão lógica que justifique serem declarados de livre provimento e exoneração cargos como os de auxiliar administrativo, fiscal de obras, enfermeiro, médico, desenhista, engenheiro, procurador, e outros mais, de cujos titulares nada mais se pode exigir senão o escorreito exercício de suas atribuições, em caráter estritamente profissional, técnico, livre de quaisquer preocupações ou considerações de outra natureza".[11] Em seguida, assevera não ser possível fazer que a regra seja de cargos de livre provimento e exoneração. Ao contrário, o adequado é que sejam criados cargos efetivos e providos mediante concurso público.

A crítica que se faz a essa forma de provimento reside no fato de os referidos cargos destinarem-se a preenchimento através de indicação política. Independentemente de qualquer qualificação, são preferidos os que não têm a competência para preenchê-los. Claro que não se está pensando na boa prestação dos serviços nem no interesse público. Ao contrário, o que prevalece é o apadrinhamento nocivo, o coronelismo desmedido e superado e o protecionismo dos apaniguados.

Dir-se-á que o critério a ser seguido na proporção entre tais cargos e os de provimento efetivo se submete a juízo político. Ledo engano. O juízo é jurídico e decorre do todo da Constituição. Já se disse que a

9. Márcio Cammarosano, *Provimento de Cargos Públicos no Direito Brasileiro*, São Paulo, Ed. RT, p. 95.

10. *RTJ* 166/749.

11. *Provimento de Cargos Públicos no Direito Brasileiro*, p. 96.

Constituição não pode ser interpretada pela análise de apenas um de seus dispositivos. É ela um todo orgânico, de normas entrelaçadas, coerentes e compatíveis. Não pode conter antinomias. Aliás, têm-nas, mas de fácil solução pela harmonização das normas conflitantes.

Ademais, o único caminho para o provimento é o concurso público. Não se desconhece que, para determinados cargos, os de provimento em comissão ou em confiança são necessários. Em dadas situações, alguns cargos de grande relevância para o Estado não podem ser preenchidos apenas pelo critério profissional. O profissional, por mais qualificação que tenha, pode não contar com a confiança do superior. Deve ter discrição absoluta. Confiança irrestrita. Logo, não se nega a importância de tais servidores. No entanto, o profissional, na forma delineada acima é que deve ter preferência para ocupação de todos os postos de destaque. Não porque precisa da confiança do hierarca, mas porque está qualificado para tanto.

A leitura de *Coronelismo, enxada e voto*, de Victor Nunes Leal,[12] dá bem ideia de como era a situação dos servidores em épocas coloniais, no Brasil Império e no Brasil republicano dos primeiros tempos. Campeava o filhotismo, cuja outra face "é o mandonismo, que se manifesta na perseguição aos adversários: 'para os amigos pão, para os inimigos pau'".[13]

Em nota de rodapé lê-se: "o patrimonialismo das estruturas políticas locais sobreviveu e manifesta-se de maneira curiosa. Se uma pessoa vem a ocupar um posto de comando na organização político-administrativa, não é raro presenciar-se a ascensão de grande número de pessoas da 'terra dele'. Não só parentes de todos os graus, mas também amigos de infância, antigos colegas de trabalho, vizinhos, parentes e amigos desses vizinhos e amigos ocupam cargos 'de responsabilidade' ou de 'confiança' em torno do potentado. O chamado familiarismo e outras formas de nepotismo podem ser classificados como aspectos do patrimonialismo".[14]

Era o que prevalecia nos tempos do coronelismo. Durante a ditadura não se sabia o que acontecia, em face da censura, mas eram tempos difíceis e o funcionalismo era docilmente manipulado pelos donos de plantão, tais como o foram a Polícia e o Exército. Serviram não à população, mas aos dominantes.

12. Ed. Alfa-ômega, 1949, São Paulo.
13. Ob. cit., p. 39.
14. Ob. cit., pp. 43-44.

PROVIMENTO   123

Mantida a proporção equivocada e inconstitucional da proporção de cargos de provimento efetivo com os cargos em comissão remanescem pingos do coronelismo. Os cargos são providos por critérios de apadrinhamento político e não pelos mais capazes, o que gera injustiças em relação ao princípio da igualdade, mas também à boa prestação dos serviços.

Os tempos evoluíram, mas não mudaram na essência. O Partido que assume o governo trabalha junto com aqueles que o apoiaram. Montam verdadeira camarilha na Administração Pública. Assaltam os cargos e, na sequência, os cofres, com voracidade invejável.

O pretexto para a criação de cargos em comissão é sempre o mesmo: é imprescindível que haja pessoas que gozem da confiança do titular hierárquico, porque este necessita cercar-se de pessoas que lhe sejam próximas. Este será o vínculo com as deturpações que seguem. Normalmente, será o cabo eleitoral, aquele que fará de tudo para manter o chefe na mesma posição para não perder a sua. Servirá de capacho na estrutura organizacional, inclusive cooptando outros para que ingressem no esquema de corrupção. Todos só têm a se beneficiar de tal comportamento. Perde-se, então, o caráter, desmistifica-se a personalidade, corrompe-se o comportamento. O que vale é manter-se na posição a qualquer custo.

Primeiro o cargo; depois, o cofre. Quase se chega à ordem inversa. Mas, creio que ainda resta um pouco de pudor. Não muito...

Em suma: impõe-se a proporcionalidade entre os cargos de provimento em comissão com os efetivos. Supõe-se que cerca de 3% é um percentual bastante aceitável.

11.12 O ritual sagrado do cargo

Como me referi em *O Direito na Bíblia* a investidura é ato formal e estabelece um ritual para que o servidor se habilite a exercer sua atividade. "Quando o faraó quis investir José na autoridade pública, pôs o anel em sua mão (Gênesis, 41.32). É o ato de *investidura em cargo público*. Todos podem almejar ser servidores públicos. Somente o serão, no entanto, no Brasil de hoje, aqueles que prestarem concurso e, passando, sejam nomeados como agentes".[15]

Vê-se, pois, que há um ato solene para investir alguém para exercer o *munus*. A partir daí, deflagra-se um plexo de normas que fixam a

---

15. Regis Fernandes de Oliveira, *O Direito na Bíblia*, Ed. Bom Pastor, p. 18.

SERVIDORES PÚBLICOS

atribuição (funções) para que o agente possa pôr em prática sua competência. A explicitação desta ocorre através da prática de atos administrativos.

É importante que haja um ritual. A lei ou o costume criam alguns atos para dar relevo ao cargo. Ora é o uso de uma toga (magistrado) ou a beca (advogado e ministério público), a existência de cancela (no Tribunal do júri ou nas repartições públicas), entrada privativa, o uso de paletó, o uso de distintivos (deputados e senadores), o carro oficial, a linguagem etc. Tudo distingue o servidor de outros. Isso para dar respeitabilidade ao exercício da função.

Como diz Bourdieu, existe o rito da instituição a indicar a consagração da legitimação. Deixa-se de ser arbitrário e passa-se a ser legítimo. Daí por que a investidura consiste "em sancionar e em santificar uma diferença (preexistente ou não), fazendo-a *conhecer e reconhecer,* fazendo-a existir enquanto diferença social, conhecida e reconhecida pelo agente investido e pelos demais".[16]

Há, pois, a notificação que se opera socialmente de que aquele que se apresenta do lado de lá do balcão é alguém credenciado pelo Estado para agir em seu nome. É o representante da burocracia.

---

16. Pierre Bourdieu, *A economia das trocas linguísticas*, São Paulo, Edusp, 2ª ed., 2008, p. 99.

Capítulo 12
POSSE E EXERCÍCIO

12.1 Posse. 12.2 Exercício. 12.3 Plano de Desligamento Voluntário – PDV. 12.4 Vacância.

12.1 Posse

Uma vez aprovado em concurso público e apresentados os documentos que sejam exigidos, o candidato deve tomar posse. Esta é a investidura no cargo público. Dá-se pela assinatura em livro próprio, mediante termo, onde deverão constar as responsabilidades e direitos inerentes ao cargo. A falta de assinatura da autoridade competente não invalida o ato. Tendo se consumado a posse, somente se opera seu desfazimento mediante processo administrativo, com garantia de ampla defesa.[1]

O prazo é de 30 dias, contados da publicação do ato de provimento. Pode ocorrer posse mediante procuração. Exigível a declaração de bens e valores que constituem seu patrimônio. Não ocorrendo a posse no prazo fixado, torna-se sem efeito a nomeação. Depende a posse de exame médico. Em caso de urgência na posse, por falta de servidores, pode ser dispensado o exame médico, que fica para dia posterior; mas não se pode abrir mão da declaração de médico de que o servidor não sofre de moléstia infectocontagiosa. No ato de assunção podem ser exigidos documentos que a autoridade entender necessários e imprescindíveis. Nenhuma exigência ilegal pode ser feita, nem valer-se a autoridade de

---

1. *RT* 709/191.

126 SERVIDORES PÚBLICOS

protelações descabidas para obstar à posse. Em tal caso, cabe mandado de segurança para obrigá-la.

"A nomeação é ato de provimento de cargo, que se completa com a posse e o exercício. A investidura do servidor no cargo ocorre com a posse, que é *conditio juris* para o exercício da função pública, tanto mais que por ela se conferem ao funcionário ou ao agente político as prerrogativas, os direitos e deveres do cargo ou do mandato. Sem a posse o provimento não se completa, nem pode haver exercício da função pública. É a posse que marca o início dos direitos e deveres funcionais, como, também, gera as restrições, impedimentos e incompatibilidade para o desempenho de outros cargos, funções ou mandatos. Com a posse, o cargo fica provido e não poderá ser ocupado por outrem, mas o provimento só se completa com a entrada em exercício do nomeado, momento em que o servidor passa a desempenhar legalmente suas funções e adquire as vantagens do cargo e a contraprestação pecuniária devida pelo Poder Público."[2]

Se houve anterior condenação por crime contra o patrimônio, é admissível a recusa à posse, uma vez que pode haver exigência de boa conduta.[3]

12.2 Exercício

Exercício é o início do desempenho das atribuições que ao servidor foram estabelecidas. É o começo do trabalho. O prazo é de 15 dias, contados da posse. Não iniciando o exercício, será o servidor exonerado, tornando sem efeito o ato de nomeação. Toda a vida do servidor será lançada em assentamento individual, e na oportunidade do início apresentará todos os documentos necessários para identificação, conhecimento de sua vida pregressa e evolução funcional. Qualquer alteração funcional, seja transferência, promoção, mudança de sede, tudo deve ser lançado em tal assentamento. O início do exercício serve de termo *a quo* para contagem do prazo para aquisição da estabilidade. Inicia-se aí o período de estágio probatório, no qual terá que demonstrar ter condições para obtenção da estabilidade. A lei traça os requisitos para sua aquisição (art. 20 do Estatuto).

---

2. *RTJ* 164/293.

3. STJ, RMS 6.734-SP, rel. Min. Fernando Gonçalves, *DJU* 2.2.1998, p. 132.

POSSE E EXERCÍCIO   127

12.3   *Plano de Desligamento voluntário – PDV*

Pode a lei instituir o que se denomina Plano de Desligamento Voluntário (a Medida Provisória 2.147-28/2001 criou o Plano no âmbito federal). Diante das normas que limitam o gasto com pessoal, ficou a Administração Pública com problemas de gerenciamento orçamentário. Em determinadas condições, terá que exonerar. Logo, pode instituir o PDV, para manter em funcionamento a máquina e dispensar servidores que não mais têm interesse em prosseguir no cargo. O servidor recebe um montante em dinheiro e pede exoneração do serviço público.

Observe-se que não se pode aceitar plano que implique redução da jornada com diminuição dos vencimentos. Estes, como dispõe a Constituição, são irredutíveis (inciso XV do art. 37).

Trata-se de "uma oferta pública para a realização de um negócio jurídico, qual seja, a resilição ou distrato do contrato de trabalho no caso das relações regidas pela CLT, ou a exoneração, no caso dos servidores estatutários. O núcleo das condutas jurídicas relevantes aponta para a existência de um acordo de vontades para pôr fim à relação empregatícia, razão pela qual inexiste margem para o exercício de liberalidades por parte do empregador (...)".[4]

Os funcionários acordam entre si, segundo parâmetros racionais ou não, quais serão os demitidos voluntariamente. Normalmente, os funcionários homens, jovens, com pouco tempo de trabalho, sem família para sustentar, enfim, com condições que evidenciam maior chance de conseguir um novo trabalho, encabeçam a lista dos demitidos. Estes farão jus a uma verba paga a título de adesão ao PDV.

A doutrina majoritária entende que essa verba tem natureza jurídica de indenização, porque se destina à manutenção do mínimo vital do ex-funcionário, que terá de aderir ao sistema de seguridade social. A indenização é paga em uma única ocasião, com o objetivo de recompor o patrimônio do trabalhador dos prejuízos que este terá em razão da perda do emprego.

O STJ firmou entendimento no sentido de que "a indenização recebida pela adesão a programa de incentivo à demissão voluntária não está sujeita à incidência do imposto de renda".[5] A consequência imediata para o servidor que aderiu ao PDV é "a extinção do vínculo estatutário

4. STJ, EREsp 1057912-SP, rel. Min. Luiz Fux, 1ª seção, j. 23.2.2011.
5. Súmula 215 STJ.

128 SERVIDORES PÚBLICOS

fazendo desaparecer toda e qualquer vantagem adquirida pelo servidor. Nesse caso, eventual novo ingresso no serviço público por certo não dá ao servidor o direito de permanecer recebendo as gratificações e vantagens adquiridas, porquanto estas (...) desapareceram junto com o vínculo que este tinha com a administração".[6]

12.4 Vacância

Vacância é a situação em que fica o cargo, emprego ou função em decorrência da exoneração, demissão, aposentadoria ou falecimento do servidor. Pode decorrer, também do chamado provimento derivado, isto é, de situações internas que envolvam a saída do servidor do serviço público ou sua movimentação interna. O art. 33 do Estatuto dá as hipóteses em que ocorre a vacância.

Vacância, pois, não é ato administrativo. É decorrência de um ato administrativo que coloca a unidade funcional livre para novo provimento.

---

6. STJ, RMS 12.692-SC, rela. Min. Maria Thereza de Assis Moura, 6ª Turma, j. 22.11.2007.

Capítulo 13
INVESTIDURA E MANDATO ELETIVO

Ao servidor público é permitido o exercício de mandato eletivo. Pode ele candidatar-se; e, uma vez eleito, sofre restrições e tem alguns direitos. Eleito para mandato federal estadual ou distrital, "ficará afastado de seu cargo, emprego ou função" (inciso I do art. 38 da CF). No caso, as sessões são diárias, com realização de reuniões em Comissão e Plenário, além da representação política, o que toma, em serviço, todos os dias do mandatário. Impondo-se o afastamento, ocorre ele com prejuízo da remuneração. Passa o servidor a receber em decorrência do mandato, e, pois, não pode receber pelo seu cargo. No caso de servidor investido no mandato de Prefeito (inciso II do art. 38 da CF) outra é a solução jurídica. Cabe a opção pela sua remuneração. Evidente está que se o subsídio do Prefeito for maior que a remuneração recebida no serviço público, a opção será por aquele. A eclosão dos efeitos pecuniários ocorre a partir da posse. O Prefeito ou Vice-Prefeito não podem acumular.[1]

No caso de investidura em mandato de Vereador, "havendo compatibilidade de horários, perceberá as vantagens de seu cargo, emprego ou função, sem prejuízo da remuneração do cargo eletivo, e, não havendo compatibilidade, será aplicada a norma do inciso anterior" (inciso III do art. 38 da CF). O edil tem a possibilidade de acumular remuneração com subsídio, no caso de haver compatibilidade de horário. Normalmente isto ocorre em pequenos Municípios, onde as sessões da Câmara são realizadas apenas um dia na semana no período noturno, o que torna compatível a percepção cumulativa de vantagens.[2] De outro lado, nos

---

1. *RTJ* 166/749; ADI 143-4-CE, rel. Min. Carlos Velloso, *DJU* 30.3.2001, p. 809.

2. ADI 199-0-PE, rel. Min. Maurício Correa, *DJU* 7.8.1998, p. 19.

grandes Municípios a compatibilidade inexiste, uma vez que há dedicação diária do vereador na participação de comissões e sessões, bem como no atendimento à população. No entanto, a compatibilidade deverá ser apreciada pela própria Câmara e deliberada pela Mesa.

Em qualquer das hipóteses tratadas, é imprescindível que tudo se formalize em pedidos e em deferimentos.

No caso de afastamento obrigatório, o tempo de serviço "é contado para todos os efeitos legais, exceto para promoção por merecimento" (inciso IV do art. 38 da CF). O servidor no exercício de mandato eletivo não pode ser prejudicado em suas atribuições e direitos funcionais. Logo, o tempo de serviço é contado para todos os efeitos, à exceção da promoção por merecimento. Esta decorre de aferição do desempenho funcional. Como aquilatar a boa prestação de serviços se o servidor está afastado?

No tocante à parte previdenciária, no caso de afastamento, "os valores serão determinados como se no exercício estivesse" (inciso V do art. 38). Como os benefícios previdenciários dizem respeito ao futuro do servidor, na inativa, evidente está que não pode ele sofrer qualquer prejuízo. Deve, no entanto, haver o recolhimento da contribuição, uma vez que a aposentadoria apenas pode ser adquirida, agora, mediante comprovação do recolhimento da contribuição, e não mais em mera decorrência do tempo de serviço.

Capítulo 14
REGIME PREVIDENCIÁRIO

14.1 Aposentadoria. 14.2 Reforma constitucional e direitos adquiridos: 14.2.1 Contribuição dos inativos. 14.2.2 Aposentadorias especiais. 14.3 Proventos: 14.3.1 Proventos integrais. 14.4 Previdência complementar: 14.4.1 Opção por regime. 14.5 Aposentadoria por invalidez permanente. 14.6 Aposentadoria compulsória. 14.7 Aposentadoria voluntária. 14.8 Aposentadoria de professor. 14.9 Pensão e isonomia com proventos. 14.10 Revisão de proventos e pensões.

14.1 Aposentadoria

A aposentadoria decorre do implemento de condição temporal, de invalidez ou em decorrência do tempo de contribuição. Como já definimos, "aposentadoria é a prerrogativa da inatividade remunerada, com o desligamento definitivo do exercício do cargo, tendo em vista o tempo de serviço prestado ao Estado ou a incapacidade para o exercício das funções com a continuidade da percepção do estipêndio".[1] Pode ser compulsória ou voluntária.

A grande alteração introduzida pela EC 20, de 15.12.1998 foi a alteração do regime de tempo de serviço para o de contribuição. Anteriormente, bastava a demonstração do efetivo exercício; agora, há que ter prova inequívoca da contribuição.

A EC 41/2003 estabeleceu o caráter contributivo e solidário, "mediante contribuição do respectivo ente público, dos servidores ativos e inativos e dos pensionistas, observados critérios que preservem o equi-

---

1. Regis Fernandes de Oliveira, *O Funcionário Estadual e seu Estatuto*, Max Limonad, 1975.

132 SERVIDORES PÚBLICOS

líbrio financeiro e atuarial e o disposto neste artigo" (redação dada ao art. 40 da Constituição). O ente público, obrigatoriamente, passa a ser contribuinte do sistema, o que não estava previsto na redação anterior do dispositivo. A solidariedade pressupõe que não haverá plano de aposentadoria individual, como no Chile, em que cada servidor faz a sua aposentadoria, em conta individual. Solidariedade pressupõe a contribuição de todos para suportar a aposentadoria de cada um, acrescida, agora, com a contribuição do ente público.

14.2 Reforma constitucional e direitos adquiridos

O art. 3º da EC 20/1998 assegurou, expressamente, os direitos adquiridos, preservando a percepção dos proventos em termos integrais ou proporcionais de todos que já tivessem completado tempo para o exercício de obtenção da aposentadoria, tenham-no exercido ou não (§ 2º). O § 3º do mesmo dispositivo afirma que "são mantidos todos os direitos e garantias assegurados nas disposições constitucionais vigentes à data de publicação desta Emenda aos servidores e militares, inativos e pensionistas, aos anistiados e aos ex-combatentes, assim como àqueles que já cumpriram, até aquela data, os requisitos para usufruírem tais direitos, observado o disposto no art. 37, XI, da Constituição Federal". O mesmo sucedeu com o art. 3º da EC 41/2003.

O ato de aposentadoria é um ato jurídico perfeito, ou seja, editado de acordo com as regras jurídicas vigentes e, pois, tanto quanto o direito adquirido, está imunizado contra qualquer alteração constitucional futura.

Evidente está que são preservados os direitos adquiridos, isto é, o servidor que já tenha completado o tempo de serviço sob a égide da lei anterior, incorporou a seu patrimônio o direito à aposentação de acordo com o regime anterior. Nada lhe pode ser retirado, à luz da garantia constitucional prevista no inciso IV do § 4º do art. 60, que cuida das cláusulas pétreas. É que o inciso XXXI do art. 5º assegura a inviolabilidade do direito adquirido, ainda que por lei superveniente. Pode-se argumentar que a imunidade a alterações apenas decorre da lei e não contra texto constitucional. Em verdade, a imunidade subsiste diante do constituinte derivado, que tem poderes bem menores que o constituinte originário. Logo, os direitos adquiridos devem ser respeitados contra qualquer alteração, ainda que constitucional.

É que a redação do texto constitucional inadmite interpretação diferente. Demais, o Poder constituinte derivado esbarra no ato jurídico

REGIME PREVIDENCIÁRIO 133

perfeito (ato que concedeu a aposentadoria, de acordo com a lei vigente) e, pois, seu poder de reforma é limitado.

Em suma, a alteração operada pela EC 20/1998 estabeleceu o regime previdenciário de caráter contributivo, assegurado o equilíbrio atuarial. O regime aplica-se às autarquias e fundações (art. 40). De outro lado, discute-se se o mero ingresso no serviço público já assegura o caráter definitivo do relacionamento funcional. O ingresso no funcionalismo público opera-se por ato de sujeição a um Estatuto – isto é, o servidor recebe, pronto, um plexo e normas que vai disciplinar sua vida no interior da Administração Pública. Tal fato não lhe dá direito à imutabilidade das regras estatutárias então vigentes. Nem a isso se obrigou a Administração. Como alteráveis são os interesses públicos, mutável é o vínculo que une servidor e Administração. Imaginemos que o Estatuto estabeleça a vedação de transferência do agente para outro Município.

Sobrevindo interesse no sentido de que haja a transferência da sede de prestação dos serviços, nada impede que haja alteração estatutária (logo, da lei), para permitir tal conduta ao Poder Público. O vínculo é, pois, alterável, desde que não agrida ou hostilize direitos consolidados (adquiridos). O interesse maior da Administração Pública não pode ficar subordinado a interesses dos servidores. O bem jurídico protegido da coletividade merece a maior proteção jurídica por parte da lei. É o que Celso Antônio denomina de *prevalência dos interesses públicos sobre os particulares*.[2] Pode-se dizer que o interesse público é diferente da soma dos interesses individuais. Ocasionalmente, ambos podem estar em campos contrapostos. Por vezes coincidem. Pode a Constituição alterar o regime previdenciário, respeitados os direitos adquiridos, impondo novas obrigações ao funcionalismo, aumentando o tempo de aquisição da aposentadoria, exigindo outras contribuições etc. O que deverá suceder normalmente, será uma regra de transição que atenda a situações de servidores que já possuem tempo de serviço, enquanto poderá haver alteração substancial do regime (misto público e privado, com limite de pagamento de proventos e pensões) para os futuros integrantes dos quadros do funcionalismo.

Pode-se dizer que a fixação de teto, estabelecido pela EC 41/2003 tem o condão de impor restrições aos vencimentos que vinham sendo recebidos, seja pelos ativos, seja pelos aposentados?

---

2. Celso Antônio Bandeira de Mello, *Curso de Direito Administrativo*, 31ª ed., São Paulo, Malheiros Editores, 2014, p. 96.

134 SERVIDORES PÚBLICOS

Em notável interpretação, o Supremo Tribunal Federal, pela caneta do Min. Néri da Silveira, entendeu ser possível a fixação do teto, mas, de outro lado, há o "direito adquirido, como valor fundamental integrante do núcleo essencial identificador da Constituição, a ponto de ressalvar sua não incidência, em norma expressa, da qual emerge nítido o caráter de excepcionalidade, ao determinar-se que não seria invocável na hipótese concretamente definida".[3]

O teto pode ser aplicado em duas hipóteses: a) aos casos anteriores, isto é, dos que já vinham recebendo, legalmente, acima do teto ou b) às hipóteses de percepção ilegal de vencimentos.

Evidente que no caso da letra "b", inexistiria qualquer amparo jurídico a sustentar sua continuidade. No caso da letra "a", no entanto, relevantes razões sobrelevam para a incidência apenas a partir de casos futuros. Aos atuais servidores da ativa ou aposentados que estejam recebendo dentro da lei, isto é, cujos aumentos de vencimentos tenham provindo de lei formal e em decorrência de reajustes plenamente constitucionais, não há como se aplicar *ex tunc* a norma constitucional superveniente. Parece, também, que é imperiosa a exclusão, do teto remuneratório, das parcelas representativas de adicionais adquiridos.

Um dos princípios basilares do sistema jurídico é o da segurança jurídica,[4] o que leva a uma interpretação do comando constitucional do seguinte modo: a partir da EC 41/2003 ninguém pode perceber mais do que Ministro do Supremo Tribunal Federal, *salvo os que já recebiam*. Nem por outro motivo é que Almiro do Couto e Silva afirma que "a dificuldade no desempenho da atividade jurídica consiste muitas vezes em saber o exato ponto em que certos princípios deixam de ser aplicáveis, cedendo lugar a outros. Não são raras as ocasiões em que, por essa ignorância, as soluções propostas para problemas jurídicos têm, como diz Bernard Schwartz, 'toda a beleza da lógica e toda a hediondez da iniquidade'".[5]

Há que se distinguir o direito adquirido do direito constitucionalmente adquirido, na feliz lição de Diogo Figueiredo Moreira Neto.[6] Na

3. José Néri da Silveira, "A reforma constitucional e o controle de sua constitucionalidade", *Ajuris* 64/209-210.

4. Almiro do Couto e Silva, "Princípios da legalidade da administração pública e da segurança jurídica no Estado de Direito *Contemporâneo*", *RPGE*, v. 27, 57/11-31, Porto Alegre 2004.

5. Idem, Ibidem, p. 62.

6. Diogo de Figueiredo Moreira Neto, "Teto remuneratório (Notas sobre a aplicação do teto remuneratório instituído pela Emenda Constitucional n. 19/98)", *Revista do MP do Rio de Janeiro* 15/95.

REGIME PREVIDENCIÁRIO 135

esteira de seu ensinamento, pode-se dizer que há o direito que completou seu ciclo de formação, sob a égide do regime constitucional vigente e que cola, "gruda", tornando-se irretirável de seu titular, ainda que seja por norma constitucional advinda do poder reformador.

Não há como, sobrevinda a EC 41/2003, permitir que o administrador, integrante de qualquer dos Poderes, invada a esfera íntima do servidor de qualquer qualificação, reduzindo seus vencimentos.

A norma constitucional ao fixar o teto, apenas produz efeitos a partir de sua vigência, não alcançando situações legalmente consolidadas. Observe-se que a não admissão à invocação do direito adquirido, com respaldo no art. 17 do ADCT, outro condão não tem do que impedir que, no futuro, venham a existir hipóteses que ultrapassem o teto fixado. Não há, no entanto, como desfazer incorporações legítimas e legais, de forma a alcançá-las imediatamente.

Comentando o direito adquirido, Celso Antônio leciona que "Emenda alguma poderia ou pode reduzir vencimentos, pois se o fizesse, agrediria *direitos individuais* que os servidores públicos, como quaisquer outros cidadãos, têm garantidos pela Constituição. Entre estes direitos está o do *direito adquirido*, previsto no art. 5º, XXXVI, da Constituição Federal – no caso, aos vencimentos que ora percebem. Acresce que – e isto é de suma relevância – a *irredutibilidade* de vencimentos, que o art. 37, XV, antes do 'Emendão', lhes assegurava em termos diversos dos atuais, é, em si mesma, um direito e uma garantia individual que assistem a cada um dos servidores públicos que dela desfrutavam antes de seu advento".[7] E prossegue: "Também não é de admitir, como de resto já se disse (...) que este resultado seja alcançado pelo expediente, aparentemente astuto, adotado no art. 9º da Emenda 41. Nele se declara que o art. 17 do Ato das Disposições Constitucionais Transitórias da Constituição aplicar-se-ia a todas as modalidades de retribuição dos servidores da administração direta, autárquica e fundacional, bem assim aos agentes políticos em geral, tanto como a proventos de aposentadoria e pensões. A solução é juridicamente incabível, pois o art. 17 remetia a um texto distinto do que viria a ser implantado pela Emenda 19 e do que foi posteriormente implantado pela Emenda 41. Logo, não se lhe pode dar o alcance pretendido, pois isto implicaria pretender colher dele a força constituinte, mas com um alcance descoincidente com a que nele residia. Dito de outro modo: fazê-lo, corresponderia a outorgar, hoje, com base

7. Celso Antônio Bandeira de Mello, *Curso de Direito Administrativo*, 31ª ed., cit., p. 338.

136 SERVIDORES PÚBLICOS

em uma simples Emenda, força constituinte a uma norma que nela reside e não na Constituição. Acresce que o art. 17 estava reportado a um texto que foi revogado pela Emenda 19 e que, de seu turno, também foi revogado pela Emenda 41, de tal sorte que não mais existem como termos de referência no universo jurídico".[8]

14.2.1 Contribuição dos inativos

Com a redação dada pela EC 41/2003 ao art. 40 da Constituição, passa a existir a contribuição dos inativos, expressamente instituída pelo art. 4º da mesma Emenda.

É possível a cobrança de contribuição previdenciária de aposentados e pensionistas? Seria possível tal exigência mediante reforma constitucional?

Parece-nos que não, uma vez que os direitos já estão consolidados. Quando da aposentadoria, o servidor assenta-se em situação jurídica definitivamente consolidada, imutável, mesmo pelo Constituinte derivado. É que a redação do texto constitucional não admite interpretação diferente. Demais, o Poder Constituinte derivado esbarra no ato jurídico perfeito (ato que concedeu a aposentadoria, de acordo com a lei vigente) e, pois, seu poder de reforma é limitado.

O STF entendeu de sua inadmissibilidade.[9]

Celso Antônio ao rebater, vivamente, os limites do constituinte derivado, assevera que o direito adquirido prevalece no caso dos aposentados e respectivos proventos. Não há, pois, como se alterar a situação jurídica dos servidores aposentados que completaram o tempo de serviço (adquiram o direito de se aposentarem de acordo com a regra então vigente) e, exercendo ou não o direito à aposentadoria, não contribuíam para a previdência social. Nada, nem ninguém, pode investir contra sua intimidade jurídica. O Supremo Tribunal Federal, bem como todas as instâncias judiciais, hão de amparar as pretensões daqueles que se irão defender da sanha de cobrança do Poder Público. Más gestões seguidas, empréstimos não pagos dos cofres da previdência, corrupção, desmandos de toda ordem, desvios de recursos para outras finalidades, levaram à insolvência a estrutura de amparo ao servidor. Logo, não há como se alterar o sistema, para prejudicar o servidor que já tem direito adquirido

8. Idem, ibidem., pp. 338-339.
9. STF, ADI 2.176-RJ, rel. Min. Sepúlveda Pertence, *Informativo* 188; *RT* 782/181.

REGIME PREVIDENCIÁRIO 137

de manter sua situação atual. Os futuros servidores poderão ser atingidos pela alteração constitucional. Jamais os atuais.

De outro lado, a contribuição, por constituir um tributo com destinação específica, somente pode ser exigida para alguma finalidade. Como exigir contribuição para a aposentadoria, se o agente já é inativo? É rematado absurdo.

Atente-se que a contribuição previdenciária apenas incide, para os inativos e pensionistas dos Estados, Distrito Federal e Municípios, sobre 50% do que supere o limite máximo do regime geral da previdência social. A saber, até tal limite há isenção. A partir daí, há a incidência da contribuição. Em relação aos servidores da União, a isenção alcança 60% do limite. Os percentuais referem-se ao limite máximo dos benefícios pagos pelo regime geral da previdência, tal como fixado pelo art. 5º da EC 41/2003, preservando, em caráter permanente, seu valor real, conforme o que dispõe a parte final do art. 5º mencionado.

14.2.2 Aposentadorias especiais

Com o advento da Emenda Constitucional 47/2005, o § 4º do art. 40 da CF ganhou nova redação que dispõe: "é vedada a adoção de requisitos e critérios diferenciados para a concessão de aposentadoria aos abrangidos pelo regime de que trata este artigo, *ressalvados, nos termos definidos em leis complementares*, os casos de servidores: I – portadores de deficiência; II – que exerçam atividade de risco; III – cujas atividades sejam exercidas sob condições especiais que prejudiquem a saúde ou a integridade física" (grifamos).

O STF decidiu que, "diante da existência de omissão legislativa no tocante à regulamentação do disposto no art. 40, § 4º, da Constituição, o Tribunal de Justiça de São Paulo concedeu mandado de injunção, com efeito *erga omnes*, entendendo que, ante a ausência de disciplina específica na legislação infraconstitucional sobre a aposentadoria especial do servidor público sujeito a condições especiais de trabalho, a omissão deverá ser suprida mediante aplicação do art. 57, § 1º, da Lei 8.213/91, que trata do plano de benefício dos trabalhadores vinculados ao Regime Geral de Previdência Social-RGPS. 2. Dada a resistência da Administração em processar o pedido do benefício, reúnem-se as condições para a propositura de ação ordinária. 3. A aplicação subsidiária da Lei 8.213/91 é reconhecida pela jurisprudência do Supremo Tribunal Federal".[10]

10. ARE 726.309 AgR, rel. Min. Teori Zavascki, 2ª Turma, j. 11.2.2014, *DJ-e* 40, 25.2.2014.

138 SERVIDORES PÚBLICOS

14.3 Proventos

O servidor que completa o período aquisitivo da aposentadoria, passa a receber *proventos,* ou seja, a retribuição pecuniária devida ao aposentado. Pode ser proporcional ou integral.

14.3.1 Proventos integrais

Para o cálculo dos proventos da aposentadoria, quando da concessão, "serão consideradas as remunerações utilizadas como base para as contribuições do servidor aos regimes de previdência de que tratam este artigo e o art. 201, na forma da lei" (§ 3º do art. 40). Este dispositivo tem dado margem a muita discussão entre os especialistas e os que não entendem do assunto, fazendo-o, estes, de forma demagógica. O dispositivo constitucional, instituiu novo comando unificador, isto é, alcança os submetidos ao regime geral da previdência, que são os empregados, submetidos a vínculo celetista.

O ideal é que todos recebam proventos integrais. O problema que se apresenta, em verdade, é falso, ou seja, é a imprescindível e necessária elevação da contribuição do servidor ou do empregado e a efetiva contribuição por parte do Estado ou do empregador. O aumento do período aquisitivo também pode ser aceito. O que não tem sentido é colocar todos sob um único regime, quando o vínculo de prestação dos serviços é absolutamente desigual. O que não tem sentido, como tem sido feito até agora, é aposentar-se alguém com proventos integrais, sem que tenha contribuído para isso. Aí está o equívoco. Nenhum sentido tem que toda a sociedade suporte o pagamento de aposentadorias privilegiadas. Em verdade, deve haver o equilíbrio atuarial, isto é, o servidor ou o empregado efetua o pagamento da contribuição que, como se disse, deve ser aumentada, e, em contrapartida, quando implementado o tempo para aposentação, recebe aquele valor que foi acumulado ao longo do período, em parcelas mensais, até o falecimento. Aí o sistema subsiste.

Uma das alternativas que tem sido cogitada é a prevista no direito chileno em que se fixa um teto para todos, e abre-se a alternativa para a previdência particular ou complementar, seja através de entidades particulares, seja através dos denominados Fundos.

Em verdade, pode haver melhoria na sistematização e ninguém pode ganhar mais do que aquilo com que contribuiu (contadas as parcelas devidas pelo servidor ou empregado e as pagas pelo Estado ou empregador). Se isso ocorrer, quebra-se o sistema. Este, como diz o texto

REGIME PREVIDENCIÁRIO

constitucional, deve preservar o equilíbrio financeiro e atuarial (art. 40, *caput*).

Logo, impõe-se alteração do regime, sem quebra dos direitos adquiridos e seguindo-se a orientação da própria Constituição, ou seja, preservado o equilíbrio financeiro e atuarial.

Os servidores públicos, por ora, têm assegurada a integralidade da remuneração. Hoje, não há discussão: aposentando-se o servidor, tem ele direito ao recebimento da totalidade dos vencimentos.

O Supremo Tribunal Federal já entendeu que pode haver melhoria da remuneração dos servidores em atividade, sem que implique "a permanente e absoluta paridade entre proventos e vencimentos, dado que nos últimos [*em atividade*] se podem incluir vantagens pecuniárias que, por sua natureza, só podem ser atribuídas ao serviço ativo".[11] Evidente que a solução depende da hipótese. O que não se pode aceitar é a diminuição dos direitos do servidor inativo em relação a seu paradigma na atividade.

14.4 Previdência complementar

Os entes federativos que instituam regime de previdência complementar para os titulares de cargos efetivos, "poderão fixar, para o valor das aposentadorias e pensões a serem concedidas pelo regime de que trata este artigo, o limite máximo estabelecido para os benefícios do regime geral de previdência social de que trata o art. 201" (§ 14 do art. 40). Cabe à lei fixar o limite máximo, atendidos os requisitos e determinações do art. 201.

O regime de previdência complementar está ao largo do regime previdenciário dos servidores públicos. O regime de caráter contributivo é *obrigatório*. As unidades federadas poderão, no entanto, instituir regime de previdência complementar, sob a forma de fundação ou de sociedade civil sem fins lucrativos.

Segundo o § 15 do art. 40 da CF, "o regime de previdência complementar de que trata o § 14 será instituído por lei de iniciativa do respectivo Poder Executivo, observado o disposto no art. 202 e seus parágrafos, no que couber, por intermédio de entidades fechadas de previdência complementar, de natureza pública, que oferecerão aos respectivos par-

---

11. ADI 575-8-PI, rel. Min. Sepúlveda Pertence, *DJU* 25.6.1999.

140   SERVIDORES PÚBLICOS

ticipantes planos de benefícios somente na modalidade de contribuição definida".

Sobreveio, em cumprimento ao dispositivo constitucional, a Lei 12.618, de 30.4.2012, que instituiu "o regime de previdência complementar para os servidores públicos federais titulares de cargo efetivo, inclusive os membros dos órgãos que menciona; fixa o limite máximo para a concessão de aposentadorias e pensões pelo regime de previdência de que trata o art. 40 da Constituição Federal; autoriza a criação de 3 (três) entidades fechadas de previdência complementar, denominadas Fundação de Previdência Complementar do Servidor Público Federal do Poder Executivo (Funpresp-Exe), Fundação de Previdência Complementar do Servidor Público Federal do Poder Legislativo (Funpresp-Leg) e Fundação de Previdência Complementar do Servidor Público Federal do Poder Judiciário (Funpresp-Jud)". A lei se destina aos "servidores públicos titulares de cargo efetivo da União, suas autarquias e fundações, inclusive para os membros do Poder Judiciário, do Ministério Público da União e do Tribunal de Contas da União".

Atente-se que somente os servidores efetivos é que poderão participar da previdência opcional. De outro lado, a opção é dada apenas aos servidores que tiverem "ingressado no serviço público até a data da publicação do ato de instituição do correspondente regime de previdência complementar" (parte final do § 16 do art. 40). Os que ingressarem posteriormente ao ato da instituição sujeitar-se-ão ao novo regime.

No dizer de Maria Sylvia, "a ideia é de que a previdência social, como encargo do Poder Público, remanesça apenas para cobrir os benefícios limitados a esse valor, ficando para a previdência complementar a cobertura de valores maiores".[12]

Parece-nos que a EC 20/1998 pretendeu efetuar um corte no sistema previdenciário estatal. Para os que ingressaram no serviço público até a instituição do regime complementar incidem todas as normas constitucionais e todos os benefícios previstos na Constituição. Aos demais, após a instituição, sujeitam-se a novo sistema; os antigos servidores, podem por ele optar.

A partir daí, nasce um novo sistema, com limite máximo de benefício. Nem por isso deixa o regime de ser público, uma vez que quem irá instituí-lo é o Poder Público, a ele cabendo fixar as normas gerais. Dependendo da lei, caberá ao Poder Público aportar recursos, na forma de patrocinador do sistema. Caberá, enfim, à lei estabelecer os direitos e

---

12. *Direito Administrativo*, cit., p. 476, item 13.4.7.4.

REGIME PREVIDENCIÁRIO

obrigações de cada qual, forma de contribuição, aporte de recursos por parte do Poder Público, forma de direção do sistema, recursos etc.

O dispositivo legal não se estende aos servidores estaduais, municipais e do Distrito Federal, que poderão manter seus regimes previdenciários atuais sem nenhum problema.

A lei referida foi regulamentada pelas normas ora mencionadas: a FUNPRESP-Exe pelo Decreto 7.808, de 25.9.2012; a FUNPRESP-Jud, pela Resolução 496, do STF, de 26.10.2012; e pelo Ato 74, da Mesa da Câmara dos Deputados, o Poder Legislativo Federal firmou convênio de adesão ao FUNPRESP-Exe, nos termos do art. 5º do Decreto 7.808/2012.

A lei veio em boa hora. No entanto, atinge o lado mais atraente do serviço público: a garantia de aposentadoria integral, ao contrário dos trabalhadores da iniciativa privada. Com as novas regras, para ganhar acima do teto do Instituto Nacional do Seguro Social (INSS), será necessário contribuir para a FUNPRESP, pagando um plano de previdência à parte.

O fundo será estruturado na forma de fundação, com personalidade de direito privado, e contará com um conselho deliberativo, um conselho fiscal e uma diretoria-executiva, todos nomeados pelo Presidente da República. Para iniciar suas atividades, a União fará um aporte financeiro no valor de até 50 milhões de reais para o fundo do Executivo e de 25 milhões, cada um, para os fundos do Legislativo e do Judiciário, como adiantamento de contribuições futuras.

As fundações públicas têm personalidade jurídica de direito privado, sem fins lucrativos, e serão obrigadas a realizar licitação e concurso público para contratação de pessoal. Deverão seguir os princípios e preceitos constitucionais.

Quem mudar de cargo, sem quebra de vínculo funcional, continua sob a vigência do regime que vigorava a época do ingresso no serviço público. Quem mudar de esfera, como não poderá declarar vacância do cargo anterior, entra compulsoriamente para o FUNPRESP. Quem mudar apenas de poder – na vigência do novo regime – poderá fazer a portabilidade e, com isso, levar os recursos e os benefícios para o novo fundo.

Nos termos da nova Lei, o servidor público admitido após 4.2.2013 passará a contribuir para o RPPS com 11% até o teto do RGPS, e não mais sobre o total de sua remuneração, como acontecia na regra anterior. E, na ocasião de sua aposentadoria, perceberá o benefício pelo RPPS com valor limitado ao teto do RGPS.

Vale ressaltar que, a adesão é uma decisão pessoal de cada servidor, sendo importante observar que os servidores que ingressaram no serviço público federal a partir de 4.2.2013 e os servidores que já estavam em atividade (servidores mais antigos que eventualmente optarem por aderir ao novo regime previdenciário) ficarão sujeitos ao teto de benefícios de valor idêntico ao do RGPS. O servidor que participar do plano de benefício da FUNPRESP poderá acumular recursos para sua aposentadoria, recebendo dois benefícios previdenciários: um de regime próprio da União (que se limita ao teto de RGPS) e outro proveniente do regime de previdência complementar (RPC).

O servidor inscrito nesse plano e que tiver remuneração acima do teto da Previdência realizará uma contribuição complementar sobre a parcela que exceder ao teto do RGPS, em alíquota de livre escolha, entre os percentuais de 7,5%, 8% ou 8,5%, com a contrapartida paritária da União, até o limite de 8,5%, na modalidade de Contribuinte Ativo Normal.

Os servidores que perceberem remuneração inferior ao teto do RGPS também poderão aderir ao plano de benefícios de previdência complementar, mas não receberão a contrapartida da União, sendo classificados como Contribuintes Ativos Alternativos.

Conforme previsto na Lei 12.618/2012, foi dado, aos servidores que ingressaram no serviço público antes da vigência da atual regra, o prazo de 24 meses para migrar para o novo regime de previdência com a vantagem do benefício especial ou puderam continuar sujeitos ao regime antigo. Caso tenham permanecido no antigo regime, poderiam, ainda, optar por aplicar no plano de benefícios da FUNPRESP, na qualidade de investidor, sem contrapartida do patrocinador, classificados como contribuintes alternativos. Ressalta-se que a transposição do regime previdenciário antigo para regra atual será regulamentada por meio de decreto.

É importante salientar que, o servidor também poderá optar por incluir em sua base de contribuição parcelas percebidas em decorrência do local de trabalho, do exercício de cargos em comissão ou função de confiança.

Acredita-se que, com essa sistemática, a Previdência Pública passará a ter regras semelhantes para todos os brasileiros e uma Previdência complementar, para quem pretender receber um benefício maior na aposentadoria.

Outro efeito positivo das novas regras é a contribuição para a diminuição do déficit da Previdência da União, hoje, em 50 bilhões. Os gastos previdenciários no Brasil somam 11% do PIB, sendo 7% destinados ao INSS e 4% para o funcionalismo público.

É importante ressaltar que não houve nenhuma mudança no Regime Jurídico do Servidor e uma das principais vantagens do cargo público não foi tocada: a garantia da estabilidade no serviço público, após os três anos do estágio probatório.

14.4.1 Opção por regime

Preservados ficaram os direitos dos servidores que estavam exercendo suas atividades quando do advento EC 20/1998, uma vez que a nova regra do sistema complementar apenas pode ser a eles aplicada mediante expressa opção e quando do advento do "ato de instituição do correspondente regime de previdência complementar". Aos demais servidores, pois, a regra de incidência é obrigatória, não cabendo direito de opção.

14.5 Aposentadoria por invalidez permanente

A aposentadoria, como se viu, pode ocorrer de algumas formas. Uma delas diz respeito à aposentadoria por *invalidez permanente*. O fato físico ou mental perturbador da normalidade psicossomática deve ser impeditivo da normal prestação de serviços. Diante de tal circunstância, submete-se o servidor a exame médico e, comprovada a invalidez permanente, ocorre a aposentação. O servidor fica afastado pelo período máximo de 24 meses; terminado tal período, abrem-se as seguintes alternativas: (a) ou tem ele condições de ser readaptado em cargo compatível com sua nova situação física ou, não a tendo, (b) é ele aposentado.

Cumpre salientar que, a EC 70, de 29.3.2012, acrescentou o art. 6º-A à EC 41/2003, para estabelecer critérios para o cálculo e a correção dos proventos da aposentadoria por invalidez dos servidores públicos que ingressaram no serviço público até a data da publicação daquela Emenda Constitucional.

Conforme dispõe esse art. 6º-A, o servidor da União, dos Estados, do Distrito Federal e dos Municípios, incluídas suas autarquias e fundações, que tenha ingressado no serviço público até a data de publicação da referida Emenda Constitucional, e que tenha se aposentado ou venha a se aposentar por invalidez permanente, com fundamento no inciso I do § 1º do art. 40 da Constituição Federal, tem direito a proventos de aposentadoria calculados com base na remuneração do cargo efetivo em que se

144　SERVIDORES PÚBLICOS

der a aposentadoria, na forma da lei, não sendo aplicáveis as disposições constantes dos §§ 3º, 8º e 17 do art. 40 da Constituição.

Nota-se que, apenas os servidores da União, dos Estados, do Distrito Federal e dos Municípios, incluídas suas autarquias e fundações, que tenham ingressado no serviço público até 31.12.2003, data de publicação da EC 41, são beneficiados com a EC 70/2012.

É importante esclarecer que o trecho da lei que prevê "direito a proventos de aposentadoria calculados com base na remuneração do cargo efetivo em que se der a aposentadoria" não significa garantir aposentadoria integral para todos os aposentados por invalidez. A Lei diz, apenas, que a remuneração do cargo efetivo servirá de base para o cálculo dos proventos. Tanto é assim que, o art. 40, § 3º, da CF, com a redação dada pela EC 20/1998, tinha redação semelhante e havia as duas formas de aposentadoria por invalidez, proporcional e integral.

Faltou dizer que, os proventos integrais seriam apenas nos casos de acidente em serviço, moléstia profissional ou doença grave, contagiosa ou incurável, para fixar "na forma da lei". E todas as leis, não só a federal (Lei 8.112/90), como as estaduais e municipais, preveem proventos integrais somente nesses casos. Aliás, a própria Constituição Federal, no art. 40, redação original e demais alterações, também tem previsão idêntica.

Chama a atenção, a previsão de extensão da paridade aos pensionistas das pensões decorrentes das aposentadorias por invalidez, vigentes e futuras, concedidas a partir de 1.1.2004, a servidores que tenham ingressado antes daquela data – ou seja: as pensões decorrentes de aposentadorias que foram ou seriam concedidas pela média das contribuições, por força EC 41/2003, estarão sujeitas aos reajustes dos servidores em atividade.

A meu ver, a concessão de regras especiais para aposentados por invalidez é justa pela condição dos beneficiados; no entanto, a Lei exagera ao estender tais privilégios aos dependentes destes. Não é razoável que um pensionista dependente de aposentado por invalidez e, beneficiado pela EC 70/2012, tenha mais direitos que um aposentado por invalidez antes de 2004, ou por um aposentado por tempo de contribuição.

O art. 2º da referida Emenda fixou um prazo de 180 dias, a contar de 30.3.2012, para que as aposentadorias e as pensões delas decorrentes, calculadas pela média, fossem recalculadas com base na remuneração do cargo efetivo do servidor. Portanto, o prazo expirou em 26.9.2012.

Determina, ainda, que tais aposentadorias, concedidas a partir de 1º de janeiro de 2004, sejam revistas com base na redação dada ao § 1º do

REGIME PREVIDENCIÁRIO 145

art. 40 da Constituição pela EC 20/1998, ou seja, "os servidores abrangidos pelo regime de previdência de que trata este artigo serão aposentados, calculados os seus proventos a partir dos valores fixados na forma do § 3º: I – por invalidez permanente, sendo os proventos proporcionais ao tempo de contribuição, exceto se decorrente de acidente em serviço, moléstia profissional ou doença grave, contagiosa ou incurável, especificadas em lei (...)."

Portanto, se restava alguma dúvida com a redação do art. 1º em relação à permanência da aposentadoria por invalidez com proventos proporcionais, é sepultada com o art. 2º.

Quanto às pensões, somente devem ser revistas, e beneficiadas com a paridade, as decorrentes de aposentadorias que foram ou seriam concedidas pela média das contribuições, por força de EC 41/2003, e que os instituidores tenham ingressado no serviço público até 31.12.2003.

Logo, se o servidor se aposentou até 31.12.2003, com proventos integrais ou proporcionais e paridade, e faleceu em qualquer data a partir de 1º.1.2004, não haverá paridade ou qualquer revisão a ser feita no cálculo da pensão.

Cabe ressaltar que, a parte final deste artigo estabelece que a revisão das aposentadorias tenha "efeitos financeiros a partir da data de promulgação desta Emenda Constitucional". Portanto, não haverá pagamento retroativo de diferenças entre um cálculo e outro, mas, sim, das diferenças a partir de 30.3.2012 até a data da efetiva revisão.

No caso de acidente em serviço ou de moléstia profissional ou doença grave, contagiosa ou incurável, especificada em lei os proventos são integrais. O acidente de serviço deve ter a devida demonstração de ter ocorrido em razão de sua prestação e a moléstia profissional ou doença grave, contagiosa ou incurável, deve ter previsão normativa e impeditiva, em qualquer caso, da prestação de serviços e inviabilizar a readaptação. Nestes casos, irrelevante o tempo de contribuição, pois integrais serão os proventos.

Nos demais casos, quando não se cuida de acidente de serviço ou de outra moléstia que, de qualquer maneira, impede a prestação dos serviços, a aposentação ocorre com *proventos proporcionais.*

14.6 *Aposentadoria compulsória*

O segundo caso de aposentadoria é a *compulsória,* que ocorre quando atingidos 70 anos, "com proventos proporcionais ao tempo de

146 SERVIDORES PÚBLICOS

contribuição" (inciso II do § 1º do art. 40 da CF). Se já houve a implementação para a aposentadoria voluntária com proventos integrais, claro está que a aposentadoria será com proventos integrais, embora a redação do texto possa ensejar vesga compreensão contrária. A *proporcionalidade* dos proventos apenas ocorre quando o tempo de serviço que possa propiciar a aposentadoria voluntária ainda não ocorreu. Em tal caso, será ela proporcional.

Completado o tempo-limite, não há mais como permanecer o servidor na ativa. É ele imediatamente desligado do serviço, independentemente da publicação de decreto de aposentadoria. Perde ele a qualificação de servidor. Já não mais pode praticar qualquer ato, embora não sejam nulos os que eventualmente venha a praticar, salvo se lesarem direitos. Trata-se de ato vinculado, isto é, o administrador não tem alternativa nem opção para prática de ato com outro conteúdo. Somente pode praticar aquele ato e com aquele conteúdo. Logo, jamais será ilegal ato do Presidente da República que, mediante coação, assina decreto de aposentadoria compulsória; isto porque não tinha ele qualquer alternativa.

14.7 Aposentadoria voluntária

Terceira hipótese é a denominada *aposentadoria voluntária* (inciso III do § 1º do art. 40 da CF). Necessariamente tem o servidor que ter cumprido tempo mínimo de 10 anos de efetivo exercício no serviço público e 5 anos no cargo efetivo em que se dará a aposentadoria. O tempo mínimo exigido diz respeito ao fato de o servidor poder ter servido em empresa privada ou estatal por outro período, tendo posteriormente ingressado no serviço público. De qualquer maneira, os requisitos são intransponíveis. De outro lado, se for homem, deve ter 60 anos de idade e 35 de contribuição (alínea "a" do referido inciso III); e 55 anos e 30 de contribuição, se mulher. Na conjugação, tem que haver 95 pontos, se homem, ou 85, se mulher.

Justifica-se a distinção entre homem e mulher, seja por aspectos sociais (maior dedicação da mulher), seja por aspectos físicos (gravidez, etc.). Como bem salientou Celso Antônio, o modelo "penaliza os que começam mais cedo, por serem mais trabalhadores ou por serem mais pobres e necessitarem ingressar prematuramente no mercado de trabalho".[13] Se o servidor começa a trabalhar, com 18 anos, terá que

13. *Curso de Direito Administrativo*, 15ª ed., 2003, pp. 268-269.

REGIME PREVIDENCIÁRIO 147

trabalhar mais 42, para implementar o requisito integral do tempo de serviço, enquanto outro que inicia com 30 anos, aposentar-se-á com os mesmos proventos. A norma é contraditória. As populações mais carentes principiam a trabalhar mais cedo que as mais abastadas, o que cria uma hipocrisia normativa.

A aposentadoria voluntária *proporcional* ocorrerá, nos exatos termos da letra "b" do inciso III do art. 40 aos "sessenta e cinco anos de idade, se homem, e sessenta anos de idade, se mulher, com proventos proporcionais ao tempo de contribuição". Dispensa-se, aí, o tempo de contribuição, bastando a idade.

A aposentadoria voluntária depende da implementação dos requisitos constitucionais para que possa se operar. É voluntária porque depende de manifestação do servidor, que tem a alternativa de completadas as exigências previstas na Lei Maior, prosseguir no serviço ativo. Nele pode permanecer até o máximo de 70 anos de idade, quando cai na compulsória.

Os proventos e as pensões não poderão ultrapassar a remuneração "do respectivo servidor, no cargo efetivo em que se deu a aposentadoria ou que serviu de referência para a concessão da pensão" (§ 2º do art. 40 da CF). Não há mais a aposentadoria com direito à elevação de cargo ou a promoção. Perante o sistema anterior, o servidor, tendo alcançado o último cargo da carreira, faria jus à diferença entre o cargo que ocupava quando da aposentação e o anterior, cujos vencimentos eram acrescidos. Não se encontrando no ápice da carreira, dependendo da previsão legal, era promovido ao cargo imediatamente seguinte na carreira. Tal possibilidade, para os servidores civis, deixa de existir, uma vez que os proventos não poderão ser superiores aos vencimentos da ativa.

Todos devem ter tratamento igual, sem qualquer distinção legal. Daí por que o § 4º do art. 40 da CF dispôs ser vedada "a adoção de requisitos e critérios diferenciados para a concessão de aposentadoria aos abrangidos pelo regime de que trata este artigo". Foram ressalvados, evidentemente, casos de trabalho excepcional que possam prejudicar a saúde ou a integridade física, assim definidos em lei complementar.

A Constituição impediu a "farra" que ocorria anteriormente, em que acréscimos eram somados à referência do cargo, alcançando, quando da aposentadoria, quantias fantásticas, em manifesto detrimento a outros servidores e de forma incompatível com as normas previdenciárias, uma vez que ocasionavam situações de benefício contrárias aos interesses da sociedade.

148   SERVIDORES PÚBLICOS

14.8   Aposentadoria de professor

Diferente de todos os demais servidores é o professor. O tempo de atendimento dos requisitos constitucionais é reduzido, na idade e no tempo de contribuição, para o professor "que comprove tempo de exercício das funções de magistério na Educação Infantil e no Ensino Fundamental e Médio" (§ 5º do art. 40 da CF). Já se vê que o professor universitário está excluído do benefício constitucional. Atente-se, mais, a que a norma apenas alcança aquele professor que se dedicar a funções de magistério no interior da sala de aula ou atividades equiparadas. Era normal que o professor, após o ingresso na carreira, ficasse afastado da sala de aula, em gabinetes de vereadores ou deputados ou junto ao Executivo, ou até mesmo junto à Justiça Eleitoral. O afastamento continua possível. Já não mais se admite é a contagem do tempo de serviço com tempo e idade reduzidos. O § 5º do art. 40 apenas se refere à alínea "a" do inciso III do § 1º, ou seja, não admite a redução na aposentadoria proporcional. Logo, o homem pode aposentar-se com 55 anos de idade e 30 anos de contribuição, e a mulher com 50 anos de idade e 25 anos de contribuição. Justifica-se a exceção constitucional, diante do trabalho exaustivo que é exercido pelo professor dos Ensinos Infantil, Fundamental e Médio. O contato com a infância ou a adolescência é bastante sacrificado, impõe dedicação excepcional, uma vez que se está cuidando do futuro do País, e exige controle, preparo, carinho, paciência – ou seja: a interação com os alunos é exauriente. Daí o constituinte ter erigido tal situação como exceptiva da regra geral; e o fez com sólidos fundamentos psicológicos e sociais.

A aposentadoria é única. Em casos de acumulação permitida, possível é a aposentação dupla. Evidente que, podendo, legitimamente, exercer dois cargos, diante de acumulação permitida (inciso XVI do art. 37), da CF), resulta evidente que pode haver a acumulação de proventos. No mais, é absolutamente vedada qualquer outra hipótese. A proibição vem expressamente prevista no § 6º do art. 40 da CF. Possível e legítima é a acumulação de um cargo de acordo com o sistema previdenciário do servidor público e outro previsto no sistema geral da previdência (arts. 201 e ss. da CF).

14.9   Pensão e isonomia com proventos

Falecendo o servidor, deixa ele, em benefício da viúva ou viúvo ou respectivos filhos ou ascendentes, devidamente identificados, no caso de

REGIME PREVIDENCIÁRIO 149

ausência daqueles, a denominada *pensão*. Estabelece o § 7º do art. 40 da CF que lei disporá "sobre a concessão do benefício da pensão por morte, que será igual ao valor dos proventos do servidor falecido ou ao valor dos proentos a que teria direito o servidor em atividade na data de seu falecimento, observado o disposto no § 3º". Logo, a lei que regulamenta o sistema de pensões deve estabelecer que a pensão será percebida em valor igual ao valor dos proventos do servidor falecido ou ao valor dos proventos a que teria direito o servidor em atividade, na data de seu falecimento.

Segundo orientação anterior do STF, mas aplicável após o advento da Emenda Constitucional 20/1998, "esse dispositivo, que é autoaplicável, determina a fixação da pensão por morte do servidor público no valor correspondente à totalidade dos vencimentos ou proventos que ele percebia".[14]

Vê-se que o valor da pensão é integral. O dispositivo é bastante claro. Se o servidor na ativa recebia 10, o valor da pensão somente pode ser 10, e não 9.

Se havia alguma ação em trâmite postulando elevação de vencimentos ou promoção, advindo decisão transitada em julgado acolhedora da pretensão, terá o pensionista direito à elevação funcional e à diferença de remuneração.

14.10 Revisão de proventos e pensões

O § 8º do art. 40 da CF estabelecia a obrigatoriedade da revisão, na mesma proporção e na mesma data, sempre que se modificasse a remuneração dos servidores em atividade dos proventos de aposentadorias e pensões. Os benefícios e vantagens posteriormente concedidos aos servidores em atividade, inclusive quando decorrentes de transformação ou reclassificação do cargo ou função em que se desse a aposentadoria ou que servisse de referência para a concessão da pensão, na forma da lei, igualmente seriam estendidos aos pensionistas e aposentados. Era evidente que a Constituição estabelecera que a aposentadoria e a pensão acompanhariam o que o servidor percebia na ativa. Não poderia haver desequiparação das vantagens. Inclusive, dizia o texto, quando provierem de transformação ou reclassificação.

Esse § 8º foi modificado pela EC 41/2003, que suprimiu a equiparação e dispôs que "É assegurado o reajustamento dos benefícios para

14. STF, RE 218.556-4-RS, rel. Min. Néri da Silveira, *DJU* 13.3.1998.

SERVIDORES PÚBLICOS

preservar-lhes, em caráter permanente, o valor real, conforme critérios estabelecidos em lei".

Nesse contexto, o STF decidiu que "é inviável estender a servidores inativos as vantagens pecuniárias decorrentes de reposicionamento, na carreira, de servidores ativos, com fundamento no art. 40, § 8º, da Constituição".

Assim está delineada a previdência do servidor público. No mais, naquilo que houver dúvida ou em caso de dúvida nos critérios fixados, terá aplicação o regime geral da previdência (arts. 201 e 202 da CF). Evidente está que o regime previdenciário do servidor tem características próprias que o distinguem do geral. No entanto, onde houver dúvida, servirá de orientação o regime geral.

O servidor em comissão não usufrui do regime especial, mas a ele aplica-se o regime geral, o mesmo se dizendo daquele que temporariamente ocupa cargo ou emprego público (§ 13 do art. 40).

Capítulo 15
CONTAGEM DE
TEMPO DE CONTRIBUIÇÃO

15.1 Tempo de serviço e tempo de contribuição. 15.2 Mandato classista.

15.1 Tempo de serviço e tempo de contribuição

Atualmente fala-se em *tempo de contribuição*, para efeito de aposentadoria. O *tempo de serviço* perdeu seu significado jurídico para esse efeito. As leis ainda continuam a contemplá-lo. Apenas tem conteúdo jurídico para determinar sua contagem para outros efeitos que não a aposentadoria.

Aposenta-se apenas aquele que efetuou o pagamento da contribuição, a partir da Emenda Constitucional 20/1998. A contagem do tempo anterior decorre tão-só do serviço, porque a alteração normativa não tem efeito retroativo. No entanto, há alguns períodos de afastamento que são contados como tempo de serviço, mas desde que tenha havido pagamento da contribuição previdenciária.

O importante é que o tempo seja contado, identificando-se o efeito que venha a produzir. Assim sendo, o tempo de serviço público federal é contado *para todos os efeitos*, inclusive o prestado às Forças Armadas. A apuração é feita em dias. São considerados como de efetivo exercício os afastamentos em virtude de: férias, exercício de cargo em comissão, participação em programa de treinamento, exercício de mandato eletivo, serviço de Júri, desempenho de missão de estudos no Exterior, quando autorizado o afastamento (incisos I a VI do art. 102 da Lei 8.112/1990 – "Estatuto dos Servidores Federais"). Também são considerados como de efetivo exercício os afastamentos em virtude de licença: à gestante, à adotante e à paternidade, para tratamento de saúde, por motivo de acidente em serviço ou moléstia profissional, para capacitação profissional e por convocação para o serviço militar (alíneas "a" a "f" do inciso VIII do art. 102 do Estatuto já mencionado). De igual maneira, e diante de expressa previsão legal, o afastamento por deslocamento de sede (inciso IX), a participação em competição desportiva nacional (inciso X) ou o afastamento para servir em organismo internacional (inciso XI).

Conta-se "apenas para efeito de aposentadoria e disponibilidade" o tempo prestado às demais entidades federadas, a licença para tratamento de saúde de familiar do servidor, o afastamento para candidatura às eleições, o tempo de mandato eletivo anterior ao ingresso no serviço público, o tempo de serviço em atividade privada vinculada à Previdência Social, o tempo de serviço relativo a tiro de guerra e o tempo de licença para tratamento de saúde própria, se ultrapassado o prazo de 124 meses (incisos I a VII do art. 103 do Estatuto).

Dispõe o § 3º do art. 103 do Estatuto ser "vedada a contagem cumulativa de tempo de serviço prestado concomitantemente em mais de um cargo ou função de órgão ou entidades dos Poderes da União, Estado, Distrito Federal e Município, autarquia, fundação pública, sociedade de economia mista e empresa pública".

Não se pode contar cumulativamente o tempo de serviço prestado às entidades que menciona o texto. A vedação incide sobre contagem *cumulativa* – o que não impede a contagem *simultânea*. A saber: não posso trabalhar 20 anos em cada cargo e contar 40 pelo exercício de cargos no mesmo período de trabalho. Pode-se obter aposentadoria nos dois cargos, desde que completados os requisitos para aposentação em cada um deles. O que a lei proíbe é a contagem concomitante.

De outro lado, o § 10 do art. 40 da CF é expresso no sentido de inadmitir qualquer forma de contagem de tempo de contribuição fictício. Tantos foram os abusos do legislador anterior, que o constituinte derivado teve que impedir qualquer adulteração na Previdência Social. Antes era comum o cômputo de tempo de serviço fictício, contagem cumulativa, tempo em dobro, etc. Agora, há vedação constitucional expressa para esse tipo de comportamento por parte do legislador. O destinatário da norma é o legislador. Este está proibido de alterar a contagem *real* de tempo de serviço.

O tempo de serviço é regido pela legislação vigente à data da sua prestação. Se não há previsão legal, não há como pretender contagem

CONTAGEM DE TEMPO DE CONTRIBUIÇÃO 153

de tempo por lei posterior que estabeleceu de forma diversa, seja para beneficiar ou prejudicar o servidor.[1]

15.2 Mandato classista

Conforme redação da letra "c" do inciso VIII do art. 102 do Estatuto, dada pela Lei 11.094/2005, a licença também poderá ser concedida "para o desempenho de mandato classista ou participação de gerência ou administração em sociedade cooperativa constituída por servidores para prestar serviços a seus membros, exceto para efeito de promoção por merecimento".

A referida licença é o direito assegurado ao servidor para desempenhar, sem ônus para a Administração Pública, mandato em confederação, federação, associação de classe de âmbito nacional, sindicato representativo da categoria ou entidade fiscalizadora da profissão.

O STF decidiu que "para a aplicação do disposto no artigo 92 da Lei 8.112, de 1990, é preciso que a licença se destine ao desempenho de mandato em confederação, federação, associação de classe de âmbito nacional, sindicato representativo da categoria ou entidade fiscalizadora da profissão".[2]

---

1. *RTJ* 79/338.
2. STF, MS 21.806-DF, rel. Min. Celso de Mello.

Capítulo 16
DIREITOS DO SERVIDOR

16.1 Direitos sociais do servidor público. 16.2 Sindicalização. 16.3 Direito de greve. 16.4 Férias. 16.5 Licenças. 16.6 Direito de petição e de obtenção de certidões.

16.1 Direitos sociais do servidor público

Está o servidor, em muitos pontos, equiparado aos trabalhadores urbanos e rurais, nos exatos termos do § 3º do art. 39 da CF. A Constituição estendeu-os aos servidores públicos civis. Aos servidores ocupantes de cargos públicos aplica-se o disposto no art. 7º da CF, quanto aos direitos sociais, com algumas exceções.

São estes direitos os chamados de *terceira geração*. A grande luta inicial foi a de conquista dos direitos individuais, fruto da imposição burguesa; posteriormente sobrevieram os direitos políticos, firmando-se a participação de todos na vida das cidades e Estados; agora, fruto da luta sindical, nascem e encontram consagração na Constituição das modernas democracias os denominados *direitos sociais*.

Há na Constituição, no Estatuto do Servidor Público Federal e nas leis um plexo de normas que asseguram alguns direitos ao servidor público. A maioria já foi comentada na análise de outros itens. Resta mencionar os mais importantes. O primeiro deles é a remuneração. Há vantagens pecuniárias que aderem ou não ao vencimento, para formar a remuneração.

Observe-se que apenas aqueles direitos expressamente mencionados no § 3º do art. 39 da CF é que beneficiam os servidores. Não é possível assegurar-lhes direitos obtidos em convenções e acordos coletivos

DIREITOS DO SERVIDOR 155

de trabalho, "por se tratar de direito reservado aos trabalhadores privados que a Constituição não quis, de expresso, incluir no rol dos direitos dos trabalhadores constantes de seu art. 7º, aplicáveis aos funcionários públicos civis da União, dos Estados, do Distrito Federal e dos Municípios, nos termos do § 3º do art. 39 da Lei Maior".[1]

Assim, o salário-mínimo é aplicável aos empregados públicos, mas também aos servidores. Ninguém pode receber menos que o suficiente para atendimento a suas necessidades vitais básicas e às de sua família. A dicção do artigo é bastante ampla, de modo a alcançar as necessidades com "moradia, alimentação, educação, saúde, lazer, vestuário, higiene, transporte e previdência social" (inciso IV do art. 7º da CF). Evidente que a lei distancia-se das reais necessidades do trabalhador e também do servidor. O que é fixado em lei para atender a toda a descrição constitucional é insuficiente para as necessidades mínimas das pessoas. Deve haver revisão periódica, para preservação do poder aquisitivo.

Talvez por esta razão, a concessão de auxílios aos servidores vem sendo cada vez mais frequente como forma de suprir as deficiências salariais. O auxílio alimentação, por exemplo, é um benefício concedido em dinheiro a todos os servidores ativos da Administração Pública Federal direta ou indireta, independente da jornada de trabalho, visando a subsidiar as despesas com a refeição do servidor. O direito ao auxílio alimentação não se estende aos servidores inativos.[2]

Há a garantia de salário-mínimo, mesmo aos que recebem remuneração variável (inciso VII do art. 7º da CF).

O 13º salário está já incorporado ao direito dos servidores. A exigência é de que seja pago com base no valor integral do salário. Pode ser dividido em duas ou mais parcelas.

A remuneração do trabalho noturno do servidor é idêntica ao do empregado. Por não estar em sintonia com o relógio biológico, o que demanda maior esforço, sua remuneração deve ser superior à do trabalho normal, durante o dia. É o que estabelece o inciso IX do art. 7º da CF.

O servidor tem direito ao salário-família, pago em razão de cada dependente do trabalhador de baixa renda (inciso XII do art. 7º da CF). A lei disciplinará quais os servidores que têm direito ao salário, uma vez que é crucial que se defina o que se entende por "trabalhador de baixa renda".

1. STF, ADI 112-4-BA, rel. Min. Neri da Silveira, *DJU* 9.2.1996.
2. Súmula 680 do STF.

156 SERVIDORES PÚBLICOS

Tem cabimento, também, a exigência de duração do trabalho normal não superior a 8 horas diárias e a 44 semanais (inciso XIII do art. 7º da CF). Podem ocorrer a compensação de horários e a redução de jornada, mediante acordo ou convenção coletiva de trabalho. Trata-se de uma das grandes conquistas dos trabalhadores. Antigamente era comum que o empregado trabalhasse horas a fio, sem qualquer intervalo e sem qualquer direito. Exemplo bastante vivo nos dá Émile Zola, no *Germinal*, relatando a luta dos empregados em minas de carvão, desprovidos de qualquer direito e obrigados à luta pela subsistência. Davam graças a Deus quando logravam obter emprego. Agora, conquistas modernas, oriundas de muitas lutas e batalhas pela prevalência de um mínimo de dignidade, fazem com que os denominados *direitos de terceira geração* garantam o trabalhador, que não só tem direito ao trabalho digno, como também a salário adequado e a um máximo de horas que o organismo pode suportar. Contudo, "a Constituição Federal, no tocante aos direitos sociais, não estendeu aos militares o disposto no inc. XIII do art. 7º – que fixa a duração de trabalho normal não superior a oito diárias e quarenta e quatro semanais. Inteligência do art. 142, § 3º, VIII, CF/88".[3]

O inciso XV do art. 7º da CF assegura o repouso semanal remunerado, preferencialmente aos domingos. O trabalhador vê-se compelido a trabalhar todos os dias da semana, mas faz jus ao descanso semanal. Pesquisas modernas da Medicina do Trabalho e estudos psicológicos orientam no sentido de que qualquer pessoa tem direito a seu descanso; apenas assim é que pode produzir adequadamente.

O inciso XVI do mesmo artigo assegura remuneração do serviço extraordinário com acréscimo de 50%, no mínimo, à do normal. Em tais casos há acréscimo da remuneração com o pagamento de horas extras

É assegurado o gozo de férias anuais remuneradas com, pelo menos, um terço a mais do que o salário normal (inciso XVII do art. 7º da CF). Antes do advento da Constituição de 1988 já existia o gozo de férias anuais. Atendem elas ao desgaste físico sofrido pelo empregado ou pelo servidor. Objetivam a recuperação física e mental do servidor, tendo em vista toda a tensão da prestação de serviços. Agora, a remuneração das férias vem acrescida de um terço a mais do que o salário normal. Não é direito que se incorpora, uma vez que, passando para a inatividade, não mais usufrui do acréscimo ou, mesmo, das férias.

---

3. STJ, AgRg no RMS 33.836-PB, rel. Min. Arnaldo Esteves Lima, 1ª Turma, j. 1.9.2011, *DJ-e* 9.9.2011.

DIREITOS DO SERVIDOR

A gestante tem direito a 120 dias de licença-maternidade (inciso XVIII do art. 7º da CF). É imprescindível o afastamento, para o aleitamento e a convivência materna com a criança. Não pode haver exoneração quando em gozo de tal licença, uma vez que constituiria ato arbitrário, porque contrário à norma constitucional.[4]

Benefício similar tem o pai, uma vez que faz jus a 5 dias de licença-paternidade, tal como previsto no inciso XIX do referido artigo c/c o art. 10, § 1º, do ADCT.

Teria a mãe adotiva o mesmo benefício? Parece-nos que sim. É que o objetivo estaria atendido, uma vez que ao início da adoção deve haver um relacionamento mais estreito entre adotante/adotado, para que nasça a relação de afeição.

A mulher terá direito à proteção do mercado de trabalho, "mediante incentivos específicos, nos termos da lei" (inciso XIX do art. 7º da CF). Não há previsão de "reserva de mercado", isto é, de garantia de percentual mínimo para que empresas sejam obrigadas a dar emprego a mulheres. Incentivos são vantagens, benefícios, determinadas garantias. Jamais reserva.

Ao servidor é garantida a "redução dos riscos inerentes ao trabalho, por meio de normas de saúde, higiene e segurança" (inciso XXII do art. 7º da CF). A legislação estabelecerá a forma como será feita a garantia. Não significa que a mesma norma aplicável ao empregado seja automaticamente estendida ao servidor. É que as condições de trabalho podem ser diferentes. Logo, apenas lei específica é que outorgará tais garantias ao servidor.

O inciso XXX do art. 7º é o último a ser aplicável ao servidor. Dispõe que é proibida diferença de salários, de exercício de funções e de critério de admissão por motivo de "sexo, idade, cor ou estado civil". A Constituição reforça o princípio da isonomia ou da igualdade de todos perante a lei. Veda qualquer discriminação em função dos critérios estabelecidos. Embora a diferença esteja ínsita em nossa realidade, a Constituição busca diminuir os riscos de discriminação. Pesquisas recentes demonstram que mulheres casadas, menores e negros sofrem ampla discriminação no mercado de trabalho. As autoridades do Ministério do Trabalho e das Secretarias correspondentes têm envidado esforços no sentido de mitigar as diferenças socialmente marcantes. No entanto, ainda não conseguiram eliminar tais estigmas da nossa sociedade.

---

4. STF, RMS 24.263-DF, rel. Min. Carlos Velloso, *Informativo* 303.

158 SERVIDORES PÚBLICOS

Em relação à saúde do servidor, vale ressaltar que, no âmbito da Administração Pública Federal, o art. 230 da Lei 8.112/1990 ganhou nova redação dada pela Lei 11.302/2006, segundo a qual "a assistência à saúde do servidor, ativo ou inativo, e de sua família compreende assistência médica, hospitalar, odontológica, psicológica e farmacêutica, terá como diretriz básica o implemento de ações preventivas voltadas para a promoção da saúde e será prestada pelo Sistema Único de Saúde – SUS (...)".

A alteração segue com a inclusão do § 3º dispondo que "para os fins do disposto no *caput* deste artigo, ficam a União e suas entidades autárquicas e fundacionais autorizadas a: celebrar convênios exclusivamente para a prestação de serviços de assistência à saúde para os seus servidores ou empregados ativos, aposentados, pensionistas, bem como para seus respectivos grupos familiares (...)".

A nova lei autoriza a manutenção e efetivação de convênios de adesão com empresas de autogestão para a prestação de serviços de assistência à saúde do servidor da União.

16.2 Sindicalização

Ninguém vive inteiramente solto no mundo. A imagem do eremita ou do troglodita residindo em cavernas ou na copa de árvores já é remota. Uma vez socializado, o homem passa a viver em coletividade e, como tal, suas necessidades se multiplicam. Se, revoltado com determinada situação de trabalho, cruza sozinho os braços, quando muito conseguirá ser despedido, sem que ninguém possa por ele discutir seu posicionamento.

Com o crescimento do conflito capital/trabalho, nasce na Europa e nos Estados Unidos, mas basicamente das concepções marxistas, a consciência de que deve haver uma união dos interesses para que estes possam ser reivindicados em coletividade. Fortalece-se, pois, a situação daqueles que trabalham em situações idênticas.

As pretensões trabalhistas repercutem no mundo dos servidores, a ponto de a Constituição determinar a aplicação das regras trabalhistas (§ 3º do art. 39) às relações funcionais. Por consequência, os servidores públicos podem ter reivindicações em face do Estado. Seja no que diga respeito às condições do trabalho, seja no que toca à retribuição pecuniária. Atendimento médico, odontológico, transporte, horário de serviço etc. podem ser objeto de discussão entre Estado e funcionários. Desaten-

DIREITOS DO SERVIDOR 159

didos, ensejam a abertura de diálogo dos dirigentes da agremiação, de associação e de sindicatos sob que se reunirem.

O inciso VI do art. 37 garante a liberdade sindical ao servidor. É decorrência lógica do princípio da liberdade de associação, tão custosamente conseguido e à custa de muito sangue. Em princípio, o sindicato destina-se à reivindicação de direitos. Como estes estão colocados de forma estatutária, fica um pouco esvaziada a luta sindical.

Legítimo, pois, que os servidores se vinculem a sindicatos, na forma trabalhista, para que dialoguem com o Estado (em sentido amplo, englobando as estatais) sobre suas pretensões. Esgotado o diálogo, resta a via judicial, para "a defesa dos direitos e interesses coletivos ou individuais da categoria, inclusive em questões judiciais ou administrativas" (inciso III do art. 8º). Especificamente, o sindicato pode impetrar mandado de segurança coletivo para assegurar direitos individuais líquidos e certos dos sindicalizados (inciso LXX do art. 5º da CF e art. 21 da Lei 12.016/2009).

Cabe-lhe, pois, grande espaço político de manobra, buscando a preservação ou manutenção dos direitos dos filiados.

É possível o desconto da contribuição confederativa na folha de pagamento do servidor,[5] tendo entendido o Tribunal que é dispensável norma reguladora, bastando a previsão do art. 8º, inciso IV, da CF. No mesmo sentido, outra decisão entendendo que não pode haver o cancelamento do desconto, salvo se houver expressa autorização sindical.[6]

Por fim, esgotados todos os meios de solução, resta a via da paralisação.

16.3 Direito de greve

Consequência normal de não terem suas reivindicações atendidas é a decretação da greve. Nem vale a afirmação de Gastón Jèze de que "greve e serviço público são noções antinômicas".[7] Assim não nos parece. A greve é ínsita no fato da prestação subalterna de qualquer serviço.

Há um plexo de normas que disciplinam a prestação do serviço público e que rege a vida funcional do servidor. Daí o vínculo estatutário e não celetista que o vincula ao Estado. Isto significa que o servidor não

5. *JTJ -Lex* 111/112.

6. *Lex-JTJ* 184/72; no mesmo sentido *RT* 726/395.

7. Gastón Jèze, *Les Principes Généraux du Droit Administratif*, 1930, vol. II, p. 246.

SERVIDORES PÚBLICOS

dialoga para compor o vínculo funcional. Recebe-o pronto. Submete-se, então, a um pacote de normas preestabelecido. Isto não significa que, embora não possa romper com tal estatuto, não possa reivindicar melhorias de serviço, seja as que entenda em benefício pessoal, seja no que diz respeito à própria prestação de suas atividades. Decorre translúcido do que se diz que o direito de greve é inato com o vínculo estatutário.

Muito se discute sobre o nascimento de tal direito no seio do funcionalismo. Qual a diferença com a greve de empregados regidos pelo contrato de trabalho ou subordinados à CLT? É que em relação ao serviço público há que se manter o serviço funcionando, ao menos em parte. A sociedade não pode ser prejudicada. No vínculo trabalhista pode haver paralisação total. No serviço público não. Há o direito à greve, mas que não pode prejudicar a sociedade em sua totalidade. Imaginemos um hospital. Há que se manter em funcionamento a permanência de médicos, de enfermeiros, em número suficiente para as emergências. Na segurança pública, mantém-se o mínimo funcionamento dos plantões para registro de ocorrência e atendimento imediato em casos de roubo, homicídios etc.

O pressuposto da existência do serviço público é o fornecimento de comodidades fruíveis pelos administrados. Como se aceitar a greve, se a própria finalidade da existência dos servidores é a prestação de serviços públicos? Como se aceitar a paralisação daquilo que o Estado considera importante para a comunidade?

Dizia Gaston Jèze que "greve e serviço público são noções antinômicas".[8] Guillermo Veras acrescenta que "en el concepto de huelga es incompatible con la noción jurídica del servicio público, el que, debiendo satisfacer una necesidad pública de manera regular y continua, no puede detenerse sin producir incalculables prejuicios a la sociedad".[9]

Hoje, com o crescimento da sociedade de massa e com os inúmeros interesses que fazem colidir os de uma categoria com os da coletividade, as coisas se alteraram. No entanto, o enfoque é o mesmo, ou seja, a greve não pode prejudicar os serviços essenciais. Os serviços de saúde não podem ser prejudicados por questões estipendiárias. De igual maneira, os serviços de segurança pública. No entanto, não se pode fechar a porta para reivindicações justas.

Ensina Moacyr Lobo da Costa que "a greve nada mais é que um fato social coletivo, ou seja, a paralisação coletiva e concentrada do trabalho,

8. *Les principes généraux du droit administratif*, vol. II, cit., p. 246.
9. *Derecho Administrativo*, Santiago, Chile, 1940, p. 332.

DIREITOS DO SERVIDOR

pelos trabalhadores, como meio de reivindicação de interesses, através de coação exercida sobre o empregador, o público ou o próprio Estado".[10] Evidente que a greve não pode ser a regra do comportamento sindical. Em primeiro lugar, os sindicatos mudaram, ao longo do tempo, seu objetivo de luta. De início era a busca do salário compatível e digno.

Posteriormente, com as dificuldades globais que envolveram toda a economia mundial, os sindicatos perderam a finalidade inicial de luta salarial, passando a, em conjunto com as empresas, buscar a manutenção do emprego. O sindicalismo reivindicatório transmuda-se em sindicalismo de resultados. O famoso axioma marxista do confronto capital/trabalho passa a ser a união de ambos em prol da subsistência das empresas, o que redunda na manutenção do trabalho.

Logo, a greve, no âmbito empresarial, passa a ser um recurso extremo, mas no âmbito do serviço público tem ela o caráter de busca de índices de atualização de vencimentos ou salários e também busca por melhores condições de trabalho. Esgotada a fase de diálogo, resta a greve, que é direito legítimo.

O inciso VII do art. 37 da CF estabelece que o direito de greve "será exercido nos termos e nos limites definidos em lei específica".

A greve é garantia do servidor público. Surge a dúvida da falta da norma regulamentar de tal direito. O Congresso Nacional ainda não disciplinou o assunto. Se não há a norma, não há como se exercer o direito e, pois, este falece? Ao contrário, a falta de norma significa apenas que é inconstitucional a sua ausência. O direito existe e deve ser exercício. No vácuo legislativo equipara-se à situação trabalhista e, pois, estende-se a mesma incidência por analogia.

Se o legislador, a propósito de regulamentar leis não pode cometer inconstitucionalidades, da mesma forma, pelo fato de não legislar não pode, também, cometer inconstitucionalidades. A saber, ainda que não haja prazo para que o legislador exerça sua atribuição constitucional, não pode qualquer interessado ser prejudicado pelo fato de o legislador se omitir em seu dever constitucional. Daí a legitimidade da greve praticada pelo servidor público. Ao invés de reprimir ou entender indevido o comportamento, tem ele base constitucional.

Quando exercemos o mandato de Deputado Federal (período de 1994/1995) apresentamos o Projeto de Lei Complementar 30/1995, disciplinando o exercício do direito de greve, embasado em texto que nos

10. *RT* 225/7.

162 SERVIDORES PÚBLICOS

foi encaminhado pelos hoje eminentes Desembargadores do Tribunal de Justiça, Drs. Caetano Lagrasta e Demóstenes Miguelino Braga.

Hoje, tramitam na Câmara dos Deputados, pouco mais de quatro projetos de lei versando sobre o tema. Merece destaque a proposição de autoria da Comissão de Legislação Participativa (PL 3.670/2008 – obriga as entidades sindicais determinarem a manutenção dos serviços ou atividades essenciais à comunidade). O PL 4.276/2012, segue a mesma orientação do PL anteriormente citado. A PEC 186/2012 garante ao militar o direito à livre associação sindical e o direito de greve.

Conforme se observa, as proposições impõem limites ao exercício do direito de greve e determinam que, "constitui abuso do direito de greve a inobservância das normas contidas nesta Lei, somente podendo ser decretado por decisão judicial cautelar em que se assegure o direito ao contraditório e a ampla defesa com os meios e recursos a ela inerentes".

O STF decidiu Mandado de Injunção,[11] a propósito da omissão legislativa no disciplinar o direito de greve, tendo entendido que se caracterizava a omissão, reconhecida a mora do Congresso Nacional, comunicando-lhe que tomasse providências para disciplinar o direito de greve do setor público. Houve divergência na interpretação do texto constitucional, sendo que alguns ministros não conheceram do pedido, tendo o Min. Carlos Velloso entendido fixar, desde logo, as condições necessárias para o exercício do direito. Em outra decisão, sobre o mesmo tema, o STF entendeu ser legítimo o Sindicato ingressar com Mandado de Injunção tentando obter a regulamentação do direito. Neste caso ficou vencido, também, o Min. Marco Aurélio, que pretendia disciplinar, desde logo, as condições para sua deflagração.[12]

Na ausência de uma legislação específica para os servidores públicos, o STJ tem decidido que, "1. O direito de greve é garantido aos servidores públicos especificamente no art. 37, VII, da Constituição Federal, sendo-lhes aplicável, até que sobrevenha regramento próprio, a Lei n. 7.783/89 que regula a greve na iniciativa privada. 2. Segundo a jurisprudência desta Corte, os requisitos estabelecidos no art. 3º, da Lei n. 7.783/89, são aplicáveis também às greves de servidores públicos. 3. A não demonstração de esgotamento das vias negociais implica ausência de prova pré-constituída do direito líquido e certo".[13]

11. MI 20-4-DF, rel. Min. Celso de Mello, *DJU* 27.5.94, p. 13.154.
12. *RT 723/231.*
13. STJ, 3ª Seção, MS 13.860-DF, rel. Min. Moura Ribeiro, j. 13.11.2013, *DJ-e* 20.11.2013.

DIREITOS DO SERVIDOR 163

Entendo que todas as categorias têm direito à paralisação, desde que não haja prejuízo ao bom andamento do serviço público. Por exemplo, a Polícia, tida como essencial à segurança, ainda não teve a atenção devida por parte dos governos. Ora, não podem seus integrantes suportar o pesado fardo da responsabilidade, sendo criticados permanentemente pela sociedade. Não têm estrutura adequada para cumprir as obrigações que lhes são afetas, e sofrem todo tipo de crítica. Assim, nasce a resistência imprescindível para que haja atenção com a estrutura policial. Evidente está que, sendo serviço essencial, a paralisação não pode prejudicar a população. No entanto, pode haver paralisação parcial, prosseguindo a segurança de plantão e outras imprescindíveis para evitar o crescimento da criminalidade. Mas não se pode negar o direito à greve.

Já se disse que a existência do direito, por si só, tal como previsto na Constituição, não pode impedir seu exercício. Quando o texto constitucional estabelece um direito, desde já e imediatamente eclodem seus efeitos. O direito já existe no mundo jurídico. Quando exige ele uma lei, significa que cabe ao legislador disciplinar seu exercício. Mas jamais tem o significado de impedir que o lesado fique impedido de exercer qualquer direito. A omissão do legislador não pode ser causa do não exercício dos direitos estabelecidos. Notável a lição de Agustín Gordillo ao ensinar que "o Estado não pode, sob pretexto de legislar, alterar os direitos individuais; logo, também não pode, sob pretexto de não legislar, destruir esses mesmos direitos. Isto não significa que o Estado tenha a obrigação de legislar; o Estado não tem essa obrigação, mas tão só o direito de legislar, e é, em consequência, livre de não legislar, se assim o desejar; contudo, isso não pode privar de império e juridicidade a Constituição, ordenamento jurídico pleno, enquanto estabeleça os direitos individuais. A norma constitucional é imperativa com, contra ou sem a lei. Se a lei é constitucional, a norma constitucional é imperativa e obrigatória; se a lei é inconstitucional, a norma constitucional é imperativa e obrigatória e a lei deixa de ser aplicada nos casos discutidos jurisdicionalmente; se a lei é derrogada, ou nunca existiu, a norma constitucional é imperativa e obrigatória e se aplicará nos casos concretos".[14]

Tem razão o autor. O Estado, a nosso ver, tem o dever de legislar, uma vez que, se o constituinte originário ou derivado estabeleceu um direito e fez depender seu exercício de uma lei, tem o dever de editá-la. É verdade que não há prazo para tanto. No entanto, a omissão legislativa não impede que os direitos sejam exercidos. No silêncio ou na omissão,

---

14. Agustín Gordillo, *Princípios de Direito Público*, São Paulo, Ed. RT, 1977, p. 106.

164 SERVIDORES PÚBLICOS

o Judiciário dirá dos limites e estabelecerá quais os direitos que podem ser exercidos. O Judiciário não se pode omitir, porque, aí, haveria absoluto desamparo dos titulares de direitos.

A falta de regulamentação do direito de greve do servidor público, mais precisamente, a falta de limites para o seu exercício, impede a Administração Pública de responsabilizar os servidores públicos que cometerem excessos danosos ao bem comum.

Ainda que não haja prazo para que o legislador exerça sua atribuição constitucional, não pode qualquer interessado ser prejudicado pelo fato de o legislador se omitir em seu dever constitucional.

Luís Roberto Barroso adverte que, "o intérprete constitucional deve ter o compromisso com a efetividade da Constituição: entre interpretações alternativas e plausíveis, deverá prestigiar aquela que permita a atuação da vontade constitucional, evitando, no limite do possível, soluções que se refugiem no argumento da não autoaplicabilidade da norma ou na ocorrência de omissão do legislador".[15]

O Supremo Tribunal Federal, nos termos dos Mandados de Injunção 670-ES, 708-DF e 712-PA, já manifestou o entendimento no sentido da eficácia imediata do direito constitucional de greve dos servidores públicos, a ser exercício por meio da aplicação da Lei 7.783/89, até que sobrevenha lei específica para regulamentar a questão (STF, ADI 3.235-AL, relator Ministro Gilmar Mendes, Tribunal Pleno, julgado em 4.2.2010).

Entende Odete Medauar, que seria possível adotar uma terceira saída, qual seja, "aplicar-se, por analogia, a lei de greve do setor privado e com base nos princípios de Direito Administrativo, conciliar o direito de greve do servidor e a continuidade das atividades administrativas, para que a população não sofra as consequências da interrupção de serviços públicos, como assistência médica, ensino, transporte de qualquer tipo, fornecimento de água, energia elétrica, telefone, por exemplo".[16]

Dessa forma, entende-se que "a participação em greve suspende o contrato de trabalho. Não se proíbe, todavia, a adoção de soluções autocompositivas em benefício dos servidores-grevistas".[17] Assim, o

---

15. Luís Roberto Barroso, *O Direito Constitucional e a Efetividade das Normas Jurídicas – Limites e Possibilidades da Constituição Brasileira*, 7ª ed., Rio de Janeiro, Renovar, 2003, p. 316.

16. *Direito Administrativo Moderno*, cit., p. 307.

17. STF, RE 456.530, rel. Min. Joaquim Barbosa, 2ª Turma, j. 23.11.2010.

DIREITOS DO SERVIDOR 165

servidor público não faz jus ao pagamento dos dias de paralisação, mas apenas a justificação das faltas durante o período de greve.[18]

Teria o Estado o amplo direito de restringir interesses individuais em nome de metas coletivas? Há o direito de fazer greve em detrimento de outros direitos da coletividade?

Surgem discussões sobre se é legítima a paralisação de toda e qualquer atividade ou de apenas algumas. O que pode acontecer é a lei estabelecer quais atividades que não podem sofrer paralisação, por constituírem os denominados *serviços públicos essenciais*, e quais as que admitem a grave.

Pode-se discutir a legitimidade da denominada "greve branca", isto é, o servidor comparece ao serviço, mas não trabalha. Não pode ser sancionado por causa de greve, mas pelo descumprimento de seus deveres funcionais. Pode ser uma forma de manifestar seu desapreço pelo tratamento que lhe é dado pelo governante. Não pode ter descontado seus vencimentos, porque é hipótese não prevista em lei. Se a Administração Pública logra tipificar tal comportamento em um dos preceitos infracionais, poderá haver sanção. No entanto, não estando tipificado e cuidando-se de direito constitucional, descabida será o desconto de vencimentos.

Para Gustavo Binenbojm "o princípio da supremacia do interesse público é uma noção que cumpre um papel dúplice no Direito Administrativo. A partir dessa ideia inicial de que toda construção do Estado de Direito parte da compreensão de que os interesses da coletividade devem ter prevalência sobre os interesses individuais, a supremacia do interesse público ora aparece como um fundamento de legitimidade do próprio estado e da estrutura das normas de direito público, ora aparece como um princípio operativo de elaboração, de interpretação e de aplicação do Direito Administrativo. Na primeira vertente, ou na primeira dimensão, a supremacia do interesse público surge corno um argumento de moralidade política como um fundamento do discurso de justificação da autoridade do estado e do próprio direito público. Daí conclui que todo o "processo intelectivo, interpretativo e aplicativo do direito administrativo deve caminhar no sentido da realização do interesse público em detrimento dos interesses individuais".[19]

18. STF, RE AgR 551.549, rela. Min. Ellen Gracie, 2ª Turma, j. 24.5.2011.
19. Gustavo Binenbojm, "A constitucionalização do Direito Administrativo no Brasil", *Revista eletrônica sobre reforma do Estado-RERE* 13, Salvador, março-maio/2008.

166 SERVIDORES PÚBLICOS

16.4 Férias

O direito às férias constitui importante conquista obtida ao longo da história. Como já assinalamos, constituem as férias "os períodos de descanso, de trinta dias, consecutivos ou não, que o funcionário deve gozar, obrigatoriamente, por ano de acordo com a escala que for aprovada pelo órgão competente".[20] São elas de 30 dias, podendo ser acumuladas por até 2 períodos, em caso de necessidade do serviço. Superado o período aquisitivo, de 12 meses, pode o servidor usufruí-las. Pode gozá-las integralmente ou dividi-las em até 3 etapas. Evidente que deverá o pedido ser formulado pelo interessado, cabendo à Administração deferi-lo ou não. O critério será sempre o do interesse público.

O servidor tem direito a elas. Caso o direito seja negado, por necessidade de serviço, pode haver a conversão em pecúnia. Há a indenização. A Administração "compra" o direito de repouso do servidor.

Nesse sentido é o entendimento jurisprudencial. O STJ decidiu que, "a indigitada violação do artigo 884 do CC não é passível de ser conhecida, porquanto envolve interpretação de direito local (Lei Complementar Estadual 10.098/94), atraindo a incidência da Súmula 280/STF, segundo a qual por ofensa à direito local não cabe recurso extraordinário, entendido aqui em sentido amplo. 2. Este Superior Tribunal, em diversos julgados, consolidou a orientação de que é cabível a conversão em pecúnia da licença-prêmio e/ou férias não gozadas, independentemente de requerimento administrativo, sob pena de configuração do enriquecimento ilícito da Administração. Precedentes".[21]

16.5 Licenças

Há uma série de *licenças* a que o servidor faz jus. Licença, na definição de Mário Mazagão "é a permissão para faltar ao serviço durante tempo determinado, dada a funcionário em alguns dos casos legais".[22] Pode afastar-se: a) para tratamento de saúde; b) por doença em pessoa da família, c) para acompanhar cônjuge em deslocação, d) para o serviço militar, e) para exercer atividade política, f) para curso de capacitação,

---

20. Regis Fernandes de Oliveira, *O Funcionário Estadual e seu Estatuto*, Max Limonad, 1975, p. 166.

21. STJ, AgRg no AREsp 434.816-RS, Rel. Min. Mauro Campbell Marques, 2ª Turma, j. 11.2.2014, *DJ-e* 18.2.2014.

22. *Curso de Direito Administrativo*, 4ª ed., Saraiva, p. 193.

DIREITOS DO SERVIDOR 167

g) para tratar de interesses particulares. As hipóteses estão previstas no art. 81 do Estatuto.

Os afastamentos para candidatura e por motivo de doença em pessoa de família ocorrem com remuneração, computando-se o tempo apenas para disponibilidade e aposentadoria.

Também são direitos do servidor o afastamento para doação de sangue, para alistar-se como eleitor e, por oito dias consecutivos, para casamento ou em virtude de falecimento de cônjuge, companheiro, pais, madrasta ou padrasto, filhos, enteados, menor sob guarda ou tutela e irmãos (art. 97 da Lei 8.112/1990).

A Lei 12.269, de 21.6.2010, incluiu algumas condições para que a licença de que trata o *caput* do art. 83 da Lei 8.112/90[23] seja concedida ao servidor.

Com essas alterações, a referida licença poderá ser concedida a cada período de 12 meses nas seguintes condições: por até 60 dias, consecutivos ou não, mantida a remuneração do servidor e, por até 90 dias, consecutivos ou não, sem remuneração.

O início do interstício de 12 meses será contado a partir da data do deferimento da primeira licença concedida.

A soma das licenças remuneradas e das licenças não remuneradas, incluídas as respectivas prorrogações, concedidas em um mesmo período de 12 meses, observado o disposto no § 3º do art. 86, não poderá ultrapassar os limites estabelecidos nos incisos I e II do § 2º.

Nos casos de licença para tratar de interesses particulares e de capacitação profissional, dependerá sua fruição da conveniência da Administração.

A Lei 11.907, de 2.2.2009, que dispõe sobre o afastamento para Participação em Programa de Pós-Graduação *Stricto Sensu* no País, incluiu o art. 96-A na Lei 8.112/1990, para determinar que, o servidor poderá, no interesse da Administração, e desde que a participação não possa ocorrer simultaneamente com o exercício do cargo ou mediante compensação de horário, afastar-se do exercício do cargo efetivo, sem prejuízo da respectiva remuneração, para participar em programa de pós-graduação *stricto sensu* em instituição de ensino superior no País.

---

23. Por motivo de doença do cônjuge ou companheiro, dos pais, dos filhos, do padrasto ou madrasta e enteado, ou dependente que viva a suas expensas e conste do seu assentamento funcional, mediante comprovação por perícia médica oficial.

168 SERVIDORES PÚBLICOS

Dispõe que, o ato do dirigente máximo do órgão ou entidade definirá, em conformidade com a legislação vigente, os programas de capacitação e os critérios para participação em programas de pós-graduação no País, com ou sem afastamento do servidor, que serão avaliados por um comitê constituído para este fim.

Vale ressaltar que, os afastamentos para realização de programas de mestrado e doutorado somente serão concedidos aos servidores titulares de cargos efetivos no respectivo órgão ou entidade há pelo menos 3 anos para mestrado e 4 anos para doutorado, incluído o período de estágio probatório, que não se tenham afastado por licença para tratar de assuntos particulares para gozo de licença capacitação ou com fundamento neste artigo nos dois anos anteriores à data da solicitação de afastamento.

Os servidores beneficiados pelos afastamentos previstos nos §§ 1º, 2º e 3º do art. 96-A, referido, terão que permanecer no exercício de suas funções após o seu retorno por um período igual ao do afastamento concedido (§ 4º do art. 96-A).

Caso o servidor venha a solicitar exoneração do cargo ou aposentadoria, antes de cumprido o período de permanência previsto no § 4º, deverá ressarcir o órgão ou entidade, na forma do art. 47 da Lei, dos gastos com seu aperfeiçoamento (§ 5º). O servidor que não obtiver o título ou grau que justificou seu afastamento no período previsto, também está submetido ao disposto no § 5º do mesmo artigo, salvo na hipótese comprovada de força maior ou de caso fortuito, a critério do dirigente máximo do órgão ou entidade.

Vale conferir o julgado abaixo.

"1. Trata-se, na origem, de mandado de segurança em que se objetiva assegurar o direito à percepção das férias com as consequentes vantagens pecuniárias, enquanto permanecer afastado para participação em curso de pós-graduação *stricto sensu* no país, na modalidade doutorado. 2. O STJ, em tema idêntico, decidiu que faz jus o servidor às férias nos períodos correspondentes ao afastamento para participação em programa de pós-graduação *stricto sensu* no país ou de licença para capacitação, até porque tais períodos são considerados como de efetivo exercício, nos termos do art. 102, IV e VIII, e, da Lei n. 8.112/90. 3. Não cabe ao regulamento, ou a qualquer norma infralegal, criar restrições ao gozo dos direitos sociais, mediante interpretação que afronte a razoabilidade e resulte na redução da intelecção conferida ao termo 'efetivo exercício' (REsp 1.370.581-AL, rel. Min. Herman Benjamin, 2ª Turma, julgado

DIREITOS DO SERVIDOR 169

em 11.4.2013, *DJ-e* 9.5.2013). 4. É parte legítima para integrar o polo passivo de mandado de segurança a autoridade que efetivamente pratica o ato apontado como ilegal. Agravo regimental improvido."[24] Nos termos do art. 91 do Estatuto, pode ocorrer a licença para tratamento de assuntos particulares pelo prazo de até 3 anos consecutivos, sem remuneração. O tempo não é contado para qualquer efeito. A licença pode ser interrompida a pedido do servidor ou no interesse do serviço. Caso o agente se recuse a retornar, pode exonerar-se ou caberá demissão por abandono de cargo. A mesma solução é aplicável ao caso de afastamento para acompanhar cônjuge ou companheiro.

Ressalvadas as hipóteses anteriores, há o direito de contar o tempo para aposentadoria e disponibilidade (art. 100 do Estatuto), nas hipóteses atrás figuradas.

16.6 Direito de petição e de obtenção de certidões

Nasceu o direito com o *Bill of Rights*, de 1689, na Inglaterra Estabelece a Constituição que é assegurado a todos "o direito de petição aos Poderes Públicos em defesa de direito ou contra ilegalidade ou abuso de poder" (alínea "a" do inciso XXXIV do art. 5º). Por consequência, se todos têm o direito de peticionar à Administração Pública na defesa de seu direito ou contra ilegalidade ou abuso de poder, da mesma maneira, ao servidor é reservado tal prerrogativa. Não se pode confundir o direito de petição com o direito de postulação em Juízo, que não prescinde de advogado. O essencial é que a autoridade competente para apreciar o pedido detecte a conexão entre o pedido e a efetiva existência do direito ou a ilegalidade alegada. Ressalte-se que a autoridade não pode decidir sem qualquer base legal. Ademais, caso indefira a exibição ou cópia de algum documento, deve fundamentar exaustivamente sua decisão, possibilitando o recurso, uma vez que a mesma Constituição assegura a obtenção de certidões "para defesa de direitos e esclarecimento de situações de interesse pessoal" (alínea "b" do inciso XXXIV do art. 5º). Nada pode fugir ao princípio da legalidade. No entanto, é curial que se aponte à autoridade onde estão a ilegalidade ou o abuso de poder ou se fundamente o pedido de exibição de documento.

Como deixou decidido o Ministro Celso de Mello, "o direito de petição, presente em todas as Constituições brasileiras, qualifica-se como

---

24. STJ, AgRg no REsp 1.377.925-AL, rel. Min. Humberto Martins, 2ª Turma, j. 20.6.2013, *DJ-e* 28.6.2013.

170 SERVIDORES PÚBLICOS

importante prerrogativa de caráter democrático. Trata-se de instrumento jurídico-constitucional posto à disposição de qualquer interessado – mesmo aqueles destituídos de personalidade jurídica – com a explícita finalidade de viabilizar a defesa, perante as instituições estatais, de direitos ou valores revestidos tanto de natureza pessoal quanto de significação coletiva".[25]

Da decisão cabe pedido de reconsideração à própria autoridade ou recurso ao superior hierárquico. Os prazos estão definidos no Estatuto dos Servidores, onde consta, também, prazo de prescrição de cinco anos.

De se observar que o Estatuto do Servidor Público Federal assegurou o direito do servidor de ter acesso a processo ou documento na repartição, seja por ele ou por procurador constituído (o tema foi tratado com exaustão pelos arts. 104 a 115 da Lei 8.112/1990).

Observe-se que, quando a autoridade administrativa detecta ter praticado qualquer ato ilegal ou com abuso de poder, cabe-lhe, imediatamente, revê-lo e anulá-lo.

A Administração Pública, hoje, tem o dever constitucional de ser absolutamente transparente, explicitando todos os seus atos e comportamentos (art. 37 da CF).

Não pode a Administração Pública deixar de emitir certidão de interesse do servidor, esteja ele em atividade ou não, uma vez que é ela necessária para a defesa de seus direitos. Recusar-se é praticar ato ilegal, passível de correção pelo recurso hierárquico ou judicial.[26]

25. STF, ADI 1.247-PA, *DJU* 8.9.1995, p. 28.354.
26. *RT* 720/107.

Capítulo 17

DEVERES DO SERVIDOR

O servidor, uma vez investido em cargo, emprego ou função pública, passa a exercer atividade pública e em benefício do público. Não há, em qualquer sistema jurídico, a possibilidade de que a estrutura burocrática do funcionalismo sirva-se a si mesma. Não é, em si, uma finalidade, mas mero instrumento de ação do Estado. Como tem as finalidades estampadas no ordenamento normativo, necessita de agentes para desempenhar suas atividades, dando-lhe atuação no mundo fático.

O primeiro dever do servidor é desempenhar suas atividades. Não pode se omitir; deve, pois, agir. O desempenho funcional deve ser realizado com zelo e dedicação e prestigiar o órgão ou a instituição perante a qual serve. O funcionário de mau humor, desrespeitoso com a população, preguiçoso, vadio, descumpridor de seus deveres, comete infração. Deve ser atencioso com a população, urbano no trato com as pessoas, sempre pronto a atender e ser útil.

Se não sabe alguma coisa, deve procurar informar-se, seja estudando as atividades que tem a desempenhar, seja procurando os servidores mais antigos, para orientar-se.

De outro lado, não é só agir. É agir com eficiência, buscando prestigiar o serviço que desempenha. Esta característica não é apenas recomendação ética, mas jurídica, na medida em que o valor *eficiência* foi encampado pela norma jurídica (*caput* do art. 37 da CF). Daí o julgado do STJ que entendeu: "A Administração Pública é regida por vários princípios: legalidade, impessoalidade, moralidade e publicidade (art. 37). Outros também evidenciam-se na Carta Política. Dentre eles, o princípio da eficiência. A atividade administrativa deve orientar-se para alcançar

172   SERVIDORES PÚBLICOS

resultado de interesse público".[1] *Eficiência* pressupõe obtenção de resultados. É sinal de que o trabalho desenvolvido alcançou seus objetivos. É indicativo de que o serviço está sendo bem recebido pela comunidade e de que o desempenho atende às necessidades do povo. Caso haja omissão no cumprimento dos deveres, pode ocasionar a responsabilidade da Administração Pública, uma vez que "a Administração Pública responde civilmente pela inércia em atender a uma situação que exige a sua presença para evitar a ocorrência danosa".[2] No exato dizer de Diógenes Gasparini, o princípio da eficiência, "conhecido entre os italianos como *dever de boa administração*, impõe ao agente público a obrigação de realizar suas atribuições com *rapidez, perfeição e rendimento*, além, por certo, de observar outras regeras, a exemplo do princípio da legalidade. O desempenho deve ser *rápido* e oferecido de forma a satisfazer os interesses dos administrados e da coletividade".[3]

Outro princípio essencial a tipificar um dever funcional é a *moralidade*, isto é, o servidor há que ser probo. Deve servir retamente. Jamais desviar-se dos princípios da boa administração. Deve cumprir suas obrigações funcionais. Deve ser zeloso. Deve apenas cumprir o que lhe manda a consciência e os deveres que lhe foram impostos. Jamais atentar para interesses subalternos, mesquinhos ou que possam confrontar com os da Administração Pública. Decidiu o STF que "o agente público não só tem que ser honesto e probo, mas tem que mostrar que possui tal qualidade. Como a mulher de César".[4]

A *probidade* não é uma virtude; antes, é dever funcional. Nem deve ser elogiado aquele que age nos ditames rigorosos da moralidade. Tem ele o dever de assim agir. Como no Brasil as pessoas buscam beneficiar-se do serviço público, a virtude da moralidade passa a ser vista como exceção, e não como regra.

Em excelente decisão, o Min. Garcia Vieira afirmou que a moralidade administrativa foi erigida em princípio fundamental, "o funcionário público (acepção *lato sensu*) pode e deve ser chamado à responsabilidade pelos danos materiais causados não apenas ao erário, mas também à moralidade, ofensa nascida de desprimoroso comportamento. A lesivi-

---

1. STJ, RMS 5.590/1995-DF, rel. Min. Vicente Cernicchiaro, *DJU* 10.6.1996, p. 20.395.

2. *RDA* 97/177.

3. Diógenes Gasparini, *Direito Administrativo*, 8ª ed., São Paulo, Saraiva, 2002, p. 142.

4. STJ, RE 160.381-SP, rel. Min. Marco Aurélio, *RTJ* 153/1.030.

DEVERES DO SERVIDOR 173

dade ao patrimônio moral da Administração não pode ser premiada pelo esquecimento. Existe a responsabilidade de indenizar. Reconfortada – agora, como se disse: com a dignidade constitucional – a moralidade administrativa, distinguida como princípio de ordem pública, portanto, indisponível (...) estaria presente a obrigação de reparar o dano só pela prática de ato lesivo à moralidade administrativa".[5]

Assiduidade é também um dever funcional. O bom servidor não é apenas aquele que cumpre os horários que lhe são ditados, mas aquele que, cumprindo o horário imposto, trabalha com eficiência, moralidade e presteza. Demais disso, deve ser zeloso, ou seja, representar quando alguma coisa estiver errada, representar quando puder propor algum outro modo de fazer as coisas, percebendo que a forma como vem sendo desenvolvido o serviço está equivocada. Representar, também, quando detectar algum comportamento ilegal ou praticado com abuso de poder. O direito de representação contra ilegalidade, que para o cidadão é um direito, para o servidor é um dever.

Deve, ademais, portar-se na vida privada de forma a enobrecer a função pública. A incontinência de conduta na vida privada pode ocasionar reflexos de hábitos censuráveis a que se entregue. No entanto, nada diz respeito a sua conduta íntima. Como bem assinalou Marcelo Caetano, "não abrange, porém, a *vida íntima* do funcionário, mas só as manifestações da sua vida particular que, por se revestirem de publicidade, possam refletir-se no prestígio da função".[6] Evidente que não se pode exigir qualquer requisito de comportamento na vida íntima do servidor. Sua preferência sexual, por exemplo, é matéria de foro íntimo, imperscrutável pela Administração. Já, no entanto, se for apurado que é pedófilo, isso será causa de demissão. Enquanto as coisas se passam na intimidade e não caracterizem qualquer comportamento contravencional ou criminoso, não tem a Administração o direito de nelas intervir. No entanto, sua exposição ao público, denotadoras de comportamento irresponsável ou criminoso, ocasionam o afastamento.

Os servidores públicos federais também estão sujeitos às normas do "Código de Ética Profissional do Servidor Público Civil do Poder Executivo Federal", instituído pelo Decreto 1.171, de 22.6.1994.

O Código tem como regras deontológicas a *dignidade*, o *decoro*, o *zelo*, a *eficácia* e a *consciência dos princípios morais*, que são primados maiores, que devem nortear o servidor público, seja no exercício do cargo

5. STJ, REsp 1-RJ, j. 14.10.1992.
6. *Manual de Direito Administrativo*, 7ª ed., Forense, 1970, n. 248.

174 SERVIDORES PÚBLICOS

ou função, ou fora dele, já que refletirá o exercício da vocação do próprio Poder estatal. Seus atos, comportamentos e atitudes serão direcionados para a preservação da honra e da tradição dos serviços públicos. O servidor público não poderá jamais desprezar o elemento ético de sua conduta. Assim, não terá que decidir somente entre o legal e o ilegal, o justo e o injusto, o conveniente e o inconveniente, o oportuno e o inoportuno, mas principalmente entre o honesto e o desonesto, consoante às regras contidas no art. 37, *caput,* e § 4º, da Constituição Federal.

A moralidade da Administração Pública não se limita à distinção entre o bem e o mal, devendo ser acrescida da ideia de que o fim é sempre o bem comum. O equilíbrio entre a legalidade e a finalidade, na conduta do servidor público, é que poderá consolidar a moralidade do ato administrativo.

A remuneração do servidor público é custeada pelos tributos pagos direta ou indiretamente por todos, até por ele próprio, e por isso se exige, como contrapartida, que a moralidade administrativa se integre no Direito, como elemento indissociável de sua aplicação e de sua finalidade, erigindo-se, como consequência, em fator de legalidade.

O Código elenca como deveres fundamentais do servidor público: desempenhar, a tempo, as atribuições do cargo, função ou emprego público de que seja titular; exercer suas atribuições com rapidez, perfeição e rendimento, pondo fim ou procurando prioritariamente resolver situações procrastinatórias, principalmente diante de filas ou de qualquer outra espécie de atraso na prestação dos serviços pelo setor em que exerça suas atribuições, com o fim de evitar dano moral ao usuário; ser probo, reto, leal e justo, demonstrando toda a integridade do seu caráter, escolhendo sempre, quando estiver diante de duas opções, a melhor e a mais vantajosa para o bem comum; jamais retardar qualquer prestação de contas, condição essencial da gestão dos bens, direitos e serviços da coletividade a seu cargo; tratar cuidadosamente os usuários dos serviços aperfeiçoando o processo de comunicação e contato com o público; ter consciência de que seu trabalho é regido por princípios éticos que se materializam na adequada prestação dos serviços públicos; ser cortês, ter urbanidade, disponibilidade e atenção, respeitando a capacidade e as limitações individuais de todos os usuários do serviço público, sem qualquer espécie de preconceito ou distinção de raça, sexo, nacionalidade, cor, idade, religião, cunho político e posição social, abstendo-se, dessa forma, de causar-lhes dano moral; ter respeito à hierarquia, porém sem nenhum temor de representar contra qualquer comprometimento indevido da estrutura em que se funda o Poder Estatal.

Capítulo 18
PROIBIÇÕES

Ao dever de assiduidade contrapõe-se a proibição de ausentar-se do serviço.

O dever de moralidade impede que o servidor retire da repartição qualquer documento, independentemente da finalidade para que o fez. Caso tenha procurado beneficiar interesses de terceiro, pior. Os documentos não podem ser retirados do âmbito da repartição. Ressalvam-se, evidentemente, casos excepcionais, em que o servidor procurou autorização do superior e, em manifesto interesse público, houve aquiescência (por exemplo, extração de cópia, organização de papéis para o dia seguinte quando não houve tempo hábil para que fosse isso feito no período normal etc.). O servidor deve atentar a que os documentos públicos são dotados de força própria de legitimidade. É o que dispõe o inciso II do art. 19 da CF ao estabelecer que é vedado à União, aos Estados, ao Distrito Federal e aos Municípios "recusar fé aos documentos públicos".

Ao dever de agir contrapõe-se a proibição de opor resistência injustificada ao andamento de documento e processo ou execução de serviço.

Ao dever de respeito pelo cargo opõe-se a proibição de efetuar qualquer manifestação de apreço ou desapreço no interior da repartição. O dever de moralidade impõe que o servidor impeça a qualquer pessoa estranha ter acesso à repartição, o mesmo sucedendo com qualquer pressão para vinculação a associações ou sindicatos.

Nenhum proveito pessoal pode decorrer da atividade funcional do servidor. Não pode usufruir de qualquer benesse ilícita ou que se contraponha ao Direito. Não pode exercer atividade empresarial, nem exercer gerência ou administração de empresa privada, nem comércio, salvo ser acionista, cotista ou comanditário. Jamais pode atuar como intermediário de interesses fora da repartição, nem ser procurador, nas mesmas circunstâncias.

O dever de moralidade impede que o servidor receba propina, comissão, presente ou vantagem de qualquer espécie. Evidente que, se o serviço foi bem-prestado, houve atendimento urgente e dedicado, nada impede que receba um presente, desde que compatível com o serviço prestado e com as condições financeiras do usuário. É comum que, em certas épocas do ano, aqueles que utilizam os serviços da repartição, sentindo-se satisfeitos com os trabalhos prestados, ou os que ali representam muitos interesses, sentindo-se gratos, procurem agradecer aos servidores, ofertando-lhes algum mimo. Evidente que não há pecado nisso, nem infração funcional. Dependendo das circunstâncias, pode haver até indelicadeza, em caso de recusa no recebimento de algum presente ofertado por pessoas mais simples que se sentem agradecidas. Caso bem diferente é o daquele que vende, que aliena os interesses públicos e é recompensado por ter praticado algum desvio funcional, por ter protelado o andamento de processos, ter desaparecido com documentos, ter, enfim, praticado infração grave ou até crime, recebendo, por tal horrível comportamento, dinheiro, veículo ou bens de elevado valor. Aí, a repulsa é imediata e a repressão não pode ser complacente.

O servidor não pode aceitar comissão, emprego ou pensão de Estado estrangeiro. Ressalva-se o exercício de atividade honorífica ou em razão de serviço prestado como representante do Estado Brasileiro.

De outro lado, vedada é a prática da usura, isto é, o empréstimo mediante a cobrança de juros extorsivos. Nem vale a equiparação com os bancos, uma vez que se entende que apenas estes podem explorar o mercado financeiro. O servidor tem que ser zeloso com os documentos que lhe são afetos, devendo desempenhar suas atribuições pessoalmente, jamais as transferindo a terceiros, ainda que servidor público; nem deve exercer atividades incompatíveis com o cargo ou função. A incompatibilidade é difícil de ser caracterizada. No entanto, poderíamos exemplificar com o fato de, sendo fiscal ou exator de receitas públicas, por exemplo, manter empresa que cuide de formas de elisão tributária, ainda que de maneira disfarçada.

Por fim, o Código de Ética caminha nesse sentido e elenca como vedações ao servidor público: o uso do cargo ou função, facilidades, amizades, tempo, posição e influências, para obter qualquer favorecimento, para si ou para outrem; prejudicar deliberadamente a reputação de outros servidores ou de cidadãos que deles dependam; ser, em função de seu espírito de solidariedade, conivente com erro ou infração ao Có-

PROIBIÇÕES

digo de Ética ou ao Código de Ética de sua profissão; usar de artifícios para procrastinar ou dificultar o exercício regular de direito por qualquer pessoa, causando-lhe dano moral ou material; deixar de utilizar os avanços técnicos e científicos ao seu alcance ou do seu conhecimento para atendimento do seu mister.

É vedado, ainda, permitir que perseguições, simpatias, antipatias, caprichos, paixões ou interesses de ordem pessoal interfiram no trato com o público, com os jurisdicionados administrativos ou com colegas hierarquicamente superiores ou inferiores; pleitear, solicitar, provocar, sugerir ou receber qualquer tipo de ajuda financeira, gratificação, prêmio, comissão, doação ou vantagem de qualquer espécie, para si, familiares ou qualquer pessoa, para o cumprimento da sua missão ou para influenciar outro servidor para o mesmo fim; alterar ou deturpar o teor de documentos que deva encaminhar para providências; iludir ou tentar iludir qualquer pessoa que necessite do atendimento em serviços públicos; desviar servidor público para atendimento a interesse particular; retirar da repartição pública, sem estar legalmente autorizado, qualquer documento, livro ou bem pertencente ao patrimônio público; fazer uso de informações privilegiadas obtidas no âmbito interno de seu serviço, em benefício próprio, de parentes, de amigos ou de terceiros; apresentar-se embriagado no serviço ou fora dele habitualmente; dar o seu concurso a qualquer instituição que atente contra a moral, a honestidade ou a dignidade da pessoa humana; exercer atividade profissional aética ou ligar o seu nome a empreendimentos de cunho duvidoso.

Capítulo 19

ILÍCITO ADMINISTRATIVO

19.1 Penalidade. Conceito. 19.2 Prescrição e decadência do direito de punir. 19.3 Advertência. 19.4. Repreensão. 19.5. Multa. 19.6. Suspensão. 19.7. Suspensão preventiva. 19.8. Demissão. 19.9. Abandono de cargo. 19.10. Verdade sabida. 19.11. Prisão administrativa.

Ensina Kelsen que o ordenamento jurídico lida com o mundo do dever-ser, servindo a norma para colher do mundo das realidades os fatos que entende juridicamente relevantes, trazendo-os ao mundo do dever-ser e dando-lhes uma consequência. Na hipótese de descumprimento do preceito previsto na norma, incide a sanção. Esta pode ser premial ou punitiva. A primeira é de pouca relevância, sendo importante a segunda, que prevê a repulsa da ordem jurídica ao comportamento infracional. A sanção é, pois, a punição imposta àquele que tem conduta contrária àquela prevista na lei. Evidente que a matéria demandaria uma séria de explanações. Por ora, basta tal explicação para entendimento da matéria.

A reação da ordem jurídica depende da agressão que contra ela é praticada. Dependendo da gravidade do ilícito ou do ato antijurídico, teremos a graduação das espécies. Como já afirmamos "a distinção entre o ilícito civil e penal do ilícito administrativo vai depender do órgão que impõe a sanção, no exercício de sua função típica ou atípica. Juridicamente, a distinção encontra-se no regime jurídico a que a repulsa estiver subordinada".[1] Se o fato ocorre perante o juízo civil ou penal, a infração será civil ou penal. De outro lado, "estamos diante de sanção administrativa se a apuração da infração resultar de procedimento administrativo,

---

1. Regis Fernandes de Oliveira, *Infrações e sanções administrativas*, Ed. RT, 1985, p. 7.

ILÍCITO ADMINISTRATIVO 179

perante autoridade administrativa, funcionando a Administração como parte interessada em uma relação jurídica, deflagrada sob a lei e em que o ato sancionador não tenha força própria de ato jurisdicional, possuindo presunção de legalidade, imperatividade, exigibilidade e executoriedade (quando não vedada por lei)".[2] Em suma, o que irá caracterizar o ilícito administrativo é o fato de estar definido em lei administrativa e sua apuração pertencer a órgão de tal qualificação.

A ineficiência no serviço público pode ser considerada como falta a impor a demissão do servidor. Se houver demonstração de fatos concretos que identifiquem a negligência, a má vontade, a renitência, o descaso do servidor público, tais fatos caracterizam infração funcional de forma a impor a aplicação de sanção.[3]

19.1 Penalidade. Conceito

A *penalidade* é, pois, a consequência da rejeição que a ordem jurídica prevê para o comportamento contrário àquele previsto na norma. Evidente está que a lei escalona as sanções de acordo com a gravidade da lesão que causam ao ordenamento. Por vezes, para faltas irrelevantes, que permanecem no âmbito da Administração e de pouca repercussão, a lei estabelece sanção bastante leve, enquanto para graves agressões à moralidade, ao normal funcionamento do serviço, deve ela estabelecer penas graves, culminando com o rompimento do vínculo funcional. Havendo caracterização de crime, a pena é a mais rigorosa possível.

Não há distinção ontológica entre crime, contravenção e infração administrativa, nem qualquer diferença entre a pena aplicada ao crime e à contravenção e à pena administrativa. Crime e contravenção são julgados por órgão jurisdicional, com eficácia de coisa julgada, enquanto que a sanção administrativa decorre de decisão de tal caráter e tem efeito de imperatividade e estabilidade.[4]

A Lei 8.112/1990 prevê as seguintes penas: advertência; suspensão; demissão; cassação de aposentadoria ou disponibilidade; destituição de cargo em comissão e destituição de função comissionada (art. 127 e incisos).

Como cada Estado, o Distrito Federal e cada Município podem dispor de forma diferente, faremos análise individuada das diversas sanções que podem ser aplicadas.

2. Idem, ibidem.
3. *RT* 706/74.
4. Regis Fernandes de Oliveira, *Infrações e sanções administrativas*, cit., p. 32.

180 SERVIDORES PÚBLICOS

As penas serão aplicadas pela autoridade competente, tal como previsto na lei. Pode existir delegação. Se foi ela legalmente concedida, o ato demissório será legal.

Se o servidor já foi punido, descabe outra sanção pelo mesmo fato, pois é descabido o *bis in idem*. "É inadmissível segunda punição de servidor público, baseada no mesmo processo em que se fundou a primeira".[5]

Entende Maria Sylvia Zanella Di Pietro que a Administração vale-se de discricionariedade para aplicação das sanções. Afirma não haver, "com relação ao ato ilícito, a mesma tipicidade que caracteriza o ilícito penal. A maior parte das infrações não é definida com precisão, limitando-se a lei, em regra, a falar em falta de cumprimento dos deveres, falta de exação no cumprimento do dever, insubordinação grave, procedimento irregular, incontinência pública; poucas são as infrações definidas, como o abandono de cargo ou os ilícitos que correspondem a crimes ou contravenções".[6]

Assim não nos parece. No campo do direito administrativo prevalece o que se rotula de *tipicidade*, isto é, a infração administrativa há que estar devidamente delimitada pela regra normativa. As exigências são as mesmas que aquelas para a tipificação dos crimes. A garantia do administrado, para obstar a qualquer ação repressiva ou arbitrária do agente público, está em que deve ele pautar sua conduta pelos ditames legais. O fato de a lei utilizar palavras imprecisas não significa que se outorgou discricionariedade à Administração. Esta não se confunde com interpretação. Nenhuma margem de vontade remanesce à Administração. Ao contrário, tem o dever de apurar com correção a infração, enquadrá-la no tipo infracional e aplicar a consequente sanção. Não tem opção; não age volitivamente. Interpreta. O ato de decisão nunca pode ser de mera vontade, salvo naqueles casos específicos em que a lei a valida antecipadamente, no seu teor normativo.

19.2 Prescrição e decadência do direito de punir

Quando a apuração depende de atuação da Administração e esta deixa de agir, pode dar causa à decadência do direito de punir. Ocorrido um fato infracional a que se prevê um prazo de dois anos para apuração e

5. Súmula 19 do STF.
6. Maria Sylvia Zanella Di Pietro, *Direito Administrativo*, 23ª ed., São Paulo, Atlas, 2011, p. 496.

ILÍCITO ADMINISTRATIVO 181

punição, e não tendo sido instaurado qualquer expediente, ultrapassado o prazo, opera-se a decadência. A prescrição é a perda do direito de punir.

Na precisa lição do STF, "a prescrição só começa a correr do momento em que, instado o direito subjetivo, nasce para seu titular a *pretensão*; a decadência a partir de quando se deveria exercer o direito subjetivo".[7] Na lição de Hely Lopes Meirelles, pode existir a extinção da pena, que ocorre com seu cumprimento ou pela prescrição que 'extingue a punibilidade, com a fluência do prazo fixado em lei, ou na sua omissão, pelo da norma criminal correspondente".[8] Fala o mesmo autor em perdão da pena, que apenas é possível ser concedido por ato da Administração Pública.

Todas as sanções são prescritíveis. Decorre do princípio da segurança jurídica. Não tem sentido se, cometida uma infração, fique eternamente ao alvedrio da Administração Pública a apuração do fato e sua punição. Se não chega ao conhecimento dela, não há termo inicial. Conhecido o fato infracional, inicia-se o prazo prescricional.

No mais das vezes, a lei fixa e capitula as infrações e prevê o respectivo prazo de prescrição. Quando não o faz, a pena administrativa prescreve nos mesmos casos da prescrição dos crimes e contravenções.[9]

19.3 Advertência

A *advertência* é sempre aplicada por escrito. Alguns ordenamentos menores não a têm como pena, mas como mera exortação para que o servidor não mais pratique o ato infracional No entanto, na atual disciplina funcional passa a ser pena, inclusive com anotação no assentamento individual. Aplicável a casos bastante insignificantes. Não há necessidade de processo administrativo, bastando mero expediente em que, ao menos, seja ouvido o infrator.

19.4 Repreensão

A *repreensão* é imposta por escrito (nos tribunais fala-se em *censura*). Aplica-se nos casos de indisciplina ou na falta de cumprimento

---

7. *RTJ* 75/573.
8. *Direito Administrativo Brasileiro*, 40ª ed., Malheiros Editores, 2014, p. 577.
9. Sobre a prescrição da ação de ressarcimento de dano causado ao erário, v. Cap. 26.

182 SERVIDORES PÚBLICOS

dos deveres funcionais. A competência é do chefe do serviço ou outras autoridades, no caso de omissão da primeira.

19.5 Multa

A *multa* pode ser aplicada no caso de infrações que causem dano ao erário, ainda que pequeno. É sanção de caráter pecuniário. Deve levar em conta o dano, o comportamento do agente e sua situação financeira. Não pode ser exagerada, de forma a implicar o não cumprimento. A repressão do comportamento é proporcional à gravidade da falta.

19.6 Suspensão

A *suspensão* denota agressão mais grave ao ordenamento, não a ponto de afastamento definitivo do servidor, mas impõe seu afastamento temporário e tem aplicação no caso de reincidência de faltas menores ou de violação de importantes deveres funcionais. Imaginemos caso de agressão física ou verbal, por exemplo.[10] O período de suspensão é escalonado em decorrência da análise do comportamento. Mais grave, maior a suspensão; menos grave, afastamento menor. A pena máxima é de 90 dias.

19.7 Suspensão preventiva

Pode ocorrer a *suspensão preventiva*, como forma de afastar o servidor, que, com sua presença, pode perturbar a colheita de prova ou pressionar testemunhas. Enfim, se de alguma forma o acusado puder atrapalhar o andamento do processo, impõe-se sua suspensão preventiva. É ato de cumprimento imediato. Nada perderá o agente, durante o período de afastamento.

As punições podem ser canceladas, depois de passados três anos, no caso da advertência ou de cinco no caso de suspensão. Elimina-se, pois, o antecedente.

19.8 Demissão

A *demissão* é a mais grave sanção. É sempre em benefício do serviço público. Aplica-se a graves infrações, tais como a prática de crime

10. *RT* 284/621.

ILÍCITO ADMINISTRATIVO 183

contra a Administração Pública, abandono do cargo, ausência habitual, improbidade administrativa, incontinência de conduta, insubordinação grave, ofensa física a servidor ou a particular, desde que não haja excludente, aplicação irregular de dinheiro público, revelação de segredo funcional, lesão aos cofres públicos ou dilapidação de patrimônio público, corrupção, acumulação ilegal de cargo e transgressão das proibições funcionais.

A demissão rompe o vínculo funcional. Impõe o afastamento definitivo do cargo público.

Tratando-se de inativo e tendo ele praticado falta funcional enquanto na ativa que importe pena de demissão, será instaurado contra ele processo administrativo, objetivando a cassação da aposentadoria ou disponibilidade. Reverterá ele à ativa, suportando o processo. Em caso de terminar com a pena de demissão, não poderá mais usufruir da aposentadoria, perdendo tal direito.

No caso de ocupante de cargo em comissão, tendo ele cometido infração funcional que envolva a aplicação de pena de suspensão ou demissão, será a ele aplicada a pena de destituição de cargo em comissão, com anotação no assentamento individual, cassando-se a exoneração. Ocorrendo dano patrimonial ao Poder Público, incidirá a indisponibilidade dos bens e o ressarcimento ao erário. Em tal caso, evidentemente, através de ação judicial.

Cuidando-se de infração mais leve, ocorre a incompatibilidade para o exercício de nova investidura em cargo público, pelo prazo e cinco anos.

Estando o servidor em débito com o Poder Público, seja por exoneração, seja por demissão, deverá quita-lo, quando do rompimento do vínculo, sob pena de inscrição na dívida ativa (art. 47 do Estatuto).

O STJ decidiu que, "o direito sancionador impõe à Administração provar que as condutas imputadas ao servidor investigado se amoldam ao tipo descrito na norma repressora. O fato de a autoridade entender que a impetrante não conseguiu explicar a motivação das viagens a trabalho não é suficiente para fundamentar a aplicação da pena de demissão pelo uso de diárias e passagens. No caso, da fundamentação não se extrai um juízo de certeza sobre a culpa, tampouco acerca do dolo da impetrante em simular a necessidade de viagens, máxime porque o afastamento do servidor pressupõe prévia autorização da autoridade competente. 4. Ordem concedida para anular o ato de demissão, com a reintegração da impetrante no cargo, ressalvando o direito da Administração Pública de

184 SERVIDORES PÚBLICOS

prosseguir na apuração dos fatos e aplicar a sanção cabível. Os efeitos funcionais devem retroagir à data do ato demissório. Já os efeitos financeiros incidem a partir da data da impetração, nos termos das Súmulas 269 e 271 do STF, ficando reservado o direito às diferenças remuneratórias às vias ordinárias.[11]

19.9 Abandono de cargo

Abandono do cargo. O abandono de cargo ocorre pela ausência intencional do servidor ao serviço por mais de 30 dias consecutivos. Não é o caso da ausência interpolada, que pode caracterizar outro tipo infracional, mas não mais o abandono de cargo. Observe-se, também, que a ausência há de ser *intencional*, pondo-se fim à interminável discussão sobre cuidar-se de mera infração formal, isto é, decorrido o prazo impunha-se, fatalmente, a sanção. Agora é imprescindível que se apure o prévio conhecimento do servidor, sua vontade deliberada quanto à ausência, tornando necessária a caracterização do dolo para a tipificação da infração.

Irrelevante apurar-se se houve ou não prejuízo para o serviço público para aplicação de sanção.[12] Basta a potencialidade do prejuízo, uma vez que, figurando o acusado no quadro do serviço público, a pressuposição é de que é ele importante para a correta prestação das atividades administrativas.

Estando o servidor afetado em suas faculdades mentais, evidente que não está em condições de entender o caráter infracional do abandono.

19.10 Verdade sabida

A *verdade sabida* não mais subsiste no interior da Administração. Significava o conhecimento pessoal e direto da falta por parte da autoridade administrativa para aplicar a pena. Poderia aplicá-la desde logo, sem qualquer procedimento? Evidente que não. Por mais flagrante que seja a falta, tem que ser formalizada a acusação, abrindo-se possibilidade para a defesa. Em decisão bastante antiga, decidiu o STF que, ainda que sumário o meio de apuração, necessário, pelo menos, "ouvir o funcionário, antes da imposição da pena, mormente se a suspensão é imposta por

---

11. STJ, MS 19.992-DF, rel. Min. Benedito Gonçalves, 1ª Seção, j. 26.2.2014, *DJ-e* 19.3.2014.
12. *RT* 177/519.

ILÍCITO ADMINISTRATIVO 185

ter o funcionário agido de má-fé. Como compreender que alguém possa ser suspenso, por falta tão grave, sem ao menos ser ouvido?".[13]

19.11 Prisão administrativa

É possível o decreto de *prisão administrativa*? Dispõe o inciso LXI do art. 5º da CF, que "ninguém será preso senão em flagrante delito ou por ordem escrita de autoridade judiciária competente, salvo nos casos de transgressão militar ou crime propriamente militar, definidos em lei". Diante de texto expresso da Constituição da República, inadmissível qualquer prisão que possa ser efetuada por autoridade administrativa. A CF prevê expressamente os casos de prisão civil (inciso LXVII do art. 5º), como o do inadimplemento voluntário e inescusável de obrigação alimentícia e a do depositário infiel.[14] No mais, descabe qualquer outro tipo de prisão, por mais especial ou importante que possa ser. As liberdades humanas e os direitos humanos estão acima dos interesses dos homens. São conquistas eternas da humanidade, muitas vezes à custa de sangue de heróis e, pois, limitativas dos permissivos legais. Somente a Constituição, diploma político que disciplina determinada sociedade, em dada época histórica é que pode estabelecer casos de restrição da liberdade. Nada mais.

13. *Arquivo Judiciário* 104/63, rel. Min. Luiz Gallotti.

14. No HC 95.967-MS, rela. Min. Ellen Gracie, j. 11.11.2008, *RTJ* 208/1.202, o STF decidiu: "Direito processual – *Habeas corpus* – Prisão civil do depositário infiel – Pacto de São José da Costa Rica – Alteração de orientação da jurisprudência do STF – Concessão da ordem. 1. A matéria em julgamento neste *habeas corpus* envolve a temática da (in)admissibilidade da prisão civil do depositário infiel no ordenamento jurídico brasileiro no período posterior ao ingresso do Pacto de São José da Costa Rica no direito nacional. 2. Há o caráter especial do Pacto Internacional dos Direitos Civis e Políticos (art. 11) e da Convenção Americana sobre Direitos Humanos – Pacto de San José da Costa Rica (art. 7º, n. 7), ratificados, sem reserva, pelo Brasil no ano de 1992. A esses diplomas internacionais sobre direitos humanos é reservado lugar específico no ordenamento jurídico, estando abaixo da Constituição porém acima da legislação interna. O *status* normativo supralegal dos tratados internacionais de direitos humanos subscritos pelo Brasil torna inaplicável a legislação infraconstitucional com ele conflitante, seja ela anterior ou posterior ao ato de ratificação. 3. Na atualidade a única hipótese de prisão civil no Direito Brasileiro é a do devedor de alimentos. O art. 5º, § 2º, da Carta Magna expressamente estabeleceu que os direitos e garantias expressos no *caput* do mesmo dispositivo não excluem outros decorrentes do regime e dos princípios por ela adotados, ou dos tratados internacionais em que a República Federativa do Brasil seja parte. O Pacto de São José da Costa Rica, entendido como um tratado internacional em matéria de direitos humanos, expressamente, só admite, no seu bojo, a possibilidade de prisão civil do devedor de alimentos, e, consequentemente, não admite mais a possibilidade de prisão civil do depositário infiel. 4. *Habeas corpus* concedido".

Capítulo 20
RESPONSABILIDADE DO ESTADO E DO SERVIDOR

20.1 Risco administrativo. 20.2 Independência das instâncias. Falta residual. 20.3 Responsabilidade decorrente de ato praticado por agente notarial. 20.4 Direito de regresso. 20.5 Responsabilidade civil. 20.6 Dolo ou culpa. 20.7 Responsabilidade penal. 20.8 Responsabilidade administrativa.

A responsabilidade do Estado e do servidor decorre da prática de um ato ilícito. Na concepção civilista mais tradicional, o ato ilícito é definido como um ato antijurídico, ou seja, contrário à ordem jurídica em vigor. Na visão da doutrina administrativista o ato ilícito é todo ato antijurídico e causador de dano. Quando analisado no contexto da improbidade administrativa esse conceito se amplia, compreendendo todo ato antijurídico, causador de dano e que atenta contra o erário, mesmo que desse ato não advenha prejuízo.

Sem a pretensão de esgotar o tema, quando falamos em responsabilidade do Estado estamos nos referindo à obrigação de reparar danos causados a terceiros em decorrência de comportamentos comissivos ou omissivos, materiais ou jurídicos, lícitos ou ilícitos, imputáveis aos agentes públicos.

Inicialmente imaginava-se que o Estado, ente soberano, não poderia ser responsabilizado. Estabeleceu-se, sobretudo no Estado absolutista, o paradigma do "the king can do no wrong".

A partir do séc. XIX passou-se, no entanto, a tentar flexibilizar essa regra. Separaram-se, assim, os atos do Estado em atos de gestão e de império. Nestes se manifestaria a soberania e, portanto, não haveria que

RESPONSABILIDADE DO ESTADO E DO SERVIDOR 187

se falar de responsabilidade. Naqueles, o Estado age em igualdade com os particulares e, por isso, poderia responder sempre que comprovada a culpa de seu agente. Por isso, essa teoria passou a ser chamada da *culpa subjetiva* (ou *responsabilidade subjetiva*).

A dificuldade de se separar os atos de gestão dos atos de império fez com que tal teoria se tornasse obsoleta. Em 1873, o Conselho de Estado Francês, ao julgar o caso Blanco (Agnès Blanco foi atropelada por uma composição e seu pai acionou o Estado em busca de reparação) passou--se a admitir a existência de regras próprias de direito administrativo para a responsabilidade do Estado. Criou-se, então, a teoria da *culpa do serviço* (ou culpa administrativa ou acidente administrativo). Na culpa do serviço, passa a ser irrelevante a conduta do preposto. Interessa saber se o serviço público não funcionou, funcionou atrasado ou funcionou mal.

Sem abandonar essa teoria, aos poucos o direito evoluiu e passou a admitir a responsabilidade objetiva, fundada no risco.

A Constituição de 1824 estabeleceu a responsabilidade pessoal dos empregados públicos, pelos abusos e omissões praticadas no exercício das suas funções, e por não fazerem efetivamente responsáveis aos seus subalternos. Era explicitamente assegurado o direito de petição a qualquer cidadão que pretendesse fazer valer tal responsabilidade.

Na Constituição de 1891 também estava previsto que os funcionários públicos eram estritamente responsáveis pelos abusos e omissões em que incorressem no exercício de seus cargos, assim como indulgência, ou negligência em não responsabilizarem efetivamente os seus subalternos.

A Constituição de 1934 inovou ao estabelecer que os funcionários públicos seriam responsáveis solidariamente com a Fazenda Nacional, Estadual ou Municipal, por quaisquer prejuízos decorrentes de negligência, omissão ou abuso no exercício dos seus cargos. A Constituição de 1937 repetiu o teor da Constituição anterior.

A Constituição de 1946, por seu turno, estabeleceu que as pessoas jurídicas de direito público interno seriam civilmente responsáveis pelos danos que os seus funcionários, nessa qualidade, causassem a terceiros. E, ainda, que caberia ação regressiva contra os funcionários causadores do dano, quando tivesse havido culpa destes.

A Constituição de 1967 reproduziu a norma albergada pela Constituição de 1946. A Constituição de 1969 também reproduziu a mesma norma, consagrando a responsabilidade objetiva do ente público e a responsabilidade subjetiva do servidor.

188 SERVIDORES PÚBLICOS

A atual Carta Magna, reproduzindo norma consagrada na Constituição de 1946, estabelece que as pessoas jurídicas de direito público e as de direito privado prestadoras de serviço público responderão pelos danos que seus agentes, nessa qualidade, causarem a terceiros, assegurado o direito de regresso contra o responsável nos casos de dolo ou culpa.

Conforme se observa, todas as Constituições brasileiras anteriores a 1988 consagraram a responsabilidade civil por danos causados ao cidadão no exercício da atividade pública, embora se possa dizer que em face das duas primeiras, a de 1824 e a de 1891, havia responsabilidade apenas do funcionário. O Estado seria irresponsável.

Pelos ditames da Constituição Federal, não pode a Administração isentar o servidor de responsabilidade, pois não tem disponibilidade sobre o patrimônio público. A obrigação de reparar o dano estende-se aos sucessores e contra eles será executada, até o limite do valor da herança recebida.

Cumpre salientar que, a responsabilidade administrativa é independente da penal e da civil; no entanto, a coisa julgada penal estende seus efeitos para a esfera cível e administrativa quando há condenação ou absolvição por inexistência do fato e inexistência de autoria. De qualquer forma, deve haver dano ao patrimônio público para que nasça o dever de indenizar.

Já se decidiu que "o agente público não possui legitimidade para figurar como réu na ação em que terceiro pleiteia indenização por danos decorrentes de acidente de trânsito causado por veículo do Estado, pois, em última análise, os atos praticados pelo servidor, nessa qualidade, representam uma manifestação estatal, além de ser subsidiária a sua responsabilidade perante a do poder público. Tratando-se de demanda proposta em desfavor do Estado, não há que se perquirir acerca da existência de culpa por parte do agente que dirigia o veículo funcional, pois, de acordo com o disposto no art. 37, § 6º, da Constituição Federal, a responsabilidade estatal é objetiva, bastando o nexo de causalidade entre o prejuízo e a atuação do poder público. (...) Comprovada a imperícia do servidor público no manejo do veículo, responde o Estado integralmente pelos danos causados ao particular".[1]

Geralmente, o lesado processa o Estado pelos danos sofridos pelo servidor público, porém, nada o impede de processar diretamente o

1. TJDFT, ApC 20040111035946, rel. Des. J. J. Costa Carvalho, 2ª Turma Cível, j. 30.1.2008, *DJU* 10.3.2008, p. 57.

RESPONSABILIDADE DO ESTADO E DO SERVIDOR 189

agente público. O cidadão por força do comando constitucional não pode ser impedido de escolher contra quem vai demandar.

Para Hugo de Brito Machado "admitir-se o contrário, seria o mesmo que entender que o artigo 37, § 6º, da CR/88 não veio para beneficiar os cidadãos. A decisão que reconhece o direito de opção do cidadão de haver a reparação diretamente do causador do dano, no caso do agente público, ou mesmo deste com a Administração Pública, não viola a Constituição nem as leis processuais, exatamente porque as leis processuais não podem ceifar o direito do cidadão de recorrer à Justiça Pública, o que seria verdadeira negativa da cidadania. (...) se a ação for dirigida contra o funcionário, terá o lesado de demonstrar também a culpa ou dolo do agente autor do dano. Já na ação intentada somente contra a Administração, compete-lhe provar apenas a materialidade do fato e o nexo de causalidade, isto é, que do ato praticado pelo funcionário lhe adveio dano. Nada mais".[2]

Referido entendimento conta agora com respaldo na jurisprudência do STJ, que afirma serem responsáveis pelos danos causados a terceiro o Estado, o agente público, com base na teoria subjetiva, quando age com culpa ou dolo, ou ambos, cuja escolha caberá, exclusivamente, ao ofendido em razão do seu constitucional direito de ação.

Isso porque, há uma única dívida e duas responsabilidades: a da Administração perante o lesado, baseada na teoria do risco administrativo, e a do autor do dano, no caso o agente público, com fundamento na teoria da culpa, desde que tenha operado com culpa ou dolo.

Vale ressaltar que, o elemento subjetivo é essencial à caracterização da improbidade administrativa, à luz da natureza sancionatória da Lei de Improbidade Administrativa, o que afasta, dentro do nosso ordenamento jurídico, a responsabilidade objetiva.[3]

O que importa é optar entre a garantia do administrado ou a do agente público. Se limitarmos a interpretação de que a Constituição teria dado um único e exclusivo caminho para que o administrado satisfaça seus direitos apenas perante a Administração, enfraquecida fica sua posição jurídica. Se admitirmos que possa acionar Administração e agente,

---

2. Hugo de Brito Machado, "Responsabilidade pessoal do agente público por dano ao contribuinte", Revista *Jus Vigilantibus*, 30.12.2002.

3. Precedentes: REsp 654.721-MT, 1ª Turma, j. 23.6.2009, *DJ-e* 1.7.2009; REsp 717.375-PR, 2ª Turma, *DJU* 8.5.2006; REsp 658.415-RS, 2ª Turma, *DJU* 3.8.2006; REsp 604.151-RS, 1ª Turma, *DJU* 8.6.2006.

190 SERVIDORES PÚBLICOS

sua situação se fortalece. Logo, a interpretação há de ser generosa em benefício do administrado.

20.1 Risco administrativo

A teoria adotada pela Constituição é a do *risco administrativo*, ou seja, a responsabilidade objetiva pelos danos que o Poder Público cause a terceiros. Independe de culpa do agente ou da demonstração da falta do serviço. Os pressupostos, pois, são: (a) existência do dano; (b) a relação da lesão com a ação do agente ou sua omissão; (c) independência da licitude do comportamento do agente. Por fim, pode o Poder Público conferir exclusão do dano, mediante demonstração de causa excludente da responsabilidade.[4] Na precisa lição do Min. Celso de Mello, "o princípio da responsabilidade objetiva não se reveste de caráter absoluto, eis que admite o abrandamento e, até mesmo, a exclusão da própria responsabilidade civil do Estado nas hipóteses excepcionais configuradoras de situações liberatórias – como o caso fortuito e a força maior – ou evidenciadoras de ocorrência de culpa atribuível à vítima (*RDA 233, RTJ 55/50)*".[5] É imperioso comprovar o nexo causal entre o dano e a ação ou omissão.[6]

Como diz Hely Lopes Meirelles "a *teoria do risco administrativo* faz surgir a obrigação de indenizar o dano do só ato lesivo e injusto causado à vítima pela Administração".[7]

Não se irá cuidar, aqui, da responsabilidade das prestadoras de serviços públicos, cuja matéria desborda do âmbito deste trabalho. Pode-se dizer, de pronto, que há a responsabilidade *objetiva* da Administração Pública. Significa que basta o agir da Administração, causador do dano, para que surja o dever de indenizar. Independe de culpa. Basta a demonstração da ação, do resultado danoso e o nexo de causalidade a unir ação e lesão.

20.2 Independência das instâncias. Falta residual

As esferas de apuração são independentes. Assim, não há que se aguardar o término do processo civil ou penal para que se decida o ad-

---

4. *RTJ* 55/503, 71/99, 91/377, 99/1.155, 131/417.
5. STF, RE 109.615-2-RJ, *DJU* 2.8.1996, p. 15.785.
6. *RTJ* 141/305; *Informativo do STF* 109.
7. *Direito Administrativo Brasileiro*, cit., p. 739.

RESPONSABILIDADE DO ESTADO E DO SERVIDOR 191

ministrativo. A quebra do dever funcional é valorada de forma diversa em cada esfera. No STF, à exceção do Min. Marco Aurélio, a orientação jurisprudencial é no sentido de que há independência de apuração e sanção.[8]

Se tiver havido absolvição criminal, pode ser punido o servidor com base em falta residual.[9] O STF já consolidou orientação no sentido de que "pela falta residual, não compreendida na absolvição pelo juízo criminal, é admissível a punição administrativa do servidor público".[10]

20.3 Responsabilidade decorrente de ato praticado por agente notarial

Pela prática de ato notarial que venha a causar dano, a jurisprudência corrente do STF é no sentido do reconhecimento da responsabilidade. Assim sendo, tem reconhecido que "os cargos notariais são criados por lei, providos mediante concurso público, e os atos de seus agentes, sujeitos à fiscalização estatal, são dotados de fé pública, prerrogativa, esta, inerente à ideia de poder delegado do Estado. (...) Ato praticado pelo agente delegado – Legitimidade passiva do Estado na relação jurídica processual, em face da responsabilidade objetiva da Administração".[11]

É pacífico o entendimento de que, mesmo cuidando-se de tabelião particular (delegado) caso é de responsabilidade do Estado.[12]

20.4 Direito de regresso

De seu lado, é assegurado o direito de regresso. Significa que deve o particular acionar a Administração e, condenada esta a indenizar, pode ela voltar-se contra o agente nos casos de dolo ou culpa? Entendemos, na esteira de Celso Antônio, que é possível acionar, desde logo e diretamente, o servidor apenas ou em litisconsórcio passivo facultativo com a Administração. A escolha é do lesado, que tem à sua disposição as alternativas que melhor sirvam para obter a indenização.

---

8. *RTJ* 134/1.105 e 143/848.
9. *RT* 698/87.
10. Súmula 18 do STF.
11. STF, RE 212.724-8-MG, rel. Min. Maurício Corrêa, *DJU* 6.8.1999. No mesmo sentido: STF, RE 187.753-7-PR, rel. Min. Ilmar Galvão, *DJU* 26.8.1999, e RE 201.595-SP, rel. Min. Marco Aurélio, *Informativo do STF* 212.
12. *RTJ* 106/1.182; *RT* 759/146.

192 SERVIDORES PÚBLICOS

O normal é o ingresso da ação contra a Administração Pública e, resolvida a ação com condenação desta, emerge o direito de regresso contra o servidor, desde que tenha este agido com culpa ou dolo. No caso de policial que troca tiros com bandido e fere alguém, dificilmente caberia regresso contra o policial, uma vez que está ele no estrito cumprimento de seu dever legal. Já o mesmo não ocorre e é possível o regresso contra o servidor que colide veículo público com um particular, agindo com culpa manifesta.

Entendemos inviável a denunciação da lide do servidor, em qualquer circunstância. Primeiro porque a Fazenda Pública não perde o direito de regresso caso não denuncie a lide ao servidor. Em segundo lugar porque trará ela novo fundamento jurídico para a demanda, qual seja, a análise da culpa ou dolo do servidor, o que onerará os encargos do autor da ação. O STJ tem entendido que é possível ou recomendável a denunciação.[13] No entanto, o ingresso de terceiro na lide depende da concordância de seu autor.

Vê-se, pois, que a responsabilidade do servidor é *subjetiva*, devendo a Administração demonstrar, no regresso, a culpa ou dolo deste.

A competência é fixada em lei para que o servidor aja em atendimento aos interesses públicos. A Administração Pública é dotada de poderes que envolvem a possibilidade de invasão da intimidade jurídica das pessoas, sempre em cumprimento aos interesses públicos gizados na Constituição ou nas leis. Deve agir, no entanto, rigorosamente dentro dos ditames fixados em lei. Não pode descumpri-la ou negligenciar seu cumprimento. Ao contrário, tem o dever legal de buscar a realização das finalidades normativas encampadas pelo sistema jurídico.

Ocorre que, no agir, pode o servidor praticar atos ilegais ou com abuso de poder. Sempre que o servidor utilizar de sua competência para atingir finalidades não previstas no ordenamento jurídico, cometerá desvio de poder. O abuso vem caracterizado quando ao agente não foi outorgada a competência.

Em qualquer hipótese, o agente responde por seu ato, "civil, penal e administrativamente pelo exercício irregular de suas atribuições" (art. 121 da Lei 8.112/1990).

20.5 *Responsabilidade civil*

A responsabilidade civil decorre de danos patrimoniais ou morais que o servidor pode causar a terceiros ou ao próprio Estado. Já deixamos

---

13. *Ementário do STJ* 9/628 e 10/602; *RSTJ* 14/440 e 62/216.

RESPONSABILIDADE DO ESTADO E DO SERVIDOR

claro que, no seu agir ou no seu omitir, o servidor pode causar lesões. Estas, sendo de ordem moral, agridem a intimidade das pessoas, no que toca à sua honra, basicamente. Segundo Carlos Alberto Bittar, "qualificam-se como morais os danos em razão da esfera da subjetividade, ou do plano valorativo da pessoa na sociedade, em que repercute o fato violador, havendo-se como tais aqueles que atingem os aspectos mais íntimos da personalidade humana (o da intimidade e da consideração pessoal), ou o da própria valoração da pessoa no meio em que vive e atua (o da reputação ou da consideração social)".[14] O dano moral diz respeito à consideração que tem a pessoa em sua comunidade. Necessária a análise fática da agressão no seio do segmento social em que o agredido vive. Uma palavra dita numa favela ou num cortiço pode ter um significado agressivo que não tenha no meio da chamada elite. Cada qual reagirá de acordo com suas convicções e com seus paradigmas de comportamento. Cometendo o servidor agressão moral ou patrimonial, responderá por ela, seja como responsável principal, seja subsidiário, em ação de regresso.

Celso Antônio afirma que: "A ação de responsabilidade civil contra o servidor que haja causado danos ao erário público mediante comportamento ilícito, prescreve em cinco anos, quando não houver má-fé, e dez, no caso de má-fé".[15]

A propósito do assunto entendemos prescritíveis as ações de ressarcimento, tal como consta de nosso *Infrações e sanções administrativas*,[16] e como vem fundamentado no capítulo 22.

20.6 Dolo ou culpa

O comportamento que pode ensejar a responsabilidade pode ser doloso ou culposo. Dispõe o art. 186 do CC que "aquele que, por ação ou omissão voluntária, negligência ou imprudência, violar direito e causar dano a outrem, ainda que exclusivamente moral, comete ato ilícito". A *culpa* é a ação ou omissão sem intenção de causar dano. O *dolo* é a ação ou omissão voluntária e causadora do dano. A diferença é que no primeiro caso o comportamento é feito de modo involuntário, enquanto no segundo há a vontade livre e consciente de praticar o ato contrário ao Direito. As modalidades de culpa são a *negligência*, a *imprudência* e

14. Carlos Alberto Bittar, *Reparação Civil por Danos Morais*, São Paulo, Ed. RT, 1992, n. 7, p. 41.

15. *Curso de Direito Administrativo*, cit., 31ª ed., 2014, p. 333.

16. 3ª edição, Ed. RT, 2012.

194 SERVIDORES PÚBLICOS

a *imperícia*. A *negligência* caracteriza-se pela omissão; a *imprudência*, pela ação descuidada; e a *imperícia*, pela falta de conhecimento técnico apropriado. O médico que causa dano em decorrência de cirurgia age por imperícia. O servidor que deixa de dar andamento a expediente que tem o dever de encaminhar causa dano por negligência. O servidor que devendo abster-se de determinada conduta, ainda assim a realiza, age com imprudência.

20.7 Responsabilidade penal

Para efeitos penais, considera-se servidor todo aquele que, ainda que transitoriamente ou sem remuneração, exerce cargo, emprego ou função pública em entidade estatal, autárquica ou paraestatal, e quem trabalha para empresa prestadora de serviço contratada ou conveniada para a execução de atividade típica da Administração Pública (art. 327, *caput* e § 1º do CP).

O conceito alcança a *paraestatal* que, no dizer de José Cretella Júnior "revestiu-se de tal plasticidade que hoje designa todo tipo de entidade que não seja o Estado, pelo que, ao ser empregado, precisa ser definido".[17]

O conceito de paraestatal alcança todas as entidades que estejam paralelas ao Estado, isto é, as autarquias, sociedades de economia mista, empresas públicas, agências, fundações etc. O conceito há de ser o mais amplo possível.[18] O alcance do conceito abrange, inclusive, entidades que, no futuro, se possam constituir, paralelas ao Estado, desde que com este tenham algum vínculo ou que exerçam qualquer parcela de poder público.

A *responsabilidade penal* decorre de comportamento ou omissão do servidor que ocasione crime ou contravenção, especialmente os funcionais (contra a Administração Pública, contra a Administração da Justiça etc.).

Havendo ciência do cometimento de um crime, instaura-se o inquérito policial, que dará embasamento à denúncia a ser apresentada pelo Ministério Público, iniciando-se a ação penal. Se houver condenação criminal, sofrerá o servidor as consequências de seu ato nos âmbitos civil e administrativo (art. 935 do CC). Assim sendo, a condenação criminal

---

17. *Curso de Direito Administrativo*, 6ª ed., Rio de Janeiro, Forense, 1981, n. 32, p. 52.

18. *RT* 788/526, STF, rel. Min. Moreira Alves.

RESPONSABILIDADE DO ESTADO E DO SERVIDOR 195

faz coisa julgada nas outras esferas. A absolvição no âmbito penal só fará coisa julgada (e, pois, não se poderá questionar nos demais âmbitos) se o fundamento decorrer de inexistência do fato ou de não ser o servidor o autor do fato criminoso. Se a absolvição decorrer de insuficiência de provas, não há exclusão dos ilícitos administrativo e civil. O STF assim já decidiu, entendendo serem "independentes as instâncias penal e administrativa, só repercutindo aquela nesta quando ela se manifesta pela inexistência material do fato ou pela negativa de sua autoria".[19]

Da condenação criminal pode resultar a perda do cargo.

Vale notar que a condenação do servidor a menos de quatro anos, pode não resultar em perda do cargo. No entanto, caso fique preso, os vencimentos ficam suspensos. Nem teria sentido recebê-los, não estando no exercício de qualquer atividade. No entanto, como tem caráter alimentar, como ficam os direitos de seus dependentes? Terão eles direito a perceber o denominado *auxílio reclusão*, isto é, dois terços da remuneração enquanto perdurar o afastamento decorrente da prisão, nos casos de flagrante ou preventiva e a metade da remuneração, no caso de condenação, por sentença definitiva. No primeiro caso, uma vez absolvido, integraliza-se a remuneração. Condenado à perda do cargo, cessa o auxílio.

20.8 Responsabilidade administrativa

A *responsabilidade administrativa* decorre do descumprimento de normas internas. O servidor tem o dever de atendimento à lei que disciplina sua conduta (o denominado Estatuto).

Ali se inserem as normas de comportamento A que tem ele que atender. Comportando-se de forma contrária à prevista, comete *infração administrativa*, e por essa conduta sofrerá as sanções estabelecidas na lei.

---

19. STF, MS 22.438-0-SP, rel. Min. Moreira Alves, *DJU* 6.2.1998, p. 8. No mesmo sentido: STF, MS 22.476-2-AL, rel. Min. Marco Aurélio, *DJU* 3.10.1997, p. 49.230.

Capítulo 21
PROCESSO ADMINISTRATIVO

21.1 Processo administrativo. Sindicância e procedimento. 21.2 Coisa julgada administrativa. 21.3 Anistia. 21.4 Sanções

21.1 Processo administrativo. Sindicância e procedimento

Antigamente já se discutia sobre a jurisdicionalização do processo administrativo. Na preciosa lição de Léon Duguit "em todos os países, e particularmente na França, surge uma tendência acentuada da repressão disciplinar a se aproximar da repressão penal, a se jurisdicionalizar. Esta transformação se explica naturalmente pela necessidade, que se faz sentir mais premente a cada dia, de se conceder a todos os indivíduos, funcionários ou simples particulares, uma proteção tão completa quanto possível contra o arbítrio. Esta transformação se liga também à ideia muito justa de que, se os agentes se sentem melhor amparados contra o arbítrio dos chefes de serviço, eles agirão mais utilmente, com mais zelo e atividade, nas tarefas que lhes são cometidas. A tendência da repressão disciplinar a se jurisdicionalizar aparece sob diversos aspectos. (...) Estou convencido de que chegará o momento em que, para a repressão duma falta de serviço de todo funcionário haverá uma verdadeira jurisdição diante da qual se desenvolverá um debate contraditório, um momento em que haverá uma definição legal e uma enumeração limitativa dos fatos capazes de constituir uma falta de serviço e uma enumeração legal e limitativa de penalidades podendo ser pronunciada para reprimir--se esta falta".[1]

---

1. *Traité du Droit Constitutionnel*, vol. III, p. 257 e ss.

PROCESSO ADMINISTRATIVO

Caio Tácito é bastante firme ao afirmar que "a autonomia do direito disciplinar é tema pacífico em matéria administrativa, não se conformando, em seus delineamentos essenciais, aos ditames da responsabilidade penal".[2]

Em verdade assim é. O processo administrativo aproxima-se do processo penal. Para sua instauração é, imprescindível, em primeiro lugar, que a pena que possa vir a ser cominada seja a de demissão, em tese, embora, diante da prova, outras possam ser aplicadas. Em segundo lugar, imprescindível que haja enumeração taxativa dos fatos que possam envolver a aplicação da pena, denotando tipicidade, previsão das penalidades que possam ser impostas, a autoridade competente para instaurar o procedimento, a descrição do fato e do comportamento imputado ao servidor, indicando data, hora e dia do cometimento da infração. Enfim, dados precisos, que possam facilitar a defesa. Demais disso, há que se respeitar os exatos termos da Constituição quando determina a ampla defesa, permitindo-se a produção escorreita da prova, etc.

O Ministério Público não tem legitimidade para instaurar inquérito administrativo ou sindicância para apurar comportamento de servidores, salvo os de sua estrutura administrativa.[3]

No entanto, antes de analisarmos o processo administrativo, impõe-se distingui-lo de outras espécies procedimentais. O importante a ressaltar é que "afora alguns aprimoramentos de substância e de forma procedimental, inexiste o processo administrativo jurisdicionalizado por um motivo: ser a Administração o juiz".[4]

Procedimento é mero encadeamento de atos. Encaminhamento de papéis de uma repartição para outra. Procedimento é exteriorização da vontade administrativa através de atos que se sucedem no tempo. A abertura de uma licitação através do edital é o ato instaurador de um procedimento. Os atos intermediários integram o procedimento licitatório. A abertura de um concurso para provimento de cargos deflagra uma série de outros atos. É o procedimento. É rito.

Sindicância é procedimento que objetiva a apuração de um fato ou de quem seja seu autor. Instaura-se, normalmente, através de portaria da autoridade competente. É mera verificação ou apuração de um fato infracional. Por exemplo, a ocorrência de furto no interior de uma re-

2. "Pena disciplinar", *RDA* 45/482.

3. *RTJ* 167/53.

4. Regis Fernandes de Oliveira, *O Funcionário Estadual e seu Estatuto*, Max Limonad, 1975, p. 261.

198   SERVIDORES PÚBLICOS

partição enseja a abertura de sindicância para que se apure quem seria o autor. Não há qualquer outra indicação. Desenvolve-se através de um procedimento. Nada se apurando, arquiva-se a sindicância. Tendo sido instaurada para apurar o autor da infração e sendo ele identificado, servirá de base para abertura do processo administrativo. Caso a pena a ser aplicada seja de advertência até suspensão de 30 dias, o procedimento é suficiente.

Inquérito não tem significação jurídico-administrativa. É expressão utilizada na Polícia Judiciária para identificar a abertura de perquirição policial sobre fato ou autor de crime ou contravenção.

Processo administrativo é o procedimento administrativo destinado a demonstrar a ocorrência de um fato infracional, imputando-se o comportamento ilícito a alguém e que culmina com uma decisão. Assim sendo, "sempre que a falta cometida pelo funcionário puder dar causa a sua demissão, necessário e obrigatória a instauração do processo administrativo".[5]

O processo administrativo insere-se no conceito de garantia de todos, uma vez que serve para apurar faltas funcionais. É instrumento importante na democracia. Tanto é assim que o inciso LV do art. 5º da CF assegura que "aos litigantes, em processo judicial ou administrativo, e aos acusados em geral são assegurados o contraditório e ampla defesa, com os meios e recursos a ela inerentes". Como assinalam Sérgio Ferraz e Adilson Abreu Dallari, "o processo administrativo aberto, visível, participativo, é instrumento seguro de prevenção à arbitrariedade".[6] Logo, não interessa apenas à Administração, mas a fiscalização do procedimento é essencial para assegurar uma decisão justa. O Supremo Tribunal consolidou jurisprudência no sentido de ser "necessário processo administrativo, com ampla defesa, para demissão de funcionário admitido por concurso".[7]

Subordina-se, basicamente, ao *princípio da legalidade*, ou seja, todos os atos têm que guardar estrita sintonia com o preceito legal que os rege. Significa que, para que se instaure um processo administrativo, tem que existir fato certo e determinado, apontando-se seu autor, e que de seu comportamento resulte infração ao ordenamento normativo.

5. *RT* 376/337.
6. Sérgio Ferraz e Adilson Abreu Dallari, *Processo Administrativo*, 3ª ed., São Paulo, Malheiros Editores, 2012, p. 26.
7. Súmula n. 20.

PROCESSO ADMINISTRATIVO

Cabe à Administração instaurar o processo, constituindo-se a omissão da autoridade competente em grave infração funcional. Tem o dever de fazê-lo, uma vez que se destina não apenas a proteger a Administração Pública, que somente pode fazer aquilo que a lei determina, mas também a garantir e preservar a intimidade do indivíduo que se vê ameaçado pelo superior. Tem ele o direito de se ver processado pelos mecanismos legais previstos.

Desnecessários requintes de forma ou bizantinismo exagerado, dispensando certos formalismos do processo civil.[8]

Deverá, de seu turno, ser dotado de ampla publicidade. Aliás, o art. 37 da CF assim determina. Não há atos secretos ou sigilosos. Tal imposição apenas ocorre quando for essencial para preservar a intimidade do acusado. No mais, todos os atos são públicos.

A instauração é ato privativo da autoridade competente. Pode servir-se de sindicância anterior, que irá instruir o processo administrativo. A peça inaugural deve conter a descrição especificada do fato apontado como infracional, indicando seu autor. Se a portaria instauradora do processo administrativo "não contém a exposição do fato ou fatos que constituem infrações disciplinares, com todas as suas circunstâncias, à semelhança do que se faz na ação penal, com a denúncia que é peça básica da *persecutio criminis*, a portaria é nula".[9] Deve detalhar as circunstâncias, data, se possível horário em que ocorreu o fato. Já se decidiu ser nulo processo administrativo sem especificar a falta grave atribuída ao servidor.[10] Já se entendeu que a falta de portaria anula o processo.[11] Tal exigência destina-se a possibilitar ao acusado que formule ou apresente sua defesa.

O fato deve ser típico, isto é, deve consubstanciar uma conduta tida, na lei, como infracional. Deve o comportamento agredir a regularidade, a dignidade, e, por vezes, a essencialidade do serviço público. Os fatos devem estar tipificados na lei. O Tribunal de Justiça de São Paulo já entendeu que meras gratificações ocasionais, em forma de gratidão, por força de comprovado relacionamento de amizade e cordialidade existentes entre servidor e particular, não caracterizam infração administrativa.[12]

8. *RDA* 137/221.
9. *RT* 232/257.
10. *RT* 277/479, 302/288 e 321/260.
11. *RT* 674/97.
12. *RT* 761/592.

SERVIDORES PÚBLICOS

É imperioso que uma comissão seja designada, com servidores de nível superior ao do indiciado, para colherem a prova, sob presidência de um deles. Pode o acusado, ao ter conhecimento dos integrantes da comissão, impugnar qualquer um de seus membros, seja por suspeição (possibilidade de insegurança em relação ao comportamento idôneo quando do julgamento – aspecto subjetivo) ou por impedimento (relação objetiva que pressupõe adulteração no julgamento – parentesco com eventual vítima ou com a autoridade superior que pressiona para o acolhimento da acusação etc.).

Ato de instauração é a citação, a fim de que se inicie o contraditório. Sem citação, nulo será o processo.[13] Não sendo encontrado o servidor, faz-se a citação ficta. Pode ser utilizado veículo de comunicação, por exemplo, rádio local ou anúncio em alto falante, o que legitima a citação ficta. Isso para ter o acusado acesso à acusação que lhe é imputada, preparando-se para apresentar sua defesa.

Na sequência deve haver o interrogatório do réu a propósito do assunto, o que se constitui em seu direito.[14] Poderá este, querendo, fazer-se acompanhar de advogado.

Instaura-se a fase probatória, quando serão ouvidas as testemunhas indicadas na portaria instauradora bem como, na sequência, as arroladas pelo acusado. A inquirição de testemunhas é direito do acusado. Caso seja a prova indeferida e havendo interesse em sua produção, há ofensa a garantia constitucional, devendo ser anulada eventual pena aplicada.[15] Caso haja vedação a que o advogado formule pergunta à testemunha, fere-se o direito de defesa e o direito do advogado.[16] Requisitam-se documentos de repartições, pede-se ao Judiciário a quebra de sigilo bancário ou telefônico, tudo para demonstrar a ocorrência da infração. Pode realizar-se prova pericial, para demonstrar, por exemplo, eventual apropriação de recursos públicos (peculato).

Seria possível a quebra do sigilo bancário e fiscal do servidor público? Depende das circunstâncias. Caso haja elementos fortes de prova no sentido de indicar que a providência é necessária, impõe-se a quebra, que deve ser solicitada ao juiz. Caso contrário, não deverá o magistrado permitir a invasão da intimidade do servidor. No entanto, havendo indícios, é obrigatória a determinação, uma vez que não se pode privilegiar

13. *RJTJSP* 4/176.
14. *RDA* 37/345.
15. *RT* 695/95.
16. *RT* 401/205.

PROCESSO ADMINISTRATIVO 201

bandidos.[17] O pedido da quebra do sigilo pode ser feito na fase administrativa ou na processual.[18]

Segundo decisão do STJ, "respeitado o contraditório e a ampla defesa, é admitida a utilização, no processo administrativo, de 'prova emprestada' devidamente autorizada na esfera criminal. Precedentes".[19] O direito de vista dos autos é garantia da boa defesa. O acusado não pode ficar alheio ao que se passa no interior do processo. Tem o direito de saber o que contra si foi apurado, de examinar documentos anexados ou laudo pericial juntado aos autos. A vista pode ocorrer no interior da Secretaria, em lugar apropriado, ou fora da repartição, desde que preservada a higidez do processo e que o advogado que os retira tenha procuração nos autos. Pode, eventualmente, por cautela, o diretor ou a autoridade competente determinar a extração de todas as peças do processo e entregá-las ao solicitante.

Há plena garantia da ampla defesa, tal como estabelece a CF, nos exatos termos do inciso LV do art. 5º. Como assinala Manoel Gonçalves Ferreira Filho, o administrador está obrigado a "velar para que todo acusado tenha o seu defensor; zelar para que tenha ele pleno conhecimento da acusação e das provas que a alicerçam; e possam ser livremente debatidas essas provas ao mesmo tempo em que ofereçam outras (o contraditório propriamente)".[20]

Terminada a coleta da prova e exaurida a fase instrutória, há a apresentação de razões finais ou memoriais, após o que a Comissão elabora um relatório a respeito dos fatos e, dependendo da competência, aplicará ou não a sanção. Não tendo competência, limitar-se-á a efetuar um relatório sobre o ocorrido e opinará pela aplicação ou não de sanção.

Com base em tais dados, caberá à autoridade competente proferir seu julgamento, isentando o acusado de qualquer sanção ou aplicando-lhe a punição prevista em lei. Em tal hipótese, cabe-lhe dosar a pena de acordo com a gravidade da infração, a intensidade do elemento subjetivo, o dano causado etc. Pressuposto da validade da decisão é sua

17. *RT* 776/590.

18. *RT* 759/215.

19. STJ, MS 17.954-DF, rel. Min. Benedito Gonçalves, 1ª Seção, j. 26.2.2014, *DJ-e* 19.3.2014.

20. Manoel Gonçalves Ferreira Filho, *Comentários à Constituição Brasileira de 1988*, v. 1, São Paulo, Saraiva, 1990, p. 68.

202 SERVIDORES PÚBLICOS

fundamentação. Não pode o servidor alegar ignorância de que o fato constituía infração.[21]

Não há falar em decisão calcada em convicção íntima do julgador. Deve ele, ao proferir a sentença administrativa, explicar em que fundamentos se calca para chegar a determinada conclusão. Tem que explicitar os fundamentos em que se assenta. Deve tentar persuadir, racionalmente, o leitor ou a comunidade administrativa de que proferiu julgamento correto e justo. Ademais, o acusado tem o direito de saber por que está sendo punido.

Conatural ao direito de ver-se processado é o direito de recorrer da decisão. Haverá órgãos superiores que estarão credenciados para apurar a compatibilidade dos fundamentos com os fatos e manter a decisão, se for o caso, ou reformá-la, na hipótese de não vir ela assentada na correta análise dos fatos.

Não se pode deixar de aceitar uma revisão da decisão, uma vez proferida, de vez que pode conter irregularidade ou vício que a macule.

Nos casos de violação a texto expresso de lei ou de decisão contrária à evidência do que consta dos autos, cabível é a revisão. Não será ela mera repetição do já processado, mas fatos novos, outras testemunhas, apontamento de vício na produção da prova, documento novo, tudo pode ensejar a propositura de revisão.

Importante ressaltar que não basta tenha o processo seguido a tramitação legal para que possa desembocar na aplicação de sanção. A pena há que revelar o que se produziu no processo. Deve ressaltar dos fatos a conduta contrária àquela prevista pelo Direito para que possa haver sanção. Caso contrário, legitimado está o acusado a propor a revisão do julgamento.

Eventual acolhimento, torna sem efeito a sanção anteriormente aplicada ou reduz sua densidade. Pode a família de acusado falecido interpor o pedido de revisão. Há casos que demandam a defesa da honra. Ela, embora direito personalíssimo, pode ser defendida pela memória do falecido. Logo, transmite-se o direito à família, ainda mais quando houver reflexos pecuniários.

21.2 Coisa julgada administrativa

Existiria a coisa julgada administrativa de forma a ensejar a imutabilidade do comportamento administrativo? Forsthoff ensina que "são

---

21. *RT* 753/147.

PROCESSO ADMINISTRATIVO

suscetíveis de forma formal de coisa julgada todos os atos administrativos inclusive sentenças de jurisdição administrativa enquanto não impugnáveis por meio de recursos. Entretanto, neste sentido, só se podem interpretar como recursos o que o são em sentido técnico e formal e não o mero requerimento de graça, pois só aqueles, enquanto se acham legalmente garantidos, estão submetidos a prazo cujo transcurso é necessário como exigência lógica para que nasça a força da coisa julgada".[22]

Os atos administrativos destinam-se à estabilidade e são imperativos. No segundo sentido, têm a força de ingressar na esfera íntima dos outros. Pelo primeiro, são imutáveis, desde que atendam aos interesses administrativos. Caso a Administração Pública decida contra si própria, a decisão tem força de coisa julgada em face da Administração Pública. Não pode pretender anulá-la, salvo se manifestamente ilegal. Conforma já escrevemos: "Pode-se afirmar, pois, que existe, entre nós, a coisa julgada administrativa, quando menos, em prejuízo da Fazenda Pública".[23] No caso de um processo administrativo, desempenha ela "duplo papel: é parte e juiz, ao mesmo tempo, sem que seu julgamento seja independente e deixa de valorar as provas colhidas, ou como o deveriam ser".[24]

Se em processo administrativo já houvera sido o servidor absolvido, não há como reabrir a instrução processual com os mesmos argumentos e fatos iguais, nem pode, com base neles, a Administração Pública impor qualquer pena.[25]

21.3 Anistia

Como define Maria Stella Villela Souto Lopes Rodrigues, anistia "é o perdão concedido ao criminoso pelo Poder Legislativo, estando, em regra, ligada ao crime político, deliberando a lei tornar impuníveis aqueles que, em determinado momento, cometeram certos crimes, que ela apaga, extinguindo-lhe os efeitos, se já tiver havido sentença, excetuados os de natureza civil (dever de indenizar, perdimento de instrumentos ou produtos do crime, etc.)".[26] O art. 8º do ADCT concedeu anistia aos que foram atingidos por atos de exceção, por motivação exclusivamente política. Assim, desapareceram eventuais infrações administrativas, restabelecendo-se os direitos daqueles que foram afastados do serviço

---

22. *Tratado de Derecho Administrativo*, trad. espanhola, 1958, p. 3.248.
23. *O funcionário...*, cit., p. 261.
24. Idem, ibidem.
25. *RT* 710/216.
26. *ABC do Direito Penal*, 13ª ed., Ed. RT, 2001, p. 245.

204 SERVIDORES PÚBLICOS

público. O § 5º do art. 8º foi expresso no alcançar os servidores civis. A anistia apaga a falta, restabelecendo direitos. No entanto, se a demissão decorreu de outro fundamento, qual seja, de crime comum ou de faltas, não se aplica o dispositivo constitucional.[27]

21.4 Sanções

Traço essencial da doutrina jurídica é a imposição de penalidades, sanções ou punições para que a pessoa, amedrontada, compatibilize suas atividades às que deve prestar à população. Não há direito sem sanção. A civilização, aliás, como bem frisou Freud, em seu *O mal estar na civilização*, nasce com a repressão.

Enquanto as pessoas estão no denominado estado de natureza, cada qual faz o que quer e não responde por nada. Ainda não há regra a ser seguida. A partir do momento em que nasce a repressão, formula-se o respeito a determinados comportamentos.

Nasce o direito, pois, com a aplicação de sanções institucionalizadas, na dicção de Bobbio. A repulsa pela sociedade a determinado comportamento identifica a reação moral. Quando a regra é instituída em lei e, para seu descumprimento, dentro dos modais deônticos (*é obrigatório que*, *é proibido que*, e *é permitido que*) nasce a reação do ordenamento normativo, temos a sanção. Esta se constitui, pois, na reação do ordenamento jurídico ao descumprimento do comportamento exigido por ele, no dizer de Kelsen. Ela pode ser mais suave ou mais forte, dependendo da agressão que o regramento normativo sofra. Para graves infrações, sanções pesadas. Para pequenas lesões, suaves penas.

Na vida do servidor público assim é que ocorre. Tem ele uma série de obrigações a cumprir. Satisfazendo-as, será premiado (promoção, ascensão funcional, reversão, recebimento integral dos vencimentos etc.). Descumprindo-as sofrerá punições. Poderá ser advertido, com mera chamada de atenção. Será repreendido em mínimas transgressões. Sofrerá multa, se o caráter for pecuniário. Suspensão (afastamento provisório das funções) em casos de infrações mais graves. Demissão, nos casos gravíssimos de agressão à ordem jurídica.

Prevalecem, em tal campo, os princípios da razoabilidade e da proporcionalidade. Há uma graduação de sanções que deve ser proporcional à gravidade da infração. Não há metragem ou dosagem exata para cada qual. Tudo irá depender da situação, do momento, do elemento

27. *RT* 760/178.

PROCESSO ADMINISTRATIVO 205

subjetivo, da lesão etc. Cada infração será aferida pelo instante em que praticada. Diga-se o mesmo da razoabilidade. A sanção será aplicada de conformidade com tal critério.

Em suma, há estreita correlação entre a gravidade da infração com a severidade da sanção. Estão imbricadas. Uma é consequência da outra. Pode-se dizer que é a mais límpida tradução da lei de Talião. Esta diz "olho por olho, dente por dente". Em linguagem moderna, pode- -se identificar em tal frase que à gravidade da lesão cabe a gravidade da sanção. Não significa que se alguém feriu o olho de outro que deva ser ferida no seu. Não. Esta é interpretação literal e pedestre do texto. Modernamente, significa que há de incidir sobre a lesão e consequente sanção os princípios da razoabilidade e da proporcionalidade.

Tais princípios são de atendimento obrigatório por parte da Administração Pública e também por parte do Poder Judiciário. O juiz não está acima da lei. Deve-lhe integral obediência. Logo, ao efetuar a adequação do fato à norma o magistrado não pode deixar de atentar à gravidade do comportamento do agente e a imposição da sanção adequada ao fato. Caso não o faça, o Tribunal deverá ou anular a sentença proferida em primeiro grau ou rever a sanção, ajustando-a à conduta apurada.

Poderia o Judiciário alterar a sanção aplicada pela Administração Pública, elevando-a ou reduzindo-a?

O Judiciário não se acha preso à decisão administrativa. Esta, como se vê, não impede qualquer revisão no nível jurisdicional, apenas na hipótese de decisão condenatória em descompasso com a norma. Ao decidir administrativamente, a Administração Pública esgota suas atribuições. Se aplicou sanção a determinado funcionário, opera-se o que se denomina *coisa julgada administrativa,* como se viu no item 21.2.

Capítulo 22
PRESCRIÇÃO DA AÇÃO DE RESSARCIMENTO DE DANO CAUSADO AO ERÁRIO

Muito se discute acerca da prescrição das ações de ressarcimento de danos causados ao erário. Alguns entendem que elas não devem prescrever nunca. Já, parte da doutrina se apoia na tese da segurança jurídica das relações como fundamento para justificar a adoção da prescrição para essas ações.

Antes de tecer qualquer consideração, faz-se necessário compreender a finalidade essencial do instituto da prescrição. A sua razão de ser.

No direito romano primitivo, as ações eram perpétuas e o interessado a elas podia recorrer a qualquer tempo. A ideia de prescrição surge no direito pretoriano, pois o magistrado vai proporcionar, às partes, determinadas ações capazes de contornar a rigidez dos princípios dos *jus civile*.

O Estado não tem interesse em prolongar indefinidamente os litígios. Deseja dirimi-los com brevidade, a fim de restituir a paz e a harmonia ou impedir perigo para a sociedade, além de gerar economia para os cofres públicos.

O decurso de tempo é um acontecimento natural de importância inigualável para o direito, pois enseja o denominado conflito de leis no tempo, disciplinado pelo direito intertemporal. Assim, a prescrição vem a ser o modo pelo qual um direito se extingue pela inércia, durante certo lapso de tempo, de seu titular, que fica sem ação própria para assegurá-lo, na magistral definição de Orlando Gomes.

Muitos autores acreditam que o verdadeiro fundamento da prescrição reside na ordem social, na segurança das relações jurídicas.

AÇÃO DE RESSARCIMENTO DE DANO CAUSADO AO ERÁRIO 207

A prescrição, portanto, vem a ser medida de política jurídica, ditada no interesse da harmonia social.

Para os que compartilham dessa opinião, cogitar a imprescritibilidade é difundir a insegurança nas relações sociais, premiando a negligência dos legitimados ativos à persecução do ilícito violando o princípio constitucional da isonomia que também se aplica aos sujeitos processuais.

O STJ já afirmou ser "pacífico o entendimento desta Corte Superior no sentido de que a pretensão de ressarcimento por prejuízo causado ao erário, manifestada na via da ação civil pública por improbidade administrativa, é imprescritível".[1]

Diante disso, entende-se que o prazo de cinco anos previsto na Lei 8.429/1992, diz respeito apenas à aplicação das penalidades (suspensão dos direitos políticos, perda da função pública e proibição de contratar com o Poder Público), não incidindo sobre casos em que haja necessidade de pleitear o ressarcimento dos danos causados ao erário.

Nesse sentido, também se manifestou a doutrina majoritária. Sustentam os autores que, todas as ações condenatórias estão sujeitas a prazos prescricionais, surgindo a imprescritibilidade como preceito de exceção. Ora, as exceções interpretam-se restritivamente; sendo assim, devem estar expressas na lei de forma clara. Não se deve deixar qualquer margem de dúvida acerca da intenção do preceito legal que trata de uma exceção.

A questão, a nosso ver, está ainda dependendo de maior e melhor estudo.

Ilícito administrativo significa que a conduta do agente é contrária àquela prevista em lei. Como ensina Kelsen, a norma capta fatos da vida empírica tipificando comportamentos e dando a eles uma consequência jurídica. Se o modal é obrigatório ou proibido há a consequência de uma reação da norma ao comportamento contrário ao obrigatório ou proibido. É a sanção. Esta pode ser maior ou menor, dependendo da reação do ordenamento normativo. A infrações menores, sanções a ela adequadas; às mais graves, punições severas.

Como já afirmei, "a reação da ordem jurídica depende da agressão que contra ela é praticada. Dependendo da gravidade do ilícito ou do ato antijurídico, teremos a graduação das espécies".[2]

---

1. REsp 1.199.617-RJ, rel. Min. Mauro Campbell Marques, 2ª Turma, j. 16.9.2010, *DJ-e* 8.10.2010.

2. V. acima, Cap. 19, *Ilícito administrativo*.

208 SERVIDORES PÚBLICOS

Os autores têm sustentado que todo ilícito prescreve. Prescrição é a perda do direito de punir, na hipótese sancionatória. A inércia na apuração do fato punível enseja, de acordo com os prazos legais, a decadência ou a prescrição. A primeira é a perda do direito; a segunda, da ação ensejadora da sanção.

Como diz José Afonso da Silva "a prescritibilidade, como forma de perda da exigibilidade de direito, pela inércia de seu titular, é um princípio geral de direito".[3] Como já sustentei anteriormente, "todas as sanções são prescritíveis. Decorre do princípio da segurança jurídica. Não tem sentido que, cometida uma infração, fique eternamente ao alvedrio da Administração Pública a apuração do fato e sua punição. Se não chega ao conhecimento dela, não há termo inicial. Conhecido o fato infracional, inicia-se o prazo prescricional".[4]

Ocorre que o art. 37, § 5º da Constituição instituiu uma ressalva ao texto. Afirma José Afonso da Silva: "É uma ressalva constitucional e, pois, inafastável, mas, por certo, destoante dos princípios jurídicos, que não socorrem quem fica inerte (*dormientibus non sucurrit ius*). Deu-se assim à Administração inerte o prêmio da imprescritibilidade na hipótese considerada".[5]

O artigo merece ser analisado em todos os seus aspectos. O artigo tem dois comandos. O primeiro é de que a lei estabelecerá os prazos de prescrição dos atos ilícitos que causem prejuízo ao erário. Este é um preceito. O segundo é que a lei estabelecerá prescrições para as respectivas ações de ressarcimento. Compreendo-o sob tal óptica. O que a Constituição estabeleceu foi que haveria duas leis e não apenas uma, cuidando de todos os aspectos. E fê-lo bem o constituinte. Um dos textos normativos tem cunho administrativo, isto é, cabe-lhe estabelecer os ilícitos e respectiva perda do direito de punir. Outra coisa bem diversa é seu perfil civil.

O verbo "estabelecerá" alcança duas ações bastante diferentes. Uma é o estabelecimento de prescrição para ilícitos. Outra é a prescrição para ações de ressarcimento. O que o texto deixa claro é a elipse operada em sua formulação.

O "ressalvado" utilizado no texto impõe não a exclusão do alcance da prescrição, mas que haveria as ações respectivas de ressarcimento com prazos diferentes e em outro texto normativo.

---

3. *Curso de direito constitucional positivo*, 37ª ed., Malheiros Editores, 2014, p. 682.

4. V. acima, item 19.2, *Prescrição e decadência do direito de punir*.

5. *Curso de Direito Constitucional Positivo*, cit., p. 682.

AÇÃO DE RESSARCIMENTO DE DANO CAUSADO AO ERÁRIO 209

Interpretação contrária leva-nos ao absurdo de existir um credor absolutamente privilegiado no Direito brasileiro. Alguém que está acima do bem e do mal. Só podemos tributar, mantida a imprescritibilidade, o texto a manifesto erro do constituinte. Equívoco que não pode subsidiar interpretação da existência de alguém, no Direito brasileiro, com privilégios absolutos de crédito patrimonial.

Tal interpretação está ao arrepio de todos os princípios jurídicos, agride a compreensão do todo do ordenamento, ofende o bom senso e fere a sensibilidade exegética dos institutos.

A ressalva constante do parágrafo constitucional é incompatível com o disposto no próprio artigo que cuida dos princípios da impessoalidade e da moralidade. Ademais, todos os direitos e deveres prescrevem, ressalvados alguns que são personalíssimos, tais como o direito ao nome, a alimentos, ao reconhecimento da paternidade etc. Veja-se o contraditório: princípio da impessoalidade *versus* direitos personalíssimos.

Ademais, é imoral outorga-se ao Estado um direito imprescritível. Seria de bom alvitre a imprescritibilidade nas hipóteses de crimes de lesa-pátria, de atentados às liberdades fundamentais etc. No entanto, estabelecer-se a imprescritibilidade de ação de ressarcimento do erário é manifesto despautério, incrível disparate jurídico.

Sabidamente a Constituição não se interpreta pela leitura de apenas um artigo. A Constituição se constitui num pacto político no qual a sociedade delibera sobre direitos e deveres e estatui a forma de exercício dos poderes do Estado. Ora, o pacto não pode se restringir a um artigo que vai contra o todo constitucional. Não se pretende, por óbvio, defender aquele que causou dano ao erário público. Ao contrário, deve ser punido com toda a severidade das normas em vigor. O que não tem sentido é que a espádua de Dâmocles permaneça sob sua cabeça durante toda a vida. O caráter perpétuo é inadmissível pelo direito.

Daí, propõe-se que, enquanto não sobrevier lei que disponha a respeito, os prazos prescricionais sejam os mesmos relativos às infrações criminais. É o que decorre do bom senso, dos princípios jurídicos que disciplinam matéria relativa ao relacionamento Estado-cidadão.

Entendemos, pois, ao contrário da maioria, que as ações de ressarcimento são prescritíveis, dependendo do que dispuser a lei.

BIBLIOGRAFIA

BANDEIRA DE MELLO, Celso Antônio. *Curso de Direito Administrativo*. 15ª ed. São Paulo, Malheiros Editores, 2003; 31ª ed., 2014.

_____. "Desvio de poder". *RDP* 89/33. São Paulo, Ed. RT.

BANDEIRA DE MELLO, Oswaldo Aranha. *Princípios Gerais de Direito Administrativo*, vol. II. Rio de Janeiro, Forense, 1969; vol. I, 3ª ed., 3ª tir. São Paulo, Malheiros Editores, 2010.

BARROSO, Luís Roberto. *O Direito Constitucional e a efetividade das normas jurídicas – Limites e possibilidades da Constituição brasileira*. 7ª ed. Rio de Janeiro, Renovar, 2003.

BECKER, Alfredo Augusto. *Teoria Geral do Direito Tributário*. São Paulo, Saraiva, 1972.

BINENBOJM, Gustavo. "A constitucionalização do Direito Administrativo no Brasil". *Revista Eletrônica sobre Reforma do Estado-RERE* 13, Salvador, março-maio/2008.

BITTAR, Carlos Alberto. *Reparação civil por danos morais*. São Paulo, Ed. RT, 1992.

BOBBIO, Norberto. *As ideologias e o poder em crise*. Brasília, Ed. UnB, 1988.

_____, MATTEUCCI, Nicola, e PASQUINO, Gianfranco. *Dicionário de Política*. v. I, 8ª ed. Brasília, Ed. UnB.

BOURDIEU, Pierre. *A economia das trocas linguísticas*. 2ª ed. São Paulo, Edusp, 2008.

CAETANO, Marcelo. *Manual de Direito Administrativo*. 7ª ed. Rio de Janeiro, Forense, 1970.

CAIO TÁCITO. "Pena disciplinar", *RDA* 45/482.

CAMMAROSANO, Márcio. *Provimento de cargos públicos no Direito Brasileiro*. 2ª ed. São Paulo, Ed. RT, 1992.

CAVALCANTI, Themístocles Brandão. *Tratado de Direito Administrativo*. 5ª ed., vol. IV. Rio de Janeiro, Freitas Bastos.

212 SERVIDORES PÚBLICOS

COSTA, Moacyr Lobo da. *RDA* 48/482 e *RT* 225/7.

COUTO E SILVA Almiro do. "Princípios da legalidade da Administração Pública e da segurança jurídica no Estado de Direito contemporâneo". *RPGE*, v. 27, 57/11-31, Porto Alegre, 2004.

CRETELLA JÚNIOR, José. *Curso de Direito Administrativo*. 6ª ed. Rio de Janeiro, Forense, 1981.

DALLARI, Adilson Abreu. *Regime constitucional dos servidores públicos*. 2ª ed. São Paulo, Ed. RT, 1992.

_____, e FERRAZ, Sérgio. *Processo Administrativo*. 3ª ed. São Paulo, Malheiros Editores, 2012.

DI PIETRO, Maria Sylvia Zanella. *Direito Administrativo*. 23ª ed. São Paulo, Atlas, 2011.

DIAS, Eduardo Rocha, e MACÊDO, José Leandro Monteiro de. *Nova Previdência Social do Servidor Público*. 3ª ed. São Paulo, Método, 2010.

DUGUIT, Léon. *Traité du Droit Constitutionnel*, vol. III. Paris, E. de Boccard, Editeur, 1927.

DUARTE NETO, Claudionor. *O Estatuto do Servidor à luz da Constituição e da Jurisprudência*. São Paulo, Atlas, 2011.

DURKHEIM, Émile. *De la division de travail social*. Paris, PUF, 1960.

FERRAZ, Sérgio, e DALLARI, Adilson Abreu. *Processo Administrativo*. 3ª ed. São Paulo, Malheiros Editores, 2012.

FERREIRA FILHO, Manoel Gonçalves. *Comentários à Constituição Brasileira de 1988*, vol. 1. São Paulo, Saraiva, 1990.

FIGUEIREDO, Lúcia Valle. *Curso de Direito Administrativo*. 9ª ed. São Paulo, Malheiros Editores, 2008.

FORSTHOFF, Ernst. *Tratado de Derecho Administrativo*. Trad. espanhola, Instituto de Estudios Políticos, 1958.

GASPARINI, Diógenes. *Direito Administrativo*. 8ª ed. São Paulo, Saraiva, 2002.

GOMES, Joaquim B. Barbosa. "Instrumentos e métodos de mitigação da desigualdade em Direito Constitucional e Internacional". < www.mre.gov.br >.

GORDILLO, Agustín. *Princípios de Direito Público*. São Paulo, Ed. RT, 1977.

HAURIOU, Maurice. *Précis Élémentaires de Droit Administratif*. Paris, Sirey, 1930.

JEZE, Gastón. *Les Principes Généraux du Droit Administratif*, vol. II. Paris, Dalloz, 1930.

KAFKA, Franz. *O Processo*. Porto Alegre, L&PM, 2006.

KONDER, Leandro. *Kafka, vida e obra*. Rio de Janeiro, Paz e Terra, 1979.

BIBLIOGRAFIA

LEAL, Roger Stiefelmann. *Memória jurisprudencial: Ministro Orozimbo Nonato*. Brasília, Supremo Tribunal Federal, 2007.

LEAL, Victor Nunes. *Coronelismo, enxada e voto*. São Paulo, Alfa-ômega, 1949.

LÖWY, Michael. *Franz Kafka, sonhador insubmisso*. Rio de Janeiro, Azougue Editorial, 2005.

MACÊDO, José Leandro Monteiro de, e DIAS, Eduardo Rocha. *Nova Previdência Social do Servidor Público*. 3ª ed. São Paulo, Método, 2010.

MACHADO, Hugo de Brito. "Responsabilidade pessoal do agente público por dano ao contribuinte". Revista *Jus Vigilantibus*, 30.12.2002.

MATTEUCCI, Nicola, BOBBIO, Norberto, e PASQUINO, Gianfranco. *Dicionário de Política*, v. I. 8ª ed. Brasília, Ed. UnB.

MAZAGÃO, Mário. *Curso de Direito Administrativo*. 4ª ed. São Paulo, Saraiva.

MEDAUAR, Odete. *Direito Administrativo Moderno*. 7ª ed. São Paulo, Ed. RT, 2003.

MEIRELLES, Hely Lopes. *Direito Administrativo Brasileiro*. 40ª ed. São Paulo, Malheiros Editores, 2014.

MELO, Mônica de. "O princípio da igualdade à luz das ações afirmativas: o enfoque da discriminação positiva". *Cadernos de Direito Constitucional e Ciência Política*, ano 6, n. 25, out.-dez./1998.

MENDES, Gilmar. *Curso de Direito Constitucional*. 3ª ed. São Paulo, Saraiva, 2008.

MENEZES DIREITO, Carlos Alberto. "Reforma administrativa: a Emenda 19/1998". *RDA* julho-setembro/1998.

MORAES, Alexandre de. *Reforma administrativa – Emenda Constitucional 19/1998*. 2ª ed. São Paulo, Atlas.

MOREIRA NETO, Diogo de Figueiredo. "Teto remuneratório (notas sobre a aplicação do teto remuneratório instituído pela Emenda Constitucional n. 19/98)". *Revista do MP do Rio de Janeiro* 15/95.

NÉRI DA SILVEIRA, José. "A reforma constitucional e o controle de sua constitucionalidade", *Ajuris* 64/209-210.

OLIVEIRA Regis Fernandes de. *O funcionário estadual e seu Estatuto*. São Paulo, Max Limonad, 1975.

_____. *O Direito na Bíblia*, Ed. Bom Pastor.

_____. *Infrações e sanções administrativas*. 3ª ed. São Paulo, Ed. RT, 2012.

_____. *Responsabilidade Fiscal*. 2ª ed. São Paulo, Ed. RT, 2002.

PASQUINO, Gianfranco, BOBBIO, Norberto, e MATTEUCCI, Nicola. *Dicionário de Política*, v. I. 8ª ed. Brasília, Ed. UnB.

214 SERVIDORES PÚBLICOS

PONTES FILHO, Valmir. *A proteção aos direitos adquiridos no Direito Constitucional Brasileiro.* São Paulo, Saraiva, 2003.

ROCHA, Carmen Lúcia Antunes. "Ação afirmativa – O conteúdo democrático do princípio da igualdade jurídica". *RTDP* 15/85. São Paulo, Malheiros Editores.

RIGOLIN, Ivan Barbosa. *O servidor público na Constituição de 1988.* São Paulo, Saraiva, 1989.

RODRIGUES, Maria Stella V. S. Lopes. *ABC do Direito Penal.* 13ª ed. São Paulo, Ed. RT, 2001.

ROMITA, Arion Sayão. *Regime Jurídico dos Servidores Públicos Civis: aspectos trabalhistas e previdenciários.* São Paulo, LTr, 1993.

ROSAS, Roberto. *Direito Sumular.* 14ª ed. São Paulo, Malheiros Editores, 2012.

SILVA, José Afonso da. *Comentário contextual à Constituição.* 9ª ed. São Paulo, Malheiros Editores, 2014.

_____. *Curso de Direito Constitucional Positivo.* 37ª ed. São Paulo, Malheiros Editores, 2014.

SOUSA, Rubens Gomes de. *Compêndio de Legislação Tributária.* 2ª ed. Rio de Janeiro, Edições Financeiras, 1954.

TAVARES, Marcelo Leonardo. *Comentários à Reforma da Previdência.* Rio de Janeiro, Impetus.

VERAS, Guillermo. *Derecho Administrativo.* Santiago, Chile, 1940.

WEBER, Max. *Economia e Sociedade*, v. 2. trad. de Régis Barbosa e Karen Elsabe Barbosa, Brasília, Ed. UnB, 2000.

_____. *Sociologia da burocracia.* Tradução, organização e introdução de Edmundo Campos. 4ª ed. Rio de Janeiro, Zahar, 1978.

* * *

01034

GRÁFICA PAYM
Tel. [11] 4392-3344
paym@graficapaym.com.br